1.25

BIBLIOTHÈQUE

DE LA

JEUNESSE CHRÉTIENNE

APPROUVÉE

PAR S. ÉM. MGR LE CARDINAL ARCHEVÊQUE DE TOURS

PROPRIÉTÉ DES ÉDITEURS.

Il lisait souvent Arrien, Polybe, surtout Plutarque.

HISTOIRE DE NAPOLÉON Ier

Empereur des Français

PAR AMÉDÉE GABOURD

Il meurt dans la Religion Catholique, Apostolique et Romaine

à Tours,
Ad. Mame & Cie
Éditeurs.

HISTOIRE

DE L'EMPEREUR

NAPOLÉON IER

PAR

AMÉDÉE GABOURD

« Je ne suis que l'instrument de la Providence. »
(Paroles de Napoléon au duc d'Istrie.)

SIXIÈME ÉDITION

TOURS

A^d MAME ET Cie, IMPRIMEURS-LIBRAIRES

M DCCC LVII

PRÉFACE

C'est en quelque sorte un livre nouveau que nous donnons au public, car notre ouvrage a été entièrement modifié et soumis à une révision attentive. Nous n'avons point fait aux circonstances le sacrifice des droits de l'histoire, de pareilles concessions n'entrent pas dans nos habitudes; mais il ne nous coûte guère d'avouer que depuis douze ans, c'est-à-dire depuis le jour où nous publiâmes pour première fois la vie de Napoléon, les grands événements qui se sont produits dans le monde nous ont éclairé sur la portée, le caractère, les actes et la mission du fondateur de la quatrième dynastie. Nous ne sommes pas de ceux qui s'opiniâtrent dans une idée, et ne tiennent compte des faits que lorsqu'ils s'accommodent avec leur système. Et comment aurions-nous vu l'incompréhensible orage du 24 février jeter à bas et renvoyer en exil un roi dont la fortune semblait assise sur les plus solides bases? Obscurément mêlé à cette histoire, il nous a été donné d'assister à l'inauguration de la seconde république, à la guerre civile, aux crises formidables qui se sont succédé en quatre ans; et comment aurions-nous pu être témoin de ces choses inattendues sans essayer de comprendre et sans entrevoir le doigt de Dieu qui écrivait notre avenir?

D'autres retraceront ces phases politiques que notre patrie a traversées : pour nous, si nous les rappelons, c'est pour reconnaître qu'elles ont contribué à nous éclairer sur le rôle historique de Napoléon Ier, sur ce qu'il y avait de mystérieux et de vague dans sa mission. Nous avions cru, comme tant d'autres, qu'il avait été suscité pour une œuvre de réparation sociale, mais de transition, et que son nom à jamais illustre ne surgirait plus que dans les livres comme un problème et un sujet de méditation livrés aux hommes d'État et aux philosophes. Et voilà que par la permission de Dieu, qui fait et défait les rois, et de qui relèvent les empires, ce nom a reparu sur la scène du monde, et a présidé une fois encore au salut de la France et à la restauration de la société européenne. Il ne s'est plus présenté aux rois étrangers comme une menace, mais comme un appui; il est devenu un gage de gloire et une promesse de paix; l'Église l'a béni de nouveau, et ne lui a fait acheter par aucun sacrifice et par aucune douleur les services qu'il a rendus à sa cause. Nous serions ingrats d'oublier de pareils bienfaits, aveugles de les méconnaître.

Napoléon Ier, comme Napoléon III, a été le représentant, le symbole réel du peuple français. Ce peuple a identifié en lui sa gloire, ses institutions, ses intérêts : il a été victorieux avec lui, vaincu avec lui, et on a toujours senti que leur cause était commune. C'est à cette étrange solidarité entre l'empereur et le peuple qu'on distingue entre toutes la mission réelle de Napoléon, et que cet homme apparaît réellement aux yeux du monde comme l'élu et l'adopté de la France. La France s'est associée à ses triomphes et à ses fautes, et quand Dieu, qui consacre toutes les dynasties par le malheur, a permis que l'exil de Sainte-Hélène fût comme l'expiation d'une fortune démesurée et sans exemple, le cœur de la France était avec le captif, et le peuple souffrait douloureusement dans ses sympathies.

Les réflexions qui précèdent sont le fruit de l'expérience, et elles expliqueront le nouveau point de vue auquel s'est placé l'auteur de ce livre, alors que, sans méconnaître l'autorité imprescriptible de la vérité et de la justice, il a cru devoir modifier son livre, et le mettre mieux en harmonie avec le sentiment national.

A. G.

Paris, 1855.

HISTOIRE

DE L'EMPEREUR

NAPOLÉON IER

CHAPITRE I

PREMIÈRES ANNÉES. — BRIENNE. — TOULON. — JOURNÉE DU 13 VENDÉMIAIRE.

Le jour même où l'Église célèbre l'Assomption de la Mère de Dieu, dans cette contrée peuplée d'une race plus dure que ses rochers, plus sauvage que ses bruyères, et que les Romains n'avaient point osé appeler au honteux honneur de leur fournir des esclaves; plusieurs mois après que la Corse, soustraite à la domination génoise, eut été cédée à la France;

Vers le temps où l'auteur du *Contrat social* annonçait que cette île allait bientôt étonner le monde, où se formait en Pologne la confédération de Bar, où éclatait en Amérique l'insurrection des Massachussets, où la Grèce chrétienne se réveillait de sa longue servitude, en cette année 1769 qui vit naître aussi Chateaubriand, Walter-Scot, Soult, Wellington et une pléiade d'hommes célèbres;

Letizia Ramolino, femme d'un gentilhomme d'Ajaccio nommé Charles Bonaparte, voulut se rendre à l'office divin malgré les représentations qui lui furent faites sur son état de grossesse très-avancée. A son retour elle fut prise des douleurs de l'enfantement, et mit au monde sur un tapis qui représentait les héros d'Homère, un fils auquel, en mémoire de l'un de ses ancêtres (1), on donna le nom de Napoléon (2).

La famille Bonaparte, ou *Buonaparte* si l'on veut se conformer à l'orthographe italienne, était originaire de San-Miniato, en Toscane (3). Elle avait joué un rôle dans les annales de l'Italie. A une date fort reculée, elle avait donné des souverains à Trévise et des patrices à Florence. Son nom était inscrit sur les *livres d'or* de Venise et de Bologne ; des alliances l'avaient unie aux maisons des Ursins, des Médicis et des Lomellini ; c'était un Jacques Buonaparte qui avait écrit l'histoire du siége de Rome par le connétable de Bourbon ; une dame de cette famille avait été la mère du pape Nicolas V, et un Buonaparte attaché à l'ordre des Capucins avait été béatifié canoniquement. Compromis par leur fidélité aux Gibelins, les Buonaparte avaient été contraints par une réaction favorable aux Guelfes, d'abandonner l'Italie et de se réfugier en Corse. Ils y vécurent nobles, mais sans

---

(1) Napoléon des Ursins, célèbre dans les fastes militaires d'Italie.

(2) Nous avons suivi la version la plus accréditée. Un système mis au jour après les événements de 1814, et tout récemment exhumé par l'esprit de parti, tend à établir que Napoléon est né en 1768, avant la réunion de la Corse à la France. Cette hypothèse, due à la malveillance, ne repose sur aucun argument sérieux.

Quant au nom de Napoléon ou saint *Néopole*, martyr à Rome (Martyrologe, 2 mai), il était généralement inconnu en France. On le donnait assez rarement aux enfants en Italie. Les années du moyen âge parlent du célèbre Napoléon Torre.

(3) Du XIIe au XVe siècle, des personnages d'une haute distinction issus de la famille *Buonaparte*, ont figuré dans plusieurs histoires d'Italie. Un arbre généalogique trouvé à Gênes dans les archives, et qui est sous nos yeux, fait remonter la branche corse de la famille Bonaparte à Emmanuel II, huitième empereur des Paléologues, né le 15 novembre 1348.

patrimoine, et contractèrent de nouvelles alliances avec les puissantes familles du pays. Charles Buonaparte, leur héritier (1), mourut, en 1784, à Montpellier, âgé de 35 ans; de treize enfants qu'il avait eus de son mariage avec Letizia Ramolino, huit seulement lui survécurent : Napoléon était le second dans l'ordre de la naissance.

« Je n'étais qu'un enfant obstiné et curieux. » C'est ainsi que Napoléon résume lui-même l'histoire de ses premières années. Cependant, si l'on étudie dès cet âge les développements de son caractère, il n'est point permis de méconnaître en lui ces marques certaines qui signalent l'enfance des hommes illustres. Il était turbulent, dominateur et fier. On le vit supporter en silence une punition de sept jours dans le seul but d'épargner une réprimande à sa sœur Élisa. Dans une autre circonstance, comme la chute imminente d'une poutre épouvantait toutes les personnes de la maison et les faisait fuir, on le vit demeurer seul dans la pièce menacée, et lever ses petits bras pour braver ou conjurer le danger. Il avait sur Joseph, son frère aîné, un ascendant extrême. Celui-ci était battu, mordu; des plaintes étaient déjà portées à la mère, la mère grondait, que Joseph n'avait pas eu le temps d'ouvrir la bouche. Leur oncle Lucien, archidiacre d'Ajaccio, avait pressenti ce que révélaient ces commencements d'une grande histoire : étant sur son

(1) Il était né à Ajaccio, en 1746; il avait été élevé à l'université de Pise, avec la plupart des jeunes nobles corses, ses contemporains; après avoir terminé son droit, il était rentré dans son pays. Il épousa, en 1764, Letizia Ramolino, qui n'était âgée que de 14 ans, et qui était douée d'une rare beauté. A cette époque les Français avaient déjà envahi une partie de la Corse, et Charles Bonaparte ne tarda pas à les combattre, sous les ordres de Paoli. Avec lui luttaient pour la cause corse plusieurs chefs distingués, tels que Pierre Abbatucci, Jules Foata, le curé de Guagno, etc. Au passage du Liamone, en 1769, Mme Bonaparte, alors enceinte de Napoléon, faillit se noyer; mais elle parvint à se sauver en luttant courageusement contre le torrent. Après la conquête de la Corse, Charles Bonaparte fut nommé assesseur à la cour royale d'Ajaccio. En 1777, le 8 juin, il fut élu député de la noblesse corse, et vint en France, avec Mgr Santini, député du clergé, et Paul Casabianca, député du tiers état.

lit de mort et entouré de ses neveux, il dit à Joseph. « Tu es l'aîné de la famille, mais Napoléon en est le chef; aie soin de ne pas l'oublier. On n'a pas besoin de songer à sa fortune; il la fera lui-même. » Cette scène, selon la réflexion de Napoléon, rappelait la substitution du droit d'aînesse d'Ésaü à Jacob.

Sans vouloir donner une importance puérile à des incidents qui n'appartiennent pas à la gravité de l'histoire, nous dirons que le jeune Napoléon ne fut baptisé qu'à l'âge de deux ans, en même temps que sa sœur Marie-Anne, née le 14 juillet 1771, et décédée peu de temps après. Il voulut se tenir agenouillé pendant que son parrain (Laurent Giubega) et sa marraine (Gertrude Bonaparte) en faisaient autant. Lorsqu'il vit le prêtre verser de l'eau sur sa petite sœur, il s'effraya pour elle, et s'élança vivement en criant : « Ne la mouillez pas ! » et il fallut beaucoup de peine pour calmer sa colère enfantine, qui manifestait déjà un esprit ardent et dominateur. Quelques années plus tard, de petites guerres ayant continué de s'élever entre les enfants d'Ajaccio et ceux des faubourgs, le jeune Napoléon exerça des commandements militaires dans ces luttes, qui aboutissaient trop souvent à des accidents graves. A la tête des Ajacciens, il vainquit plus d'une fois les *Borghigiani*, et on le vit souvent suppléer au nombre par les ruses et les manœuvres. Ces souvenirs sont encore conservés à Ajaccio, où Napoléon résida jusqu'à l'âge de dix ans.

Membre de la cour souveraine d'Ajaccio et envoyé aux états généraux par la noblesse de Corse, Charles Bonaparte n'en était pas moins hors d'état de pourvoir à l'éducation de sa nombreuse famille. Par la protection de M. de Marbœuf, gouverneur de l'île, il obtint pour Napoléon une bourse à l'école militaire de Brienne. Il paraît que la pauvreté de cet enfant lui fit éprouver, de la part de ses camarades, des humiliations que sa fierté dévora en silence; son accent corse, très-prononcé, était pour lui une source de moqueries. Ces épreuves donnèrent à son caractère une sorte d'âpreté et de concentration qui prédisposaient mal en sa faveur, et lui conciliaient médiocrement la bienveillance de ses condisciples et de ses maîtres. Il savait néanmoins inspirer à ceux qui l'observaient de près une sorte de respect involontaire qui tenait autant à l'énergie de sa volonté qu'à la singularité de ses allures. Instinctivement passionné pour les traditions historiques de la Corse, il s'accoutumait avec peine à l'idée que son pays natal, désormais réuni à la France, était déchu de son indépendance nationale. Cette préoccupation rendait son abord sombre et difficile. Il vantait à tout propos la résistance patriotique de Paoli, et il lui arriva un jour de dire : « Jamais je ne pardonnerai à mon père, qui a été l'adjudant de Paoli, d'avoir concouru à la réunion de la Corse à la France. Il aurait dû suivre sa fortune et succomber avec lui. » Qu'était devenu ce respect pour la nationalité, lorsque, dans le cours de sa vie, il abolit tant de fois la patrie, les traditions, les coutumes et jusqu'au nom des peuples subjugués par ses armes?

La première fois que Napoléon aperçut, dans une des salles de l'école, le portrait du duc de Choiseul, il s'approcha d'un air sombre du tableau, et dit tout haut, du ton de la menace : « Tu me rendras compte un jour du sang que tu as fait couler dans ma patrie et de la liberté que tu nous as ôtée. » Cette incartade patriotique mécontenta les professeurs, et les disposa mal contre le jeune Corse.

Bonaparte apprit assez promptement la langue française; mais, soit affectation de sa part, soit effet des impressions ineffaçables de son idiome paternel, il ne parvint jamais à s'asservir aux règles de l'orthographe. Il montra une telle répugnance pour le latin, qu'à l'âge de quinze ans il était encore très-faible en quatrième. Sa supériorité ne se manifestait que dans l'étude des sciences mathématiques ; sous ce rapport, il surpassait tous ses camarades. Dédaigneux des lectures frivoles, il affectionnait l'histoire des grands hommes de l'antiquité. Il lisait souvent Arrien, Polybe, surtout Plutarque, et ne faisait pas grand cas de Quinte-Curce. Il n'avait aucune disposition pour les belles-lettres, la musique et les arts d'agrément.

Un jour le maître de quartier, brutal de sa nature, le condamna, pour une légère faute, à porter l'habit de burc et à dîner à genoux à la porte du réfectoire : c'était une espèce de déshonneur. Napoléon avait dans le cœur un sentiment profond de sa dignité et de ses devoirs. Il se soumit à l'ordre ; mais au moment de l'exécution il fut pris d'une violente attaque de nerfs. Le supérieur, qui passait par là, l'arracha au supplice en grondant le maître de son peu de discernement, et le père Patrault, son professeur de mathématiques, accourut, se plaignant de ce que sans nul égard on dégradait ainsi son premier mathématicien.

Plus tard, Napoléon eut un maître de quartier bien autrement digne de lui. C'était un jeune homme issu d'une famille de cultivateurs de Franche-Comté, et qui, après avoir été élevé comme par charité à Brienne, y était devenu répétiteur. Il songeait à entrer dans l'ordre des Minimes ; mais il en fut dissuadé par le père Patrault, qui l'engagea à s'enrôler dans l'artillerie, où la révolution le prit sous-officier. Ce maître de quartier était le futur conquérant de la Hollande, et se nommait Pichegru.

Quoique peu remarqué dans ses études purement littéraires, Napoléon ne laissait pas de faire éclater dans ses compositions quelques étincelles de génie. M. Domairon, son professeur de belles-lettres, appelait les amplifications de son jeune élève du *granit chauffé au volcan*. En revanche, Napoléon ne faisait aucuns progrès dans la langue allemande. Son inaptitude à cet égard avait inspiré à l'un des professeurs, M. Bauer, un mépris très-profond. Un jour que l'écolier était absent de la classe, M. Bauer demanda où il pouvait être; on répondit qu'il subissait en ce moment son examen pour l'artillerie. « Mais est-ce qu'il sait quelque chose? disait ironiquement le maître d'allemand. — Comment, Monsieur! mais c'est le plus fort mathématicien de l'école, lui répondit-on. — Eh bien! je l'ai toujours entendu dire et je l'avais toujours pensé, que les mathématiques n'allaient qu'aux bêtes. » — Si M. Bauer vivait encore vingt ans après cette conversation, il est probable, disait Napoléon, qu'il aurait réformé son jugement.

La note suivante, extraite du rapport de M. de Keralio, inspecteur des écoles militaires, date de 1784; elle peut donner une idée de l'opinion que Bonaparte avait laissée de lui à Brienne : « M. de Buonaparte (Napoléon),
« né le 15 août 1769, taille de 4 pieds 10 pouces 10
« lignes, a fait sa quatrième; de bonne constitution,
« santé excellente, caractère soumis, honnête, recon-
« naissant, conduite très-régulière; s'est toujours dis-
« tingué par son application aux mathématiques. Il sait
« très-passablement son histoire et sa géographie. Il est
« assez faible pour les exercices d'agrément et pour le
« latin, où il n'a fait que sa quatrième. *Ce sera un*
« *excellent marin;* il mérite de passer à l'école militaire
« de Paris. » Ce qui résulte bien clairement de ce peu de lignes, c'est que personne à Brienne n'avait compris ni pressenti l'avenir du jeune Napoléon. Exceptons-en toutefois M. de l'Éguille, son professeur d'histoire, qui rendait ainsi compte du caractère de son jeune élève :
« Corse de naissance, il ira loin, si les circonstances
« le favorisent. » Elles le favorisèrent. Mais, à cette

période de sa vie, Napoléon se faisait lui-même peu d'illusions : il ne cachait à personne que le terme le plus exagéré de son ambition était d'arriver au grade de colonel d'artillerie. Et, en effet, sans la révolution, qui ouvrit une porte si large à toutes les carrières, il eût été heureux d'obtenir sa retraite avec ce grade et la croix de Saint-Louis.

Le jeune Bonaparte, voué à la carrière des armes, préludait, avec ses camarades de Brienne, aux guerres sérieuses par des guerres simulées. On connaît les gravures populaires qui le représentent livrant, avec ses condisciples, un combat dans les cours de Brienne, et n'ayant pour munitions et ouvrages de siége que des boules et des murailles de neige. Ce fait eut lieu dans l'hiver de 1783 à 1784. D'après les conseils de Napoléon, les élèves creusèrent des tranchées, élevèrent des parapets, construisirent des redoutes; les uns furent préposés à la défense, les autres à l'attaque; Bonaparte dirigeait les opérations. Cette petite guerre dura environ quinze jours, et se termina à la fonte des neiges.

La sévérité de ses mœurs était remarquable. Un seul désir le tourmentait, celui de vivre dans le souvenir de la postérité : c'était là pour lui, disait-il, une nouvelle immortalité de l'âme. Le jour de sa première communion l'avait trouvé bien préparé à ce grand acte de la vie chrétienne. En sortant de l'église, il écrivit à son oncle Fesch, depuis cardinal, une longue lettre qui contenait les épanchements si rares de son jeune cœur, et portait l'empreinte d'une pieuse exaltation. Les orages de la vie militaire et les funestes exemples du siècle n'effacèrent que trop ces sentiments du premier âge.

En 1784, Bonaparte passa à l'École militaire de Paris, Il fut remplacé à Brienne par Louis, son frère; quelque temps après, sa sœur Marianne (Élisa) fut placé à Saint-Cyr.

A peine arrivé à l'École militaire de Paris, le jeune Napoléon donna des preuves de son esprit organisateur. Il s'aperçut que cet établissement était plus propre, par le luxe et la recherche qui présidaient aux mesures intérieures, à fournir aux rois des courtisans qu'à donner à la France de braves et utiles officiers. Dès lors, et quoique à peine âgé de quinze ans et deux mois, il rédigea un mémoire qu'il adressa à ses supérieurs, pour leur démontrer jusqu'à quel point le plan de cet établissement était vicieux. Dans cet écrit il s'élevait contre l'éducation donnée à l'École, affirmant « que les élèves du roi, tous
« pauvres gentilshommes, n'y pouvaient puiser, au lieu
« des qualités du cœur, que l'amour de la gloriole, ou
« plutôt des sentiments de suffisance et de vanité tels,
« que, en regagnant leurs pénates, loin de partager avec
« plaisir la modique aisance de leur famille, ils rougi-
« raient peut-être des auteurs de leurs jours et dédai-
« gneraient leur modeste manoir. »

Le caractère de Bonaparte lui fit autant d'ennemis à l'école de Paris qu'à celle de Brienne; en 1785 on se trouva heureux de l'éloigner de cet établissement en lui donnant une sous-lieutenance vacante dans le régiment d'artillerie de la Fère. Il reçut sa commission avec une joie indicible. En 1787, Bonaparte obtint le grade de lieutenant; il fut alors incorporé au régiment d'artillerie de Grenoble, et séjourna pendant plusieurs années à Valence.

On a dit que, dans ses moments de prédilection pour la cause de la Corse, il professait une grande admiration pour Paoli. Celui-ci lui rendait une partie de cette estime. « Il est taillé à l'antique, disait-il en parlant de Napoléon; je vois en lui un des grands hommes de Plutarque. » Tant que Paoli combattit contre la domination de la France, Bonaparte ne vit en lui qu'un héros; quand plus tard le vieux général eut terni sa gloire en livrant la

Corse à l'Angleterre, Bonaparte se mit au nombre de ses adversaires les plus ardents, et lutta énergiquement pour conserver sa patrie à la France. C'est de cette époque qu'on peut dire qu'il a adopté de cœur notre nationalité; il en vint à aimer la France avec passion.

Mme Ducolombier, alors âgée de cinquante ans, mais qui, par son esprit et ses manières, était à la tête de la meilleure société de Valence, distingua sans peine le mérite du jeune Bonaparte parmi les personnes de toutes conditions qui se pressaient dans ses salons. La recommandation de cette dame ouvrit au lieutenant corse les meilleures maisons de la ville; il y dépouilla peu à peu cette humeur farouche ou chagrine qui jusqu'alors l'avait réduit à l'isolement. La société eut de l'attrait pour lui ; il attirait d'ailleurs l'attention par sa conversation brève, saccadée, incorrecte, mais spirituelle et incisive. Cependant les heures de la garnison étaient longues. Bonaparte employait ses loisirs dans la boutique d'un libraire de Valence. Il étudiait l'histoire du moyen âge et des temps modernes, et y cherchait sans cesse, parmi les héros des siècles passés, des exemples ou des maîtres. L'Académie de Lyon ayant mis au concours cette question posée par l'abbé Raynal : *Quels sont les principes et les institutions à inculquer aux hommes pour les rendre le plus heureux possible?* un sujet si bien choisi pour enflammer les imaginations aventureuses fut abordé par un très-grand nombre d'écrivains. Bonaparte concourut et obtint le prix : c'est à dix-huit ans qu'il remportait ses premières palmes. Je me trompe : déjà, en 1783, le duc d'Orléans, étant venu présider à la distribution des prix de l'école de Brienne, avait posé sur la tête de Napoléon la couronne de chêne, que tant d'autres diadèmes plus lourds ne lui firent point oublier. Qui aurait dit alors que, vingt ans plus tard, celui que la main d'un Bourbon ceignait ainsi d'un feuillage académique chargerait son front de la couronne de Louis XIV et de la vieille couronne de fer des rois lombards?

Cependant Bonaparte tint successivement garnison à Douai et à Auxonne; il passait ses semestres à Paris, et l'abbé Raynal, qui l'avait pris en grande amitié, s'efforçait de l'initier aux désolants mystères de la philosophie encyclopédique. A cette époque, Napoléon était moins un officier qu'un jeune écrivain dont l'avenir littéraire laissait entrevoir des espérances. Le moment devait bientôt venir où l'histoire de son pays allait offrir un vaste aliment à son amour de la gloire et à son désir insatiable d'arriver à la postérité. La révolution française éclatait; l'antique monarchie tombait en ruine.

Bonaparte, tout entier aux idées nouvelles qui réalisaient pour lui quelques-unes des rêveries auxquelles il s'était laissé aller en lisant Tite-Live et Plutarque, prit dès le premier jour parti pour la cause révolutionnaire. Il résista aux instances qui lui furent faites pour le déterminer à émigrer. Ce fut d'ailleurs chez lui un calcul. « Des révolutions, disait-il, sont un bon temps pour les militaires qui ont de l'esprit et du courage; si un maréchal de camp peut s'attacher au parti de la cour, un sous-lieutenant sans fortune doit se vouer à la révolution. » On doute qu'au temps où il essayait de relever les idées monarchiques il eût aimé dans ses lieutenants cette singulière théorie.

Il était en congé à Ajaccio lorsque parvint dans cette ville la nouvelle des événements du 14 juillet 1789. La révolution française était populaire à Ajaccio, mais elle était assez froidement acceptée dans le reste de l'île. Napoléon, partisan exalté des idées nouvelles, n'épargnait rien pour exalter le peuple : de concert avec son frère Joseph, il rédigea et fit signer par les citoyens d'Ajaccio une adresse à l'Assemblée Constituante ayant pour but de réclamer que la Corse fût déclarée partie intégrante de la France. Peu de mois après, il vint de nouveau habiter Valence.

En 1790, le 25 juin, une émeute populaire éclata à Ajaccio : Napoléon, qui était de retour en Corse, fut mis à la tête du peuple, et réussit à maintenir un peu d'ordre. Le 14 juillet, Paoli débarqua à Maginajo, et fut accueilli avec enthousiasme par les habitants de l'île. Pendant les mouvements révolutionnaires qui agitèrent Ajaccio, Napoléon et son frère Joseph, signalés comme ardents démocrates, se virent un jour exposés à périr dans une émeute; mais ils furent sauvés par un certain Trentacoste qui, au surplus, avait acquis dans l'île une triste célébrité. Plus tard, Napoléon fit de cet homme un inspecteur des eaux et forêts en disant : « La reconnaissance est une vertu qui oublie les mauvaises qualités pour ne tenir compte que des bonnes. »

Il se trouvait à Paris en 1792, et n'y tenait d'autre rang que celui d'un simple officier sans fortune; chaque matin il inventait un projet pour améliorer sa position et se créer des ressources Un jour, avec son camarade Bourrienne, il voulut spéculer sur la construction d'un nouveau quartier; mais les propriétaires des terrains et des maisons firent des conditions trop dures : il ne s'agissait d'ailleurs que de louer plusieurs habitations de la rue Montholon, et de les sous-louer à des prix plus élevés. Pendant ce temps d'une vie vagabonde, Bonaparte fut témoin de la trop fameuse saturnale du 20 juin, journée pendant laquelle la populace des faubourgs, suscitée par la Gironde, avilit la royauté et plaça le bonnet rouge sur la tête de l'infortuné Louis XVI. Bonaparte, en voyant défiler les longues hordes de misérables déguenillés, armés burlesquement et vociférant des cris de mort, eut le pressentiment des instincts anti-révolutionnaires qu'il devait plus tard manifester. Saisi d'un profond sentiment de mépris et d'indignation, il ne comprenait pas la résignation de Louis XVI, qui avait fait ouvrir ses appartements au peuple attroupé. « Eh! comment, s'écria-t-il tout haut, a-t-on pu laisser entrer aux Tuileries cette canaille? Il fallait en balayer quatre à cinq cents avec du canon, et le reste courrait encore. »

Bonaparte, ayant obtenu un nouveau congé, se rendit en Corse, auprès de sa famille. Deux partis s'étaient formés dans l'île : l'un tenait pour la France, l'autre, qui devait plus tard se rallier à l'Angletere, affectait de ne vouloir que l'indépendance de la Corse. Ce dernier parti avait pour chef le vieux Paoli; Bonaparte se rangea sous le drapeau français. On voit qu'il avait déjà laissé bien loin ses préoccupations de l'école de Brienne. Des troubles éclatèrent, et Bonaparte, à la tête d'un corps de volontaires corses, réussit à enlever Ajaccio, sa ville natale, aux partisans de Paoli. On lui fit néanmoins un crime de ce succès, et il fut rappelé à Paris pour se justifier.

De terribles événements s'étaient accomplis au dedans et au dehors de la France. Les institutions monarchiques, battues en brèche depuis un demi-siècle, moralement désertées par ceux qui auraient dû les honorer ou les défendre, avaient été trouvées bien affaiblies par le jeune Louis XVI, le jour où il recueillit l'héritage dégradé de Louis XV. Le nouveau roi était dévoré de l'amour du peuple; ses intentions étaient généreuses, son cœur droit, sa piété sincère. Ne faut-il pas que les victimes choisies pour être immolées en expiation des fautes des rois et des peuples soient innocentes et pures?

Qu'est-il besoin de raconter par quelles tempêtes furent déracinées la royauté, la noblesse, la magistrature, l'Église de France? Ces grandes calamités sont présentes à tous les souvenirs. Nous ne les mentionnerons en passant que lorsqu'elles se rattacheront directement à l'intelligence de ce livre, destiné à retracer la vie de Napoléon Bonaparte.

Paoli venait de livrer la Corse à l'Angleterre. Au milieu des troubles que ces événements suscitèrent, la ville d'Ajaccio fut incendiée, et les flammes n'épargnèrent point la maison où Napoléon avait reçu le jour. Sa famille fut pour ainsi dire proscrite et réduite à chercher un refuge à Marseille : elle y trouva l'hospitalité, mais elle eut à subir de fort pénibles privations.

Dans les derniers jours du règne de Louis XVI, il avait eu beaucoup de peine à repousser les accusations qui pesaient sur lui, par suite des actes révolutionnaires commis en Corse par le bataillon des volontaires nationaux, excès qu'il n'avait pu empêcher, dans un pays où les passions sont si violentes. Il se lia avec les principaux Girondins, mais il prit en dégoût leurs ambitions et leurs intrigues. Le 2 septembre, saisi d'horreur à l'aspect des massacres, il quitta Paris, et conduisit en Corse sa sœur Marianne (Élisa). A Marseille, l'un et l'autre faillirent être massacrés comme aristocrates, parce que la jeune Élisa portait un chapeau garni de plumes. De retour en Corse, ainsi qu'on l'a dit plus haut, il se brouilla avec Paoli, qui avait conçu le projet de séparer la Corse de la France. Il reçut du ministre de la guerre l'ordre de se rendre à Saint-Florent et de lever les fortifications de cette place : arrivé à Corté, une dépêche de Paoli lui enjoignit de rétrograder et de prendre part à une expédition méditée contre la Sardaigne : cette expédition préparée à grands frais échoua, mais fournit au jeune Bonaparte plusieurs occasions de faire preuve d'intelligence et d'audace. Après avoir pris part à quelques luttes obscures, mais dangereuses, contre la faction de Paoli, qui persistait à séparer la Corse de la France, Napoléon, en butte aux persécutions de ses ennemis, prit le parti d'abandonner l'île et de venir, avec sa famille, chercher de nouvelles destinées sur le continent. On était en l'an II de la République (1793). Le jeune Bonaparte, protégé par quelques Corses assez influents, se fit admettre de nouveau dans l'armée active.

Les esprits se préoccupaient alors du siège de Toulon. Les ennemis de la république avaient livré cette ville aux Anglais; une armée, envoyée par la Convention Nationale et commandée par le général Cartaux, reçut ordre de la reprendre. C'était une opération dans laquelle l'artillerie devait jouer le principal rôle. Bonaparte, à peine âgé de vingt-quatre ans, fut nommé chef d'escadron de cette arme, et désigné pour diriger, en second, les travaux du siège. Ici j'emprunte à Napoléon lui-même le récit des premières circonstances qui le mirent en évidence; cette citation donnera une idée des choses et des hommes de ce temps:

« Napoléon arrive au quartier général; il aborde le général Cartaux, homme superbe, doré depuis les pieds jusqu'à la tête, qui lui demande ce qu'il y a pour son service. Le jeune officier présente modestement sa lettre qui le chargeait de venir, sous ses ordres, diriger les opérations de l'artillerie. « C'était bien inutile, dit le bel homme en caressant sa moustache; nous n'avons plus besoin de rien pour reprendre Toulon. Cependant soyez le bienvenu, vous partagerez la gloire de le brûler demain, sans en avoir eu la fatigue. » Et il le fit rester à son souper.

« On s'assied trente à table; le général seul est servi en prince, tout le reste meurt de faim; ce qui, en ces temps d'égalité, choqua étrangement le nouveau venu. Au point du jour, le général le prend dans son cabriolet pour aller admirer, disait-il, les dispositions offensives. A peine a-t-on dépassé la hauteur et découvert la rade, qu'on descend de voiture et qu'on se jette sur les côtés dans les vignes. Le commandant d'artillerie aperçoit alors quelques pièces de canon, quelque remuement de terre auxquels, à la lettre, il lui est impossible de rien comprendre. « Sont-ce là nos batteries? dit fièrement le général, parlant à son aide de camp, son homme de confiance. — Oui, général. — Et notre parc? — Là, à quatre pas. — Et nos boulets rouges? — Dans les bastides voisines, où deux compagnies les chauffent depuis ce matin. — Mais comment porterons-nous ces boulets tout rouges?... » Et ici les deux hommes de s'embarrasser et de demander à l'officier d'artillerie si par ses principes il ne saurait pas quelque remède à cela. Celui-ci, qui eût été tenté de prendre le tout pour une mystification, si les deux interlocuteurs y eussent mis moins de naturel (car on était au moins à une lieue et demie de l'objet à attaquer), employa toute la réserve, le ménagement, la gravité possibles, pour les persuader, avant de s'embarrasser de boulets rouges, d'essayer à froid pour bien s'assurer de la portée. Il eut bien de la peine à réussir, et encore ne fut-ce que pour avoir très-heureusement employé l'expression technique de *coup d'épreuve*, qui frappa beaucoup, et les ramena à son avis. On tira donc ce coup d'épreuve; mais il n'atteignit pas au tiers de la distance, et le général et son aide de camp de vociférer contre les Marseillais et les aristocrates, qui auront, malicieusement sans doute, gâté les poudres. Cependant arrive à cheval le représentant du peuple : c'était Gasparin, homme de sens, qui avait servi. Napoléon, jugeant dès cet instant toutes les circonstances environnantes, et prenant audacieusement son parti, se rehausse tout à coup de six pieds, interpelle le représentant, le somme de lui faire donner la direction absolue de sa besogne, démontre sans ménagement l'ignorance inouïe de tout ce qui l'entoure, et saisit dès cet instant la direction du siége, où dès lors il commande en maître. »

L'armée était absolument dépourvue du matériel et du

personnel d'artillerie indispensables pour mener à terme le siége d'une ville inabordable du côté de la mer, et que protégeaient, sur le continent, une enceinte formidable et plusieurs forts établis sur les hauteurs. Toulon semblait défier pour toujours les armées de la république; mais Bonaparte se mit à l'œuvre. En moins de six semaines, il eut créé les ressources qui lui manquaient, et rassemblé l'artillerie nécessaire. L'inepte Cartaux trouvait néanmoins que le siége allait en longueur. Pour y mettre fin, il prit un arrêté par lequel il était enjoint à Bonaparte de foudroyer la ville et de brûler la flotte ennemie, se chargeant lui-même de se rendre maître de Toulon, tout cela dans l'espace de trois jours. Le jeune commandant, qui savait qu'une place forte ne peut être enlevée que par les moyens ordinaires de la guerre, et non en vertu d'un morceau de papier ou d'un décret, ne tint nul compte de cet ordre absurde, et continua ses opérations. Par bonheur pour lui, Cartaux fut destitué, et la Convention mit à sa place le général Dugommier, militaire capable et intrépide; celui-ci laissa le champ plus libre à Bonaparte. Le représentant du peuple Gasparin protégea d'ailleurs le jeune officier contre tous les obstacles qui lui furent suscités.

La ville et la plaine étaient commandés par le fort Mulgrave, citadelle réputée imprenable, et que les Anglais, qui s'étaient attachés à la rendre telle, avaient surnommée le Petit-Gibraltar. Bonaparte éleva contre elle une batterie destinée à la foudroyer : les Anglais, pour éteindre le feu de cette batterie, dirigèrent contre les artilleurs français une grêle incessante de boulets et de mitraille. Le poste était devenu si dangereux, que nul n'osait s'y tenir; mais Bonaparte ordonna que cette batterie fût surnommée *Batterie des hommes sans peur*, et, la crainte d'être taxé de lâcheté surmontant toute autre crainte, le service des pièces ne fut point interrompu jusqu'à la prise du fort. Bonaparte, debout sur le parapet, encourageait lui-même les artilleurs et dirigeait leur tir. Il n'était pas seul à donner l'exemple de l'intrépidité. Un jour qu'il avait à transmettre un ordre, il demanda quelqu'un de bonne volonté pour écrire sous sa dictée. Un jeune sergent se présente. Comme ce dernier écrivait, un boulet lancé par les batteries anglaises le couvre de terre, lui et son papier. Le sergent se borne à dire en riant : « C'est bon, je n'aurai pas besoin de sable. » Un tel sang-froid annonçait une âme fortement trempée ; Bonaparte le comprit et fit la fortune militaire du jeune sergent. Le nom de ce dernier était Junot.

Le Petit-Gibraltar était pris. Bonaparte jugea que la position était bonne pour foudroyer la flotte ; mais les vaisseaux anglais se hâtèrent de gagner le large ; l'ennemi, dans sa fuite, incendia tous les navires français qu'il ne put emmener. L'armée française entra alors dans Toulon, et les représentants du peuple Fréron, Barras, Salicetti, Ricord et Robespierre le jeune, commissaires envoyés par la Convention, exercèrent les plus épouvantables représailles dans cette malheureuse ville. On comprit dans les vengeances de la république les innocents et les traîtres, et l'échafaud ayant paru trop lent pour les détruire, on y suppléa par la mitraille. On fit plus : on ordonna que le nom même de Toulon cesserait d'exister, et la malheureuse ville fut appelée *Port de la Montagne*. Bonaparte ne prit aucune part à ces mesures sinistres ; il n'était que soldat, et laissait à d'autres le rôle de juge. On sait, au contraire, qu'il profita de l'ascendant que ses services lui avaient acquis pour sauver un certain nombre de malheureux émigrés, parmi lesquels se trouva la famille de Chabrillant. Il faut dire néanmoins que, dès cette époque, il s'était concilié l'estime de Fréron et de Robespierre le jeune, et qu'il affichait hautement des opinions favorables au Comité de Salut Public.

Vers ce temps-là il publia un petit opuscule intitulé *Le souper de Beaucaire*. C'est un dialogue entre un militaire, un Nîmois, un Marseillais et un fabricant de Montpellier. Il est entièrement rédigé dans le sens du gouvernement de la Convention Nationale, contre les partisans de la Gironde, les aristocrates et les *fédéralistes*; à son premier avénement au pouvoir, Bonaparte fit acheter par la police et détruire soigneusement les exemplaires de cet écrit qu'on parvint à saisir.

Dugommier, dans ses rapports au Comité de Salut Public, rendit justice aux talents qu'avait déployés Bonaparte devant Toulon : le grade de général de brigade, commandant l'artillerie de l'armée d'Italie, fut donné au jeune officier. Il s'en montra digne par de nouveaux services. Cependant les événements du 9 thermidor avaient enlevé la puissance et la vie à Robespierre et aux autres chefs de la Montagne : cette journée amena dans les comités de la Convention divers changements qui influèrent sur l'avancement de Bonaparte. Il fut arrêté par ordre des représentants du peuple Albitte et Salicetti, auprès desquels il avait été calomnié; mais sur les représentations énergiques qu'il leur adressa, sa conduite fut examinée de près, et il fut remis en liberté. Quelques jours après, le gouvernement, à l'instigation du représentant Aubry, voulut l'envoyer dans la Vendée comme général de brigade et d'infanterie; il s'y refusa obstinément, et fut destitué par le Comité de Salut Public le 29 fructidor an II (15 septembre 1794). Frappé de ce coup, auquel il ne s'attendait pas, Bonaparte rentra dans la vie privée, et se trouva réduit à une inaction intolérable pour l'ardeur de son caractère.

D'abord il se lia avec quelques mécontents, parmi lesquels se trouvait Salicetti, l'un des auteurs de la journée révolutionnaire du 1er prairial, pendant laquelle le peuple des faubourgs envahit la Convention Nationale et fit des victimes. Néanmoins les relations de Bonaparte avec les Montagnards ne furent jamais poussées au point de le compromettre : ce n'était pas par cette voie qu'il voulait parvenir. Cependant le temps se passait sans qu'il pût obtenir du service ; on n'écoutait aucune de ses demandes ; l'injustice aigrit son esprit. Il était tourmenté du besoin de faire quelque chose : rester dans la foule lui était insupportable. Il résolut de quitter la France, et l'idée favorite qui l'a toujours poursuivi depuis, que l'Orient est un beau champ pour la gloire, lui inspira le désir d'aller à Constantinople et de s'y vouer au service du Grand Seigneur (1) : c'était un rêve qu'il ne réalisa pas plus que tant d'autres. Dans ces intervalles, Bonaparte fréquentait quelques salons, et entre autres ceux de Mme Tallien, si célèbre pour la part qu'elle avait prise à la chute de Robespierre, au renversement des échafauds et à la réaction qui s'opéra contre la Terreur. Les émigrés et les royalistes, dans leur reconnaissance, l'appelaient *Notre-Dame de Thermidor.* Bonaparte, introduit dans cette société, y rencontra souvent le représentant du peuple Barras ; mais le moment approchait où le jeune officier allait encore être tiré de l'oubli.

Depuis qu'un long cri d'épouvante avait répondu, dans le monde civilisé, au dernier soupir de Louis XVI, la guerre était devenue générale sur toutes les frontières de la république. Ce fut d'abord à la Prusse de faire franchir le Rhin aux vieilles légions du grand Frédéric, les plus redoutables de l'Europe par leur science et leur discipline. L'empereur d'Allemagne se joignit à cette puissance avec ses troupes et ses généraux, et tous les États de l'Italie se virent entraînés dans le même mouvement. La Hollande et l'Angleterre menaçaient la France

---

(1) *Mémoires de Bourienne.*

au nord et sur toute la ligne de l'Océan ; l'Espagne lançait ses armées contre nous du haut des Pyrénées; la Russie formait l'immense réserve de cette coalition continentale qui menaçait d'effacer la France du rang des peuples. L'avant-garde se composait des émigrés et des princes armés pour relever la monarchie et les droits que la révolution avait abolis. Telle était la tempête qui s'était formée au dehors.

Au dedans, la situation était plus grave encore. Le crime du 21 janvier avait soulevé les provinces de l'ouest et les deux rives de la Loire. Le Poitou, l'Anjou, la Bretagne et le Maine avaient été envahis par les armées royales de la Vendée, et sur tous les points, les troupes républicaines avaient dû céder au nombre ou à l'impétuosité de ces paysans, qui marchaient à la victoire en récitant les litanies et en invoquant le nom de ce Dieu dont l'impiété renversait partout les autels. La chute des Girondins retentit en Normandie, et y souleva une partie des populations. Les mêmes causes armèrent Lyon et créèrent des insurrections partielles depuis les Vosges jusqu'aux Bouches-du-Rhône. Partout la guerre civile, partout la famine, partout la mort. Pour résister à tant d'obstacles et combattre des ennemis si nombreux et si divers, la Convention Nationale n'avait sous ses ordres qu'un peuple ruiné par les assignats et déchiré par les querelles de partis. Elle-même perdait son temps à se décimer, et néanmoins elle ne recula point devant les extrémités de sa situation : le désespoir lui donna des forces.

Quatorze armées furent créées; l'ennemi, vaincu à Jemmapes et à Valmy, mais plus heureux sur d'autres points, grâce à l'inexpérience des troupes et à de fausses combinaisons ordonnées par nos généraux, envahit plusieurs provinces du nord, de l'est et du midi. Il en fut chassé. La Belgique fut conquise et incorporée à la

France ; déjà la Savoie avait eu le même sort ; il en avint autant de Nice, de son territoire et du Palatinat. Les batailles de Fleurus, de Wattignies, de Hondschoote, la reprise des lignes de Weissembourg, le siége de Mayence, et d'autres actions d'éclat, trop nombreuses pour qu'il soit possible de les énumérer ici, avaient contenu la coalition au nord et sur le Rhin ; au midi, on a déjà vu comment Toulon fut délivré des Anglais, le Piémont fut envahi ; les Espagnols furent battus et refoulés au delà des Pyrénées. La Hollande fut conquise par Pichegru, et l'on vit une grande flotte, que retenaient les glaces, enlevée par la cavalerie française : cent mille hommes rassemblés autour de Lyon s'emparèrent de cette ville héroïque après un siége à jamais mémorable ; enfin la Vendée, aussi terrible à elle seule que tous les autres adversaires de la république, fut à son tour écrasée par les armées révolutionnaires et noyée dans le sang de ses enfants. A Paris, la lutte ne fut pas moins gigantesque. Les partis se faisaient la guerre la plus meurtrière dans les clubs et à la Convention, et chaque jour le tombereau de Fouquier-Tinville, l'accusateur public, portait à la guillotine les vaincus de la tribune et de la rue, les innocents et les coupables, les soldats et les chefs. La république, comme Saturne, et selon la prophétie de Vergniaud, dévorait ses propres enfants.

Lorsque Robespierre et ses complices eurent péri à la suite du 9 thermidor, la Convention Nationale mit à profit le calme que les victoires de nos armées avaient fait à la France, et travailla à une nouvelle constitution, dite de l'an III, dans laquelle se trouvaient résumés tous les principes révolutionnaires qui restaient encore debout sur le sol. Pour se soustraire à la réaction monarchique qui la menaçait de toutes parts, cette assemblée, à la veille de léguer ses pouvoirs législatifs aux

Conseil des Anciens et *des Cinq-Cents*, imagina d'ordonner que les deux tiers de ces conseils seraient, dès le premier jour, composés de membres sortants de la Convention. Cette mesure souleva dans Paris une agitation universelle; quarante-trois sections de cette grande capitale refusèrent de se soumettre aux décrets de la Convention, et s'insurgèrent contre cette assemblée. Ce fut le signal d'une nouvelle guerre civile. En quelques jours les royalistes se trouvèrent armés et disposés à renouveler contre le gouvernement républicain les scènes du 10 août et du 31 mai. Leur armée improvisée, mais pleine d'ardeur et d'enthousiasme, s'élevait à quarante mille hommes. La Convention pouvait à peine compter sur cinq mille défenseurs. La cause de cette assemblée fut encore compromise par la faiblesse du général Menou, chargé du commandement de Paris. Cet officier, au mépris de ses ordres, parlementa avec les insurgés de la section Lepelletier, et, par cette concession, donna aux royalistes une confiance et une audace qu'ils n'avaient point encore ressenties. Ils se préparèrent à attaquer le lendemain les Tuileries, où siégeait la Convention, et à se rendre maîtres du pouvoir. On était au 12 vendémiaire an IV (4 octobre 1795).

La Convention Nationale avait compris le danger qui la menaçait. Elle ordonna l'arrestation du général Menou, et confia au représentant du peuple Barras le commandement des forces militaires de Paris. Barras, inhabile aux soins de la guerre, s'adjoignit le général Bonaparte, et lui prescrivit de prendre les dispositions que les circonstances réclamaient. Il était minuit.

Bonaparte, sans perdre un seul moment, ordonne au chef d'escadron Murat de s'assurer du parc d'artillerie établi dans la plaine des Sablons, aux abords de Paris; Murat s'élance avec trois cents cavaliers, et ramène quelques heures après quarante pièces de canon, dont les royalistes n'ont point songé à se rendre maîtres, et que Bonaparte fait placer autour des Tuileries.

Les sections royalistes pouvaient disposer de quarante mille hommes. La Convention en comptait à peine huit mille réunis pour sa défense; mais ceux-là étaient disciplinés et aguerris. Dans la matinée du 13 vendémiaire, la lutte devint imminente. En tête des royalistes marchaient les généraux Danican et Duboux. Le général Bonaparte avait établi sa première ligne de défense sur le côté gauche des Tuileries, le long de la rivière; sur le côté droit, il avait fait occuper la rue Saint-Honoré, et toutes les rues qui y aboutissent. Ces dispositions avaient pour but d'isoler la Convention, de la protéger comme dans une citadelle, et de tenir tête aux insurgés.

A la fin, ceux-ci s'ébranlent par de grandes masses et débouchent à la fois par les deux quais, par le pont Royal et par la rue Saint-Honoré. Bonaparte dirige contre eux plusieurs pièces de canon chargées à mitraille, et les prend par le front et par le flanc; les insurgés s'arrêtent et hésitent : ce moment est décisif. Les grenadiers républicains s'élancent en avant et achèvent l'œuvre de la mitraille. Vainement les royalistes se sont-ils retranchés à la butte Saint-Roch et sur le portail de l'église de ce nom; ils sont foudroyés après une résistance meurtrière, et les débris de l'armée insurrectionnelle cherchent leur salut dans la fuite. Il était six heures : la Convention Nationale avait vaincu. Le nombre des morts s'élevait à près de quatre cents, la plupart tués dans les rangs de la population parisienne, sur laquelle, pendant le combat, Bonaparte avait fait tirer avec une impitoyable énergie. Quand les sections eurent été mises en fuite, on se contenta de charger les canons à poudre, afin d'effrayer ceux qui auraient été tentés de se rallier. Le lendemain on procéda au désarmement des sections ; mais la Convention, contre ses habitudes, usa avec modération de sa victoire. Pour en assurer les effets, le commandement de l'armée de l'intérieur fut confirmé à Barras, et le commandement en second à Bonaparte. Quelques jours après, le 4 brumaire an IV (26 octobre 1795), la Convention Nationale abdiqua ses pouvoirs, et le gouvernement directorial fut installé.

C'est peu de temps après la journée du 13 vendémiaire qu'eut lieu le mariage de Bonaparte avec Joséphine Tascher de la Pagerie, veuve du général Beauharnais, mort sur l'échafaud pendant la Terreur. Comme on venait de désarmer les sections, un jeune homme de quatorze ans se présente à Bonaparte et réclame l'épée de son père : c'était Eugène Beauharnais. Le général, charmé de cette démarche qui révélait de la part de son auteur un noble sentiment filial, ordonna que l'épée fût restituée à celui qui la revendiquait ainsi. Madame de Beauharnais vint remercier Bonaparte, et ce fut cette circonstance qui amena plus tard leur union. Outre son fils Eugène, madame de Beauharnais avait une fille nommée Hortense ; elle racontait souvent avec naïveté que, dans sa jeunesse, une prétendue magicienne lui avait annoncé qu'elle porterait un jour la couronne de France. Dans son élévation elle n'oublia point ses amis, et distribua beaucoup de bienfaits. Le peuple a conservé le nom de Joséphine comme un type de cette générosité gracieuse qui rehausse encore l'éclat du pouvoir.

Onze jours s'étaient à peine écoulés depuis le mariage de Bonaparte, que le jeune général reçut du Directoire l'ordre d'aller prendre le commandement de l'armée d'Italie (1796).

CHAPITRE II

CAMPAGNES D'ITALIE ET D'ÉGYPTE. — GUERRE DE SYRIE.

Bonaparte avait vingt-six ans, l'âge d'Annibal au début de la première guerre punique. Il remplaçait à l'armée d'Italie le général Schérer, homme de cœur, capable de vaincre, mais révoqué de son commandement pour n'avoir point su tirer parti de la victoire.

Bonaparte fut mal accueilli par les soldats et les officiers : les uns se défiaient de son inexpérience, les autres étaient jaloux de sa fortune. Tous lui reprochaient de n'avoir conquis son grade qu'en triomphant d'une révolte et en mitraillant le peuple de Paris. Qu'attendre d'ailleurs d'un homme si jeune, dont la taille était petite et grêle, et qui, sur ses joues creuses et livides, portait l'empreinte d'une fatigue prématurée? Que ne s'essayait-il encore à combattre des bourgeois, au lieu de venir se mesurer contre l'élite des généraux et des troupes de l'Empire? A quoi songeait le Directoire d'envoyer un tel

Je vais vous conduire dans les plus fertiles plaines du monde

capitaine à l'armée d'Italie? N'était-ce pas la sacrifier avec un coupable dédain que de la confier à des mains si faibles, et de la faire servir à satisfaire l'ambition ou la vanité d'un courtisan de Barras?

Mais ces inquiétudes s'évanouirent dès qu'on le vit parler et agir, et alors on reconnut en lui l'homme de génie qui a sa fortune à faire, mais dont la fortune se fera. Ayant rassemblé ses compagnons d'armes : « Sol-
« dats, » leur dit-il en montrant du haut des Alpes les fertiles plaines du Piémont et de la Lombardie, « vous
« êtes mal nourris, vous êtes nus : le gouvernement vous
« doit beaucoup, et ne peut rien pour vous. Votre pa-
« tience, votre courage vous honorent, mais ne vous
« procurent ni avantage ni gloire. Je vais vous conduire
« dans les plaines les plus fertiles du monde, vous y
« trouverez de grandes villes, de riches provinces; vous
« y trouverez honneur, gloire et fortune. Soldats d'Ita-
« lie, manqueriez-vous de courage? » Et le frémissement qui agita ces vieux guerriers, et les acclamations qui montèrent jusqu'au ciel lui apprirent que désormais, soldats et général, tous les acteurs de cette grande scène avaient l'intelligence de leur propre valeur et de leur avenir : dès ce moment il pouvait tout oser.

Le quartier général était à Nice; l'artillerie se trouvait dépourvue de chevaux pour les attelages, et le manque de fourrages avait forcé Schérer d'envoyer les chevaux de la cavalerie paître sur les bords du Rhône. Les principaux généraux que Bonaparte avait sous ses ordres étaient Masséna, né à Nice; Augereau, ancien maître d'escrime; Serrurier, ancien major; Laharpe, Suisse expatrié; Victor, soldat de fortune, et avec eux Joubert, Cervoni et quelques autres déjà renommés par de brillants faits d'armes. Les forces que ces chefs pouvaient mettre en ligne s'élevaient à trente mille hommes en deçà de l'Apennin; il y avait, en outre, à Garessio, une division de six mille hommes commandée par Serrurier, et chargée de surveiller les Piémontais.

Deux armées, l'une piémontaise et commandée par Colli, l'autre autrichienne, sous les ordres de Beaulieu, général célèbre, débordaient les troupes françaises et leur opposaient environ quatre-vingt mille combattants bien disciplinés, bien pourvus de munitions et de vivres, deux cents pièces de canon et une forte cavalerie. Colli voulait couvrir le Piémont; Beaulieu cherchait à se mettre en communication, du côté de la mer, avec la république de Gênes et la flotte anglaise.

Bonaparte jugea que son plan de campagne devait consister à séparer les deux armées ennemies, en pénétrant dans leur centre par le col le plus bas de l'Apennin. Beaulieu avait prévu ce système d'opérations; mais les dispositions qu'il prit pour le contrarier tournèrent à la gloire de l'armée française. D'abord les Autrichiens réussirent à enlever quelques postes et à gagner du terrain; mais ils ne purent parvenir à enlever la redoute de Montelegino, qui leur fermait la route de Montenotte. Cette position était défendue par le colonel Rampon, à la tête de douze cents hommes. Trois fois l'infanterie autrichienne, tout entière, s'élança pour s'en emparer; trois fois cette poignée d'hommes réussit à la repousser avec perte. Au milieu du feu le plus meurtrier, Rampon fit prêter à ses soldats le serment de mourir dans la redoute; ce sublime engagement fut suivi de prodiges de courage qui arrêtèrent l'armée autrichienne et permirent à l'armée française de prendre l'offensive (22 germinal. — 11 avril).

Bonaparte était à Savone. Il donne l'ordre à la division Laharpe de se replier sur la route de Montenotte, et à la division Augereau de soutenir ce mouvement. En même temps il envoie la division Masséna, par un chemin détourné, couper la retraite au corps d'armée que commande le général autrichien Argenteau. Le 23 germinal, le combat s'engage sur tous les points; mais l'infanterie autrichienne, tournée dans ses positions, ne pût que retarder sa défaite par une résistance inutile. Mise en déroute, elle s'enfuit sur Dego, laissant au pouvoir des Français plus de deux mille prisonniers et le champ de bataille couvert de morts. Telle fut la victoire de Montenotte: elle ouvrit à Bonaparte la route de l'Apennin.

Les Autrichiens s'étaient repliés sur Dego, gardant la route d'Acqui en Lombardie. Les Piémontais couvraient la route de Ceva et du Piémont. Bonaparte se trouvait dans la vallée de la Bormida, ayant les Autrichiens en face de lui et les Piémontais à sa gauche. Avec ses troupes fatiguées du glorieux combat de la veille, il lui fallait vaincre en même temps les deux armées coalisées. Il n'hésita point à ordonner une double attaque. Par l'effet de ses dispositions, Augereau aborda les Piémontais retranchés dans les profondes gorges de Millesimo, et les chassa de cette position formidable après quarante-huit heures d'une lutte à peine interrompue par la nuit; en même temps Laharpe et Masséna se précipitèrent, avec des forces très-inférieures, sur les Autrichiens rangés en bataille à Dego, et qui avaient reçu de nombreux renforts. Dego fut enlevé; mais les Autrichiens le reprirent à la faveur de la nuit. Le lendemain, le combat recommença avec plus d'acharnement; les Français, d'abord arrêtés par la résistance des grenadiers autrichiens, parurent hésiter; mais enfin ils redoublèrent d'énergie et de dévouement, et la victoire récompensa leur audace: partout l'ennemi fuyait devant eux; on s'était battu durant cinq jours.

Les victoires de Montenotte, de Dego et de Millesimo avaient coûté aux armées étrangères neuf mille prisonniers, trente-cinq pièces de canon, vingt drapeaux, un nombre très-considérable de blessés et de morts. Elles avaient eu des résultats stratégiques d'une importance plus grande encore. Une fois les Piémontais et les Autrichiens battus et contraints de fuir par des routes opposées, Bonaparte se trouvait en mesure de pénétrer au delà des monts et d'asseoir au cœur même de l'Italie la base de ses opérations militaires. Il avait conquis les chemins du Piémont et de la Lombardie, et, ce qui valait mieux peut-être, il était devenu en peu de jours l'objet de l'admiration commune des généraux et de l'armée. Quand ses troupes, des hauteurs de Monte-Zemoto, aperçurent derrière elles les Grandes-Alpes couvertes de neige, elles comprirent le plan de leur jeune général; Bonaparte lui-même s'écria avec enthousiasme : « Annibal avait franchi les Alpes; nous les avons tournées. » Ce peu de mots résumait tout le secret de la campagne. Mais le jour devait venir où il ne laisserait à Annibal le privilége d'aucune gloire. Le général Colli, retranché à Ceva avec ses Piémontais, avait été chassé de cette position et s'était replié d'abord derrière la Cursaglia, puis sur Mondovi. Il y fut battu et abandonna le champ de bataille, après avoir perdu trois mille hommes tués ou prisonniers. La victoire de Mondovi livra aux Français la place de Cherasco.

Ils y étaient lorsque le roi de Sardaigne, épouvanté des succès rapides de Bonaparte, demanda un armistice : il ne l'obtint qu'en donnant pour garanties aux Français les places de Coni, de Tortone et d'Alexandrie, et en mettant à la disposition de nos troupes des magasins immenses. Dès lors, l'armée de Bonaparte n'avait plus à redouter la faim, le froid et les privations de toute espèce; elle se trouvait abondamment pourvue de vivres et de vêtements, et pour comble d'avantages, ses opérations étaient protégées par les trois plus fortes places du Piémont. Cependant Bonaparte l'exhorta à de nouveaux travaux et à de nouvelles fatigues. En même temps il annonça à la France les succès rapides de son armée et fit porter au Directoire, par son aide de camp Murat, avec le récit de ses triomphes, vingt-un drapeaux pris à l'ennemi. Les conseils de la république décidèrent par trois fois que l'armée d'Italie avait bien mérité de la patrie, et comme tout, dans cet hommage, devait rappeler l'antiquité païenne, ils décrétèrent une *fête à la Victoire*.

Mais voilà que les plaines de la haute Italie sont ouvertes; Bonaparte laisse derrière lui le Piémont; il s'élance vers la Lombardie. Beaulieu, pour s'opposer à sa marche impétueuse, concentre ses forces entre la Sesia et le Tésin; une manœuvre habile lui donne le change, et Bonaparte franchit le fleuve non loin de l'Adda. Il occupe sans coup férir Plaisance, Fombio, Casal. Restait à traverser l'Adda, l'un des affluents considérables qui, du haut des Alpes, descendent au Pô. Bonaparte ne recule point devant cet obstacle, il se dirige vers le pont de Lodi; il atteint ce poste où doit s'opérer le passage de l'armée. L'armée autrichienne l'a devancé et couvre de ses nombreux bataillons la rivière, le pont, la ville. En quelques instants d'une attaque meurtrière, Bonaparte chasse l'ennemi de Lodi; mais, sur l'autre rive, douze mille hommes d'infanterie, quatre mille cavaliers et vingt pièces de canon habilement dirigées faisaient du passage du pont une entreprise chimérique. Il fallait cependant le franchir ou se fermer les routes de la Lombardie. Bonaparte se porte sur les flancs du fleuve; au milieu d'une grêle de balles et de mitraille, il arrête son plan d'attaque : par ses ordres, la cavalerie remonte l'Adda pour la passer à un gué, au-dessus de Lodi. En même temps six mille grenadiers, l'élite de l'armée, commandés par Masséna, se forment en colonne, serrent leurs rangs et s'élancent sur le pont au pas de course. L'ennemi dirige contre ces braves un feu épouvantable qui les arrête; mais leur hésitation est de peu de durée. Soutenus par la voix et par l'exemple de leurs généraux, ils reprennent leur élan, se précipitent en aveugles sur les batteries ennemies, massacrent les canonniers et écrasent à la baïonnette la vieille infanterie autrichienne. En ce moment la cavalerie, qui avait réussi à trouver un gué, débouche sur la rive gauche de l'Adda et complète la victoire (30 germinal).

La bataille de Lodi livrait aux Français Crémone et Pavie; mais Bonaparte poursuivit sa route vers Milan. A son approche, l'archiduc abandonna cette capitale en versant d'impuissantes larmes; le parti qui, d'accord avec l'armée française, travaillait à révolutionner l'Italie, devint dès lors maître de cette ville : au lieu de la disputer à Bonaparte, il se disposa à l'y recevoir en libérateur. Le 26 floréal (15 mai), un mois après l'ouverture de la campagne, Bonaparte fit son entrée à Milan, au milieu d'un peuple immense qui se livrait follement aux démonstrations de l'espérance et de la joie. On se pressait pour admirer, pour voir ce jeune capitaine, inconnu la veille, et qui, dès le début de sa carrière, avait grandi sa renommée à l'égal des hommes d'Homère. Bonaparte, à peine installé à Milan, organisa militairement le territoire conquis et le frappa d'une contribution de vingt millions de francs. Le duc de Modène fut trop heureux d'acheter un armistice; le duc de Parme se soumit; on espéra que Rome et Naples ne tarderaient pas à suivre son exemple. Alors, dans l'ivresse de ses succès, Bonaparte adressa à ses soldats une nouvelle proclamation qui se terminait ainsi : « Vos victoires feront époque dans « la postérité; vous aurez la gloire immortelle de changer « la face de la plus belle partie de l'Europe. Le peuple « français, libre, respecté du monde entier, donnera à « l'Europe une paix glorieuse,... et, quand vous rentrerez dans vos foyers, vos concitoyens diront en vous « montrant : *Il était de l'armée d'Italie.* »

Bonaparte marchait vers l'Adige, lorsqu'un événement imprévu le rappela à Milan. Une insurrection populaire venait d'éclater contre les Français dans la Lombardie : le peuple voyait avec effroi ces soldats de la république dont les victoires menaçaient le culte de ses pères; les nobles cherchaient à reconquérir les droits dont ils avaient été dépouillés; les ministres du Seigneur tremblaient pour les autels; les populations catholiques frémissaient en apprenant les spoliations et les outrages infligés à leurs églises les plus vénérées; elles racontaient l'argenterie, l'or, les diamants des tabernacles, brutalement enlevés par les commissaires du Directoire; elles disaient comment les républicains iconoclastes avaient brisé la châsse de saint Ambroise et le reliquaire de saint Charles Borromée; elles gémissaient sur les religieux chassés de leurs monastères, et s'indignaient de ce que, par la permission de Salicetti et de quelques aventuriers, on eût renouvelé dans les temples les profanations et les orgies qui, sous le règne de la Convention, avaient souillé les sanctuaires de la France et l'autel de Notre-Dame. Bonaparte n'avait point connu ces actes impies, aussi ne voyait-il point se former autour de son armée une vaste conjuration destinée à rappeler les *Vêpres Siciliennes*.

Le mouvement embrassait la Lombardie et les provinces voisines de Venise; le foyer du soulèvement était à Pavie, et ce fut dans cette ville et dans les campagnes qui l'entourent que l'insurrection éclata, vers le commencement de prairial (mai 1796).

Les insurgés s'étaient retranchés à Binasco et à Pavie. Bonaparte agit contre eux avec la dernière rigueur. Le village de Binasco fut livré aux flammes, et la malheureuse Pavie, prise d'assaut, eut à subir les horreurs du pillage; le mont-de-piété ne fut point excepté de cette dévastation; le vainqueur n'épargna que l'université et les maisons de Spalanzani et de Volta, deux noms chers à la science. Jusque dans ses vengeances calculées, Bonaparte se souvenait que les conquérants antiques, en abandonnant aux flammes des cités entières, épargnaient, par respect pour leur renommée, les toits sous lesquels les grands poëtes et les sages illustres avaient jadis reçu le jour.

Cette expédition mit fin au soulèvement, et Bonaparte profita du retour du calme pour organiser la Lombardie en une république qui prit le nom de Cisalpine. Éclairé d'ailleurs par cette funeste expérience, le chef de l'armée française comprit davantage la nécessité de ne plus froisser le peuple italien dans son orgueil et dans ses croyances.

Bonaparte entra ensuite sur le territoire de l'antique république de Venise. Le gouvernement de ce pays n'osa lui opposer aucune résistance ouverte, et l'on se contenta, de part et d'autre, de quelques assurances de neutralité. De Brescia, l'armée française se dirigea sur le Mincio, qui fut franchi à Borghetto, à la suite d'un combat qui rappelait celui de Lodi. Beaulieu, partout battu ou tourné, se replia sur le Tyrol, après avoir évacué Peschiera. Bonaparte profita de ses avantages pour asseoir ses opérations sur la ligne de l'Adige. Il songea ensuite à presser le siége de Mantoue, ville forte qu'entourait un lac et dont le territoire marécageux protégeait les abords. Beaulieu s'était réfugié dans cette ville à la tête de treize mille hommes, débris de ses troupes; cette nombreuse garnison pouvait disposer de quatre cents pièces de canon; mais déjà le maréchal Wurmser et le général Mélas, à la tête de deux armées qui réunies formaient un total de plus de cent mille combattants, étaient descendus du Tyrol; en quelques jours ils avaient enlevé Brescia et repoussé la division Masséna; fiers de ces premiers succès, ils marchaient en toute hâte pour secourir Mantoue. La renommée avait devancé l'arrivée de Wurmser. L'Italie, en apprenant qu'il descendait du Tyrol, se crut délivrée du joug de la France. La république de Venise manifesta une joie perfide que ne cachaient pas ses apparences de neutralité ; la cour de Naples, qui s'était trouvée trop heureuse d'obtenir un armistice, s'empressa d'en oublier les conditions, et dirigea ses armées vers le nord. A Rome, les agents de la France furent insultés ; partout et avec des sentiments bien divers, on répétait le fameux adage historique, que *l'Italie est le tombeau des Français*.

Le Directoire prescrivait à Bonaparte de traiter sans ménagements le chef de l'Église et de mettre fin au pouvoir temporel du vénérable Pie VI. Corse de naissance, Bonaparte gardait, au milieu de l'exaltation républicaine, la tradition des pieuses leçons de sa mère, et les empreintes de la foi vive qui anime les montagnards de son pays. Au fond de l'âme, il respectait le souverain pontife, et reconnaissait en lui le véritable chef du monde chrétien. Toutefois, il distinguait entre le vicaire de Jésus-Christ et le souverain temporel, et ne se faisait pas scrupule de dépouiller celui-ci de son territoire. En conséquence, il donna ordre à Augereau d'envahir les États du saint-siége, et ce général se rendit maître de Bologne, d'Urbin et de Ferrare. Ces succès rapides, obtenus par le seul ascendant du nom français, répandirent à Rome une vive épouvante, et le pape se hâta d'entrer en négociations avec ses ennemis. Un armistice onéreux fut imposé au vénérable pontife ; on stipula que Pie VI paierait à la France une somme de vingt-un millions, que ses provinces du nord seraient occupées par nos troupes, et que la France se ferait une large part dans la dépouille du Vatican.

Les Autrichiens s'avançaient forçant tous les obstacles ; ils s'étaient successivement rendus maîtres de plusieurs positions importantes d'où ils menaçaient Vérone et fermaient à Bonaparte sa retraite sur Milan. Le péril était extrême : l'armée française avait perdu sa ligne défensive et sa retraite. Bonaparte, pour la première fois, assemble ses généraux en conseil. Tous demandent qu'on se retire ; Augereau seul, plein de cet enthousiasme aveugle qui ne calcule ni les dangers ni les moyens, insiste pour qu'on marche à la rencontre de l'ennemi. Bonaparte met fin à la délibération sans faire connaître le plan qu'il a adopté ; mais les dispositions qu'il ordonne révèlent qu'il veut encore en appeler aux armes. Il prend la résolution désespérée de sacrifier Mantoue, et fait lever le siége de cette ville ; son armée abandonne devant la place un matériel considérable d'artillerie ; mais les affûts sont brûlés et les poudres jetées à l'eau. Ensuite elle se porte en arrière sur le général ennemi Quasdanovich, qui, établi sur les bords du lac de Garda, menaçait la communication avec Milan. A la suite de divers mouvements stratégiques heureusement combinés, un combat sanglant lui livra Lonato ; le lendemain, 14 thermidor, Augereau reprit Brescia et en chassa les Autrichiens, qui se replièrent en bon ordre et sans avoir éprouvé de pertes considérables. Bonaparte ne gêna point la retraite de Quasdanovich, et ne songea qu'à se retourner pour faire face à l'armée de Wurmser.

Il était temps. Déjà Wurmser, après avoir franchi l'Adige et le Mincio, était entré en triomphateur dans Mantoue. Bonaparte envoie le général Guyeux sur Salo tenir en échec Quasdanovich. En même temps Augereau marche sur Castiglione, Masséna sur Lonato, dont les ennemis se sont de nouveau rendus maîtres. Lonato fut repris à la suite d'une bataille meurtrière ; cette victoire prépara celle de Castiglione, où la valeur brillante d'Augereau assura l'accomplissement des plans de Bonaparte, la prise de Vérone et l'occupation de l'Italie. Wurmser et Quasdanovich avaient été successivement chassés de leurs positions, vaincus et mis en fuite; cette campagne avait duré moins de six jours. Dans ce court espace de temps, soixante mille Autrichiens avaient été dispersés ou taillés en pièces. Wurmser avait perdu vingt mille hommes, parmi lesquels sept à huit mille tués ou blessés, les autres faits prisonniers. Il était rejeté dans les montagnes avec les débris de ses troupes. Quasdanovich faisait une retraite pénible derrière le lac de Garda. Les Français avaient reconquis toutes leurs positions, et les Autrichiens fuyaient partout, saisis d'épouvante.

C'est dans le cours de ces rapides expéditions que Bonaparte courut un grand danger dont son audace le sauva. Comme il était entré à Lonato, à peine défendu par un millier d'hommes, il fut tout à coup investi par un corps de quatre mille Autrichiens. Les ennemis lui envoyèrent un parlementaire pour le sommer de se rendre, lui et sa faible troupe. Sur-le-champ Bonaparte fait monter à cheval tous les officiers dont il peut disposer, puis il ordonne qu'on amène le parlementaire et qu'on lui débande les yeux. Celui-ci est saisi d'étonnement à la vue de ce nombreux état-major. « Malheu-
« reux, lui dit Bonaparte, vous ne savez donc pas que
« vous êtes ici en présence du général en chef et de toute
« son armée? Allez dire à ceux qui vous envoient que
« je leur donne cinq minutes pour se rendre, ou que je
« les ferai passer au fil de l'épée, pour les punir de l'ou-
« trage qu'ils osent me faire. » Sur-le-champ il ordonne de faire approcher l'artillerie, afin de foudroyer les colonnes autrichiennes. Le parlementaire, effrayé, va rapporter la réponse, et les quatre mille hommes mettent bas les armes devant une poignée de Français. Si la ruse n'eût tiré d'affaire Bonaparte et sa troupe, l'issue de la campagne eût été bien différente, et la carrière de cet

homme extraordinaire se fût peut-être terminée par une escarmouche sans gloire.

Cependant Wurmser, quoique repoussé vers le Tyrol, pouvait encore reprendre l'offensive. Pendant que l'armée française, affaiblie par ses victoires et épuisée par les maladies gagnées dans les marais de Mantoue, travaillait à compléter ses cadres, Wurmser obtenait de nombreux renforts et se disposait à reparaître sur l'Adige, en arrivant par la vallée de la Brenta dans le Vicentin et le Padouan. Bonaparte, ayant laissé une garnison à Vérone, partit avec vingt-huit mille hommes, se dirigeant par trois routes sur le Tyrol.

L'armée française suivait une vallée étroite et profonde, resserrée entre l'Adige et une chaîne de montagnes escarpées. Le 18 fructidor (4 septembre), elle força les défilés de San-Marco et le camp retranché de Mori; le général Victor se fit remarquer dans cette journée par son courage intrépide : à la tête de la 18ᵉ demi-brigade, il emporta le défilé et entra au pas de charge dans la ville de Roveredo, pendant que le brave Rampon, qui commandait la 32ᵉ, occupait l'espace qui sépare cette ville de l'Adige. Le château de la Pietra, qui commandait le défilé, fut pris après une série de combats de montagnes, dans lesquels l'armée eut à surmonter les obstacles multipliés du terrain et de l'ennemi. Le lendemain, la ville de Trente, capitale du Tyrol italien, tomba au pouvoir de Bonaparte. Les jours suivants, le camp retranché de Primolano et le fort de Covelo tombèrent au pouvoir de nos troupes; et l'ennemi, battu sur la Brenta et à Bassano, fut poursuivi jusqu'à Citadella. Ces divers succès livrèrent aux Français Padoue et Vicence. Le 24 fructidor (10 septembre), l'Adige fut franchi à Ronco. Le lendemain l'avant-garde de Masséna, ayant affaire à Wurmser et à ses nombreuses troupes, fut mise en déroute à Cerea; ce léger échec fut compensé par le combat de Legnago, dans lequel Augereau fit seize cents prisonniers. Enfin, le 3ᵉ jour complémentaire de l'an iv (19 septembre), Bonaparte attaqua Wurmser, lui fit éprouver une perte de deux mille hommes, et le contraignit à se réfugier dans Mantoue avec les débris de son armée.

Les deux armées que l'Autriche avait envoyées pour délivrer Mantoue avaient donc été détruites comme celles de Colli et de Beaulieu ; mais le cabinet autrichien, attachant avec raison une grande importance à la conservation de cette forteresse, profita des revers que nos troupes venaient d'éprouver en Allemagne pour faire passer une quatrième armée en Italie. Elle se composait de quarante-cinq mille hommes commandés par les généraux Davidovich et Alvinzi. Bonaparte, suivant sa tactique ordinaire, se disposait d'abord à battre Alvinzi et à écraser ensuite Davidovich ; mais les événements de la guerre, n'ayant pas concordé avec ce plan, amenèrent, après de pénibles efforts, l'une des plus mémorables actions de cette guerre, une bataille de trois jours.

D'une part, les manœuvres habiles de l'ennemi et sa supériorité numérique avaient rendu inutiles, sur quelques points, les sacrifices et le dévouement de nos troupes ; de l'autre, l'armée s'était de jour en jour amoindrie par des combats meurtriers, par des marches forcées et des souffrances de tout genre. Déjà les soldats éclataient en murmures, et Bonaparte, dès le 24 brumaire an v, écrivait au Directoire : « Tous nos officiers
« supérieurs, tous nos généraux d'élite sont hors de com-
« bat; l'armée d'Italie, réduite à une poignée de monde,
« est épuisée; les héros de Millesimo, de Lodi, de Casti-
« glione et de Bassano sont morts pour la patrie ou sont
« à l'hôpital. Il ne reste plus aux corps que leur réputa-
« tion et leur orgueil. Joubert, Lannes, Lamare, Victor,
« Murat, Charlot, Dupuis, Rampon, Pigeon, Ménard,

« Chabrand sont blessés. Nous sommes abandonnés au
« fond de l'Italie : ce qui me reste de braves voit la mort
« infaillible au milieu de chances si continuelles et avec
« des forces si inférieures. Peut-être l'heure du brave
« Augereau, de l'intrépide Masséna est près de sonner...
« Alors que deviendront ces braves gens ? Cette idée me
« rend réservé ; je n'ose plus affronter la mort, qui serait
« un sujet de découragement pour qui est l'objet de mes
« sollicitudes, etc. » On verra bientôt s'il n'osait point
affronter la mort.

La nuit même qui suivit le jour où il écrivait ainsi, il donna ordre à l'armée de passer l'Adige sur les ponts de Vérone, et de se diriger vers Milan. Ce n'était là qu'une retraite simulée. A quelque distance de Vérone, on tourne à gauche et l'on descend pendant quatre lieues le cours de l'Adige ; on passe ce fleuve à Ronco. L'armée, réduite à treize mille hommes, ne tarde pas à se trouver entre Arcole et l'Adige, au milieu de vastes marais traversés par de longues chaussées, dont elle s'empare, et qui lui permettent d'attendre avec une sorte de sécurité les nombreuses troupes d'Alvinzi, réduites, par la situation des lieux, à ne pouvoir attaquer que de front. Alvinzi n'avait point songé à garder les marais, ne pouvant croire qu'une armée osât s'y engager.

Le village d'Arcole était situé au milieu d'un marais dont les Français ignoraient encore l'étendue et la profondeur. Tout ce pays est entrecoupé de ruisseaux et de torrents ; le plus considérable est l'Alpon, qu'il fallait traverser sur un pont de bois derrière lequel l'armée autrichienne avait pris position, et que défendaient des barricades et une formidable artillerie. Les grenadiers français tentent le passage, mais leur courage s'épuise en vain à cette œuvre ; pendant un jour entier ils sont repoussés : Belliard, Lannes, Masséna se placent à la tête des colonnes et donnent l'exemple du dévouement. L'entreprise paraît impossible ; en vain Augereau prend un drapeau et s'avance sur le pont suivi d'une foule de braves, le feu de l'ennemi renverse la tête de la colonne, et le reste se replie. Cependant Bonaparte paraît. « Grenadiers, s'écrie-t-il en saisissant un étendard, n'êtes-vous plus les vainqueurs de Lodi ? Suivez-moi ! » Et il se précipite à travers une grêle de balles et de mitraille. Lannes, déjà blessé, et qui néanmoins a voulu suivre son exemple, tombe à côté du général en chef, atteint de trois nouvelles blessures ; Muiron, aide de camp de Bonaparte, voit le danger qui menace l'homme dont le salut est nécessaire à l'armée ; il le couvre de son corps, et tombe frappé d'un coup mortel. Bonaparte, protégé par ce dévouement, allait enfin parvenir jusqu'à l'extrémité du pont ; mais l'ennemi fait une nouvelle décharge à mitraille, et le cheval qui porte le général se jette avec lui dans les marais. Les grenadiers accourent alors en s'écriant : « Sauvons notre général ! » Ils réussissent à l'entraîner ; mais tant d'héroïsme avait été inutile, et Bonaparte, rendu injuste par ce résultat, s'était écrié : « Je ne commande plus à des Français ! »

La nuit arrive : Bonaparte renonce à passer l'Alpon sur ce point, et se détermine à le franchir à son embouchure. Il fait allumer des feux sur la digue, et dérobe ainsi sa marche à l'ennemi. Le deuxième jour, les divisions françaises passent le torrent sur un pont construit à la hâte, et l'ennemi est rejeté sur Arcole. Alvinzi et deux divisions autrichiennes sont enfoncées au pas de charge et refoulées dans les marais. Le lendemain, la bataille recommence : elle est d'abord indécise ; mais un lieutenant suivi de vingt-cinq cavaliers et de douze trompettes, ayant exécuté l'ordre de tourner l'ennemi et de sonner la charge, le bruit des clairons fait croire à l'armée autrichienne qu'elle est attaquée par derrière ;

alors elle hésite, elle fait de fausses manœuvres qui décident de sa défaite.

L'armée française, après trois jours de combat, rentra triomphante à Vérone; Davidovich prit la route des montagnes, après avoir perdu deux régiments dans une affaire d'arrière-garde. Treize mille Français, commandés par Bonaparte, avaient soutenu l'effort de quarante mille Autrichiens et les avaient contraints de battre en retraite; mais ces glorieux succès nous coûtaient sept mille hommes tués, blessés ou pris. Rien ne pouvait égaler la stupeur de l'ennemi, qui voyait ainsi ses espérances changées en désastres.

La campagne était terminée; Bonaparte, victorieux sur tous les points, prit ses quartiers d'hiver : ce repos ne fut pas de longue durée. Cependant la nouvelle de nos succès, portée à Paris, y causa un enthousiasme général, et le Directoire arrêta que les deux drapeaux portés sur le pont d'Arcole par Augereau et Bonaparte leur seraient donnés à titre de récompense nationale. Heureuse la France, si ses fils avaient borné leur ambition à ces modestes récompenses !

Bonaparte ne demeura point inactif : il s'occupa sans relâche à consolider ses victoires en s'assurant des alliés et en donnant à l'Italie septentrionale une sorte d'existence politique. Déjà deux nouveaux États avaient été organisés le long du Pô sous le nom de républiques Cispadane et Transpadane. Les Alpes furent purgées des barbets, bandes de brigands qui s'étaient formées à la suite de la guerre et qui massacraient nos détachements. Un traité fut conclu avec le roi de Naples, et une expédition partie de Livourne enleva la Corse aux Anglais. Enfin l'armée complétait ses cadres autant que possible, et recevait dans ses rangs des bataillons levés dans les nouvelles républiques d'Italie.

Encouragée par les succès qu'elle avait obtenus sur

le Rhin, l'Autriche ne pouvait tarder à reprendre l'offensive au delà des Alpes. De puissants renforts furent envoyés par le cabinet de Vienne au général Alvinzi : une brillante jeunesse accourait se ranger sous les ordres de ce vieux général, impatiente de se mesurer avec les Français, et portant avec orgueil des drapeaux que l'impératrice avait brodés de ses mains. Le pape, de son côté, envoya cinq à six mille hommes au secours d'Alvinzi. A l'aide de ces auxiliaires et de ces renforts, l'armée ennemie l'emportait des deux tiers sur l'armée française. La délivrance de Mantoue était toujours l'objet des efforts de l'Autriche.

Le 23 nivôse, les Autrichiens s'avancent sur six colonnes. La gauche de cette armée s'appuyait sur Mantoue, la droite sur Vérone; le centre, commandé par Alvinzi, suivait la vallée de l'Adige pour déboucher par le plateau de Rivoli. D'abord Joubert fut tourné dans ses positions et réduit à effectuer sa retraite; mais Bonaparte lui enjoignit de se maintenir en avant de Rivoli : lui-même accourut pour soutenir son lieutenant. L'armée française n'avait en ligne, à Rivoli, que vingt mille soldats; les ennemis étaient deux contre un; mais leur artillerie et leur cavalerie n'étaient point encore entièrement réunies; Bonaparte jugea que le moment était favorable pour l'attaque. Dès le lendemain, au point du jour, la bataille fut livrée et gagnée par l'armée française. Elle fut décisive : Alvinzi, qui était arrivé plein de confiance dans le nombre de ses troupes et dans la sagesse de ses dispositions, se vit réduit à battre en retraite sur la Piave; son artillerie n'arriva que pour tomber au pouvoir des Français. La bataille avait duré douze heures; Bonaparte avait eu plusieurs chevaux tués sous lui. Cette victoire était à peine remportée, que le jeune vainqueur chargea Joubert de la compléter, en poursuivant Alvinzi, lui-même se portant au-devant du général ennemi Provera, qui se dirigeait à marches forcées sur Mantoue. Provera perdit une partie de ses soldats dans une affaire d'arrière-garde engagée avec Augereau; mais il réussit à combiner avec Wurmser une attaque sur la Favorite. Wurmser fut partout repoussé, et se renferma dans Mantoue; Provera, demeuré seul, déposa les armes. Ainsi, en huit jours, deux corps d'armée avaient été détruits, deux batailles gagnées, l'Autriche avait perdu trente-cinq mille hommes, dont vingt-cinq mille prisonniers, soixante pièces de canon et un pareil nombre de drapeaux, qui furent portés au Directoire par Augereau. Peu de jours après, Wurmser rendit Mantoue après avoir obtenu une capitulation honorable. Tant de succès amenèrent la conquête de la Romagne, du duché d'Urbin et d'Ancône, et le traité de Tolentino, qui fut conclu avec le pape. Ces avantages ne furent point purs de tout excès : l'armée républicaine, imbue des idées que l'impiété avait mises à l'ordre du jour, se livra plus d'une fois à de coupables exactions, et l'Italie eut à gémir du pillage de l'église Notre-Dame de Lorette, objet traditionnel de la vénération des fidèles. Disons toutefois que Bonaparte, en imposant au pape les dures conditions du traité de Tolentino, y fit insérer une clause des plus honorables. Il stipula que les prêtres français volontairement exilés ou proscrits à la suite de la révolution, seraient recueillis, nourris et secourus dans les couvents du saint-siége. Le Directoire n'osa pas désavouer le général que l'Europe admirait, et la démarche de Bonaparte produisit une sensation très-favorable sur l'esprit public.

Depuis le 5 avril, quatre armées formidables, plusieurs fois augmentées par des renforts, avaient été battues et détruites par une armée qui, d'abord à peine composée de trente-six mille hommes, n'en avait reçu que vingt mille pour réparer ses pertes. Ces armée, à jamais mémorable, avait, en moins de six mois, mis en déroute trente mille Piémontais et plus de deux cent mille Autrichiens, en avait pris plus de quatre-vingt-dix mille, tué ou blessé plus de trente mille; elle avait livré soixante combats meurtriers et douze grandes batailles, franchi des chaînes de montagnes, des défilés hérissés d'artillerie, et plusieurs fleuves larges et rapides protégés par des armées entières. Le bruit de ces travaux sans nombre retentissait à Paris et à Vienne, et les yeux de l'Europe se tournaient vers Bonaparte, comme pour surprendre d'avance les grandes choses que lui réservait l'avenir.

Une cinquième armée autrichienne s'avança pour réparer les désastres des troupes impériales. Elle était commandée par l'archiduc Charles, l'un des plus habiles capitaines de l'Allemagne, qui venait de se rendre célèbre par sa campagne du Rhin. Bonaparte, de son côté, avait reçu un renfort de dix-huit mille hommes commandés par Bernadotte. Le prince Charles, maître du Tyrol et comptant sur l'appui de Venise, était retranché derrière le Tagliamento et appuyé sur le Frioul; l'armée française occupait la rive gauche de l'Arizio, jusqu'à son embouchure dans l'Adige, et la rive droite de la Piave, depuis les Alpes jusqu'à la mer Adriatique.

Les opérations commencèrent le 19 ventôse par l'occupation de Feltre et d'Asolo. Le 20, on se battit sur la Piave; le 22, cette rivière fut franchie sur deux points, et l'ennemi vaincu dans plusieurs combats partiels; le 25, l'armée autrichienne, commandée par le prince Charles, fut mise en déroute derrière le Tagliamento, deux jours après nos troupes avaient emporté Palma-Nova, San-Danielo, Osopo et Gemona; le 28, l'armée française passa l'Isonzo et prit Gradisca; le 30, elle enleva Goritz, à la suite de plusieurs engagements; le 2 germinal, elle entra dans Trieste, ajoutant ainsi le

4

Frioul autrichien à ses conquêtes d'Italie. Elle avait livré huit combats en dix jours. Le 3, elle attaqua les gorges du Tyrol, et le 8, après plusieurs affaires honorables pour nos troupes, l'Istrie autrichienne, le Frioul, la Carniole, une partie du Tyrol et de la Carinthie étaient soumis aux forces de la république. Le 10, Bonaparte établit son quartier général à Clagenfurt. En moins de vingt jours l'archiduc avait perdu la moitié de son armée, et Bonaparte, après avoir franchi la barrière des montagnes, se trouvait au milieu des États de la maison d'Autriche.

Le 12 germinal, l'armée française se remit en marche, après s'être emparée de Neumark, de Freisach et de Laybach; le 14, le combat de Kumdemarch lui livrait Kintenfeld, Muran, Jundenbuch et Scheffling; le 15, elle poursuivait sur la route de Vienne l'armée du prince Charles, réduite à abandonner le Tyrol. Trois jours après, l'Autriche, épouvantée, réclamait et obtenait du vainqueur une suspension d'armes, et le 28 les préliminaires de la paix étaient, de part et d'autre, signés à Léoben.

Cependant Bonaparte ne voyait pas sans inquiétude les dispositions du gouvernement de Venise. Si faible et si déchue qu'on la supposât, cette république pouvait encore armer cinquante mille hommes, et fermer toute retraite aux Français. Bonaparte fomenta des insurrections révolutionnaires dans les provinces de la terre ferme; mais ses espérances à cet égard furent déjouées; car dans la plupart des villes et des campagnes demeurées fidèles à la cause italienne et aux autorités de Venise, des révoltes et des conjurations éclatèrent, qui parurent mettre en péril la sécurité de notre armée, et fermer à Bonaparte, en cas de revers en Allemagne, les routes qui, à travers la Lombardie et le Piémont, pouvaient lui permettre de revenir en France. Une insurrection formidable eut lieu à Vérone, et quarante mille paysans de la terre ferme, armés à la hâte, cernèrent la garnison française qui tenait dans cette ville. D'affreux massacres eurent lieu, et les blessés français en traitement dans les hôpitaux de Vérone furent impitoyablement égorgés. Ce fut le signal de la chute de Venise, châtiment qui pouvait seul, aux yeux de Bonaparte, venger le sang de nos soldats.

Venise, séparée du continent, protégée par deux armées de terre et de mer, pouvait accepter la lutte et soutenir un siége; elle pouvait du moins succomber avec honneur; mais son gouvernement lâche et timide préféra résigner ses pouvoirs et se mettre à la discrétion de la France Le 27 floréal, l'armée de Bonaparte entra victorieuse dans Venise, et la mit de vive force sous la suzeraineté de la république française : ainsi s'éteignit la république de Venise, après avoir subsisté durant treize siècles.

Un mois après, le 25 prairial (13 juin 1797), tomba à son tour, par l'effet des démarches et de l'ascendant de Bonaparte, l'antique rivale de Venise, la république de Gênes : le livre d'or fut brûlé, les démagogues de la ville, unis aux Français, mirent en pièces la statue du célèbre Doria et les débris de la puissance génoise; on institua un nouvel État, vassal de la France, qui prit le nom de république Ligurienne.

L'Autriche était plus habile à négocier qu'à vaincre. Les débats des agents diplomatiques assemblés à Campo-Formio pour traiter de la paix, durèrent six mois, et encore ne se seraient-ils pas terminés si promptement sans l'énergie de Bonaparte, qui imposa par la menace les conditions qu'on lui disputait par la ruse. Ce traité, qui fut enfin signé le 17 octobre, cédait à la France le Brabant, et proclamait l'indépendance du Milanais. L'Italie septentrionale formait une république à laquelle on donnait, comme dépendances, le Mantouan, le duché de Modène, une partie des États vénitiens et des trois légations ; la France n'obtint guère que Corfou et des établissements en Albanie ; l'Autriche, qui avait à réparer plus de désastres, se fit céder Venise.

Bonaparte, après avoir conquis une paix honorable pour la république, sentit que sa présence n'était plus nécessaire en Allemagne, et revint en France, où son retour eut tout l'éclat d'un triomphe. Partout, sur sa route, les populations se pressaient en foule pour l'admirer. Cet enthousiasme excitait la sollicitude des amis de la république et la jalousie du Directoire : on appréhendait que cette force, si merveilleusement appliquée à la guerre, ne se tournât contre le gouvernement et la révolution. Personne ne s'exprimait tout haut à cet égard ; mais, pour tout le monde, Bonaparte était un sujet de crainte et d'espérance. Chacun comprenant d'ailleurs que le moment n'était point venu de manifester de pareilles émotions, cachait de son mieux sa pensée secrète, et Bonaparte, le premier, participait à cette dissimulation générale. Le Directoire, pour donner le change à l'opinion, résolut de recevoir le vainqueur d'Arcole en grande pompe et au milieu des apprêts d'une fête politique et militaire. Cette cérémonie eut lieu le 20 frimaire an VI (10 décembre 1797), en présence des ambassadeurs et des ministres des États étrangers. Les généraux Joubert et Andréossy y tenaient le drapeau donné par le corps législatif à l'armée d'Italie. Les cinq directeurs étaient drapés à l'antique et avec magnificence ; Bonaparte, quoique vêtu de l'austère uniforme de Montenotte et de Rivoli, attirait sur lui tous les regards.

Après un discours du ministre Talleyrand, le général de l'armée d'Italie se leva, remit au président du Directoire la ratification donnée par l'empereur au traité de

Campo-Formio, et d'une voix ferme, avec un accent sonore qui remplissait la vaste cour du palais :

« Citoyens directeurs, dit-il, le peuple français, pour
« être libre, avait les rois à combattre; et pour obtenir
« une constitution fondée sur la raison, il avait dix-huit
« siècles à vaincre. — La constitution de l'an III et vous,
« avez triomphé de tous les obstacles. — La religion, la
« féodalité et le royalisme ont depuis vingt siècles gou-
« verné l'Europe; mais de la paix que vous venez de
« conclure date l'ère du gouvernement représentatif.
« Vous êtes parvenus à organiser la Grande Nation,
« dont le territoire n'est plus circonscrit que parce que
« la nature en a fixé les limites. — Vous avez fait plus :
« les deux plus belles parties de l'Europe, si célèbres
« jadis par les arts, les sciences et les grands hommes
« dont elles furent le berceau, voient le génie de la
« liberté sortir du tombeau de leurs ancêtres; ce sont
« deux piédestaux sur lesquels les destinées vont placer
« deux grandes nations.

« J'ai l'honneur de vous remettre le traité signé à
« Campo-Formio, et ratifié par l'empereur.

« La paix assure la liberté, la prospérité de la répu-
« blique. Lorsque le peuple français sera assis sur les
« meilleures lois organiques, l'Europe entière deviendra
« libre. »

Barras, alors président du Directoire, répondit longuement au général. La première phrase de son discours fut la seule remarquée; la voici :

« Citoyen général, la nature, avare de ses prodiges,
« ne donne que de loin en loin de grands hommes à la
« terre; mais elle dut être jalouse de marquer l'aurore
« de la liberté par un de ces phénomènes, et la sublime
« révolution du peuple français, nouvelle dans l'histoire
« des nations, devait présenter un génie nouveau dans
« l'histoire des hommes célèbres. Le premier de tous,

« citoyen général, vous avez secoué le joug des paral-
« lèles, et du même bras dont vous avez terrassé les
« ennemis de la république, vous avez écarté les rivaux
« que l'antiquité vous présentait. »

Dès que Barras eut cessé de parler, il tendit les bras à Bonaparte, et lui donna ce qu'on appelait alors l'accolade fraternelle. Les autres membres du Directoire imitèrent l'exemple du président, et embrassèrent comme lui l'illustre général.

D'autres fêtes furent données à Bonaparte; mais, soit affectation, soit prudence, il évitait souvent de paraître à ces réunions où l'attendait la foule. Son instinct l'avertissait qu'il ne fallait pas se prêter à un enthousiasme irréfléchi, et qu'en s'isolant il arrivait plus sûrement au but qu'il s'était proposé, d'appeler à lui la popularité et l'opinion publique. L'hommage auquel il fut le plus sensible fut celui que lui décerna l'Institut en le choisissant pour faire partie de la classe des sciences mécaniques, à la place demeurée vide depuis que Carnot avait été proscrit le 18 fructidor. Bonaparte s'attachait à rassurer le Directoire sur ses intentions, en paraissant exclusivement voué à la méditation et à l'étude. Il était d'ailleurs avide de toutes les gloires, et le modeste costume de membre de l'Institut ne le flattait pas moins que les insignes du commandement militaire.

Bonaparte supportait impatiemment les loisirs de la capitale; il lui tardait d'occuper de nouveau les imaginations par des actions d'éclat, et de se frayer ainsi plus sûrement la route du pouvoir. « On ne conserve à Paris le souvenir de rien, disait-il; si je reste longtemps inactif, je suis perdu. Une renommée dans cette grande Babylone en remplace une autre; on ne m'aura pas vu trois fois au spectacle que l'on ne me regardera plus. » Et à ceux qui lui faisaient observer qu'il devait pourtant être heureux de voir ses concitoyens se porter en foule au-devant de lui, il répondait : « Le peuple se porterait avec autant d'empressement au-devant de moi si j'allais à l'échafaud. »

Bonaparte tournait ses regards vers l'Orient, berceau des grandes choses et théâtre des grandes gloires. Il pensait, et les événements commencent à justifier aux yeux de tous cette idée que les hommes de sa trempe perçoivent cinquante ans avant les autres, que la puissance de la France devait être assise sur la Méditerranée, et que le point le plus sûr par où elle pouvait atteindre l'Angleterre était l'Égypte : c'est par l'Égypte que la France peut toucher aux Indes orientales, et tenir en échec la Russie par Constantinople. Aussi le jeune vainqueur d'Arcole rêvait-il une expédition vers ces parages. Le Directoire avait ses raisons pour ne pas s'opposer à l'exécution de ce plan; en attendant on donnait le change à l'opinion en faisant croire à une prochaine descente sur les côtes de l'Angleterre. Cependant Bonaparte, auquel tous les soins de la prochaine expédition avaient été remis, envoyait partout ses ordres et réunissait les vaisseaux, les frégates, les bâtiments de transport et les armées de terre et de mer nécessaires à l'entreprise; il eut l'heureuse pensée de s'adjoindre, pour la future campagne, des hommes distingués dans les sciences et les arts, et dont les travaux devaient faire connaître, dans son état actuel et ancien, une contrée dont le nom n'est jamais prononcé sans réveiller de grands souvenirs. Bonaparte ne perdait point de vue les intérêts de son ambition et de sa gloire; il lui semblait qu'un avenir mystérieux l'attendait en Orient. Quelquefois il rêvait pour lui la couronne d'Égypte ou celle de Jérusalem; souvent aussi, revenant à des idées plus exécutables, il pensait à l'influence que cette expédition lointaine allait donner à sa renommée : « J'ai tout tenté, disait-il; les Directeurs ne veulent pas de moi : il faudrait les renverser et me faire roi ; mais il n'y faut pas penser encore ; les nobles n'y consentiraient jamais ; j'ai sondé le terrain ; le temps n'est pas venu : je serais seul. »

Bonaparte arriva à Toulon le 20 floréal an VI (9 mai 1798); il y trouva son armée, et lui tint un langage digne d'elle et de lui : « Soldats, dit-il dans une procla« mation, apprenez que vous n'avez point encore assez « fait pour la patrie, et que la patrie n'a point encore « assez fait pour vous.

« Je vais actuellement vous mener dans un pays où « par vos exploits futurs, vous surpasserez ceux qui « étonnent aujourd'hui vos admirateurs, et rendrez à « la patrie les services qu'elle a droit d'attendre d'une « armée d'invincibles.

« Je promets à chaque soldat qu'au retour de cette « expédition il aura à sa disposition de quoi acheter six « arpents de terre. »

Ailleurs il disait : « Soldats, vous êtes une des ailes « de l'armée d'Angleterre. Vous avez fait la guerre de « montagnes, de plaines et de siéges ; il vous reste à « faire la guerre maritime.

« Les légions romaines, que vous avez quelquefois « imitées, mais pas encore égalées, combattaient Car« thage tour à tour sur cette mer et aux plaines de « Zama. La victoire ne les abandonna jamais, parce « que constamment elles furent braves, patientes à « supporter la fatigue, disciplinées et unies entre « elles.

« Soldats, l'Europe a les yeux sur vous ! vous avez « de grandes destinées à remplir... Le génie de la « liberté, qui a rendu dès sa naissance la république « l'arbitre de l'Europe, veut qu'elle le soit des mers et « des nations les plus lointaines. » Ces paroles avaient un caractère d'éloquence antique, et frappaient merveilleusement les esprits. Nous les mentionnons souvent, parce qu'elles tiennent une grande place dans la vie et la fortune de Bonaparte.

Bonaparte fit alors une démarche honorable qui, pour d'autres que lui, n'eût pas été sans danger. A peine arrivé à Toulon, il y apprit que la loi de mort rendue contre les émigrés y régnait dans toute son affreuse rigueur, et que naguère un vieillard de quatre-vingts ans avait été fusillé. Indigné de cette barbarie, il écrivit la lettre suivante :

« Bonaparte, membre de l'Institut national, aux « commissions militaires de la neuvième division.

« J'ai appris, Citoyens, avec la plus grande douleur, « que des vieillards âgés de soixante-dix à quatre-vingts « ans, de misérables femmes enceintes ou environnées « d'enfants en bas âge, avaient été fusillés comme pré- « venus d'émigration.

« Les soldats de la liberté seraient-ils donc devenus « des bourreaux? La pitié qu'ils ont portée jusqu'au « milieu des combats serait-elle donc morte dans leurs « cœurs?

« La loi du 19 fructidor a été une mesure de salut « public; son intention a été d'atteindre les conspira- « teurs, et non de misérables femmes et des vieillards « caducs.

« Je vous exhorte donc, Citoyens, toutes les fois que « la loi présentera à votre tribunal des vieillards de plus « de soixante ans, ou des femmes, de déclarer qu'au « milieu des combats vous avez respecté les vieillards « et les femmes de vos ennemis.

« Le militaire qui signe une sentence contre une per- « sonne incapable de porter les armes est un lâche. »

« *Signé* BONAPARTE. »

Cette lettre sauva la vie à un malheureux émigré, et causa une grande satisfaction dans l'armée.

L'armée de terre s'élevait à trente-six mille hommes ; elle avait pour chefs les généraux Berthier, Cafarelli-Dufalga, Dammartin, Kléber, Desaix, Régnier, Bon, Dugua, Menou, Vaubois, Demoy, Lannes, Dumas, Lanusse, Murat et Davout. L'armée navale était de dix mille hommes ; elle obéissait au vice-amiral Brueys, qui avait sous ses ordres les contre-amiraux Villeneuve, Blanquet-Duchayla, Decrès et Ganteaume. L'escadre se composait de treize vaisseaux de ligne, dont un, *l'Orient*, de cent vingt canons ; il y avait de plus deux vaisseaux vénitiens, quatorze frégates et soixante-douze navires de guerre de moindre importance. Les bâtiments de transports s'élevaient à quatre cents, ce qui portait la flotte à plus de cinq cents voiles. Jamais pareil armement n'avait couvert les mers. On s'éloigna de France le 30 floréal (19 mai). Vingt jours après seulement, par suite des vents contraires, on se trouva en vue de Malte.

Cette île fut conquise après un combat sans importance. L'ordre des chevaliers de Malte, l'une des plus fortes institutions du moyen âge, fut déclaré aboli. Après ce premier succès, qui en présageait d'autres, la flotte fit voile pour Alexandrie, et arriva en vue de la ville le 13 messidor (1er juillet). Les Anglais cinglaient dans ces parages ; Bonaparte, pour soustraire son armée à ses ennemis, ordonna que le débarquement fût effectué sans retard. Comme il s'opérait, au milieu des plus grandes difficultés, une voile parut à l'horizon, et l'on crut qu'elle précédait la flotte anglaise. « Fortune, s'écria Bonaparte, tu m'abandonnes ! Quoi ! pas même cinq jours ! » C'était le cri d'un fataliste, et Bonaparte se piquait souvent de l'être. Pour le moment le danger était imaginaire, et l'armée française réussit à prendre terre sur une plage aride de l'Égypte.

Bonaparte, sentant que son armée allait se trouver au milieu de peuples étrangers à la France autant par les mœurs et les usages que par la religion, adressa à ses soldats une proclamation nouvelle, dans laquelle on remarque ce passage : « Agissez avec eux comme vous « avez agi avec les juifs et les Italiens; ayez des égards « pour leurs muftis et leurs imans, comme vous en avez « eu pour les rabbins et les évêques. Ayez, pour les « cérémonies que prescrit le Coran, pour les mosquées, « la même tolérance que vous avez eue pour les cou- « vents, pour les synagogues, pour la religion de Moïse « et celle de Jésus-Christ : les légions romaines proté- « geaient toutes les religions. Vous trouverez ici des « usages différents de ceux de l'Europe, il faut vous y « accoutumer. » Le sentiment chrétien est froissé par ce langage; mais, en lisant l'histoire de cette époque, il ne faut pas oublier que le gouvernement de la France était livré au déisme, et que l'indifférence absolue en matière de religion était à l'ordre du jour. Bonaparte n'osait encore heurter de front les préjugés de la philosophie et de l'armée, et peut-être, en se berçant de l'espoir de conquérir pour lui-même une des couronnes de l'Orient, voulait-il d'avance ne pas effaroucher la religion musulmane.

C'est sans doute aussi aux rêves de son ambition démesurée qu'on doit attribuer les passages d'une autre proclamation adressée au peuple d'Égypte, et dans lesquels, pour se concilier la bienveillance des mahométans, il faisait un mérite à la révolution française de ses persécutions contre le pape et l'Église.

La première opération de Bonaparte fut d'emporter d'assaut la ville d'Alexandrie; les Français, maîtres de ce point d'appui, s'enfoncèrent alors dans le pays et prirent la route du Caire. Ils marchaient au milieu d'un pays dépouillé de toute culture, sous un ciel de feu et sur des sables brûlants. Privés d'eau, exténués de fatigue, sans abri pour s'y reposer, ils eurent à endurer les plus pénibles souffrances; et déjà s'évanouissaient pour eux les espérances poétiques, mais décevantes, qu'ils avaient fondées sur la conquête de l'Orient. Soudain parurent à l'horizon de frais ruisseaux, des lacs tranquilles et de vastes forêts ombreuses; l'armée redoubla d'efforts en poussant des cris de joie; elle pressa sa route vers ces belles contrées, où elle allait enfin se désaltérer et obtenir le terme de ses dures privations; mais, quand elle fut arrivée au soir, poursuivant toujours cette terre délicieuse étalée à ses regards, voilà que ces collines, ces forêts et ces lacs parurent se détacher du sol et se dissiper dans les airs. C'était le *mirage*.

Cependant on atteignit les rives du Nil, et l'armée, que le désespoir commençait à gagner, reprit toute sa confiance. Après un engagement assez sérieux à Chébréiss, Bonaparte, chassant devant lui quelques mameluks, parvint à Giseh, village auprès duquel s'élèvent les grandes pyramides. C'était là que Mourad-Bey l'attendait à la tête d'une formidable cavalerie et de hordes nombreuses accourues de tous les points de l'Égypte et du désert.

Bonaparte, sur ce terrain sablonneux et uni, où l'infanterie ne pouvait se retrancher derrière aucun accident du sol et se trouvait débordée de toutes parts par la cavalerie arabe, sentit qu'il fallait imaginer un ordre tout particulier de bataille. Il prescrivit à son armée de former six grands carrés, présentant chacun une face à l'ennemi, et ayant à chacun des angles une pièce d'artillerie. La cavalerie était abritée derrière ces carrés, attendant le signal convenable pour charger les mameluks. Un moment avant l'attaque, Bonaparte se tourna vers ses soldats, et, leur montrant les pyramides, leur adressa pour toute proclamation cette phrase si connue : « Songez que du haut de ces monuments « quarante siècles vous contemplent ! » L'armée se tint prête à soutenir dignement sa gloire, comme si les paroles de son général devaient être acceptées sérieusement, et que les Pharaons et les Ptolémées se tinssent debout sur leurs tombeaux pour considérer le combat.

La cavalerie musulmane chargea avec l'impétuosité des vents du désert; mais les grenadiers de la république se contentèrent de croiser la baïonnette aux premiers rangs, pendant que des derniers partait un feu continu sur les barbares. Ce double rempart d'acier et de feu rendit iuntile le courage aveugle des mameluks : vainement ils redoublèrent d'efforts, s'élançant par grandes masses et essayant d'entamer les carrés; ceux-ci demeurèrent immobiles, et triomphèrent par leur impassible tactique du dévouement de leurs adversaires. A la fin, les carrés s'ouvrirent par les angles, et ce fut pour laisser à l'artillerie le temps de foudroyer l'ennemi. La victoire fut complète; Mourad, avec les débris de sa cavalerie, se replia vers la haute Égypte; Ibrahim prit la route de Syrie. La bataille des Pyramides, qui eut lieu le 3 thermidor, ouvrit à Bonaparte les portes du Caire. Ce triomphe fut cruellement compensé par la perte de la flotte, que les Anglais détruisirent après un combat naval, devant la rade d'Aboukir. Les marins français se défendirent avec un courage héroïque; mais les mauvaises combinaisons de l'amiral Brueys rendirent leurs sacrifices inutiles; Brueys racheta sa faute par une mort glorieuse, à bord de *l'Orient*.

Bonaparte, à la nouvelle de cette catastrophe, comprit que son armée avait perdu les moyens de revenir dans la patrie; il frémit en songeant aux dangers auxquels elle se trouvait exposée; mais il surmonta sa douleur, et n'en laissa rien paraître : « Nous n'avons plus de flotte, dit-il, eh bien! il faut rester ici ou en sortir grands comme les anciens. »

Bonaparte, pour frapper vivement les imaginations

orientales, présida à plusieurs solennités publiques, auxquelles la présence de son armée donnait un grand appareil. L'une de ces fêtes fut célébrée en l'honneur du débordement du Nil, c'était une cérémonie presque païenne; l'autre, qui arriva deux jours après, était celle de l'anniversaire de la naissance de Mahomet. Invité par les Turcs à assister à ces solennités, le général en chef contribua à les rendre plus pompeuses; mais il est faux qu'il ait récité aucune des prières prescrites par le Coran. Ces cérémonies auxquelles il prenait part pour satisfaire, selon lui, à des nécessités politiques, n'étaient à ses yeux et à ceux de l'armée que des nouveautés curieuses.

Le 1er vendémiaire, l'armée française fêta au Caire et à Alexandrie la fondation de la république. Les noms d'un certain nombre de braves morts aux débuts de l'expédition furent gravés sur la colonne de Pompée. Le jour de la fête, plus de cent cinquante convives, choisis parmi les Français et les Turcs, assistèrent à un magnifique festin; le drapeau musulman flottait à côté du drapeau de la république; le croissant figurait à côté du bonnet de la liberté; le Coran faisait le pendant des Droits de l'homme, seul évangile que reconnût le gouvernement d'alors, et encore ne craignait-il pas d'en fouler aux pieds les plus importants préceptes. Les Turcs furent assez insensibles à toutes ces choses; mais ce qui les frappa et fit sur eux une profonde et salutaire impression, ce furent le nombre, les manœuvres des troupes françaises, les évolutions de l'artillerie, l'ordre et la tenue qui régnaient dans tous les corps.

Un soin plus digne de Bonaparte fut la création de l'Institut d'Égypte, qu'il composa des savants dont il s'était entouré; il leur confia la mission d'étudier les monuments du pays et la configuration du sol. Dans cette réunion illustre figuraient Fourier, Costaz, Conté,

Berthollet, Dolomieu, Vincent, Say, Lepère, Jomard, Monge, et beaucoup d'autres personnages dont les noms sont chers à la science. Monge présidait cet Institut; Bonaparte n'en était que le vice-président.

Trois mois s'étaient écoulés, pendant lesquels Bonaparte organisait la partie de l'Égypte qu'occupaient ses armes, et envoyait des expéditions dans la haute Égypte, lorsque soudain une révolte éclata au Caire. Le signal de l'insurrection fut donné aux Turcs du haut des minarets. En un moment les Français se virent attaqués partout, et le général Dupuis, commandant la place, fut tué d'un coup de lance. Le général en chef monta sur-le-champ à cheval, suivi seulement d'une trentaine de guides. Il se porta sur tous les points menacés, donna ses ordres, et parvint à contenir les révoltés. Cependant la populace, refoulée autour de la grande mosquée, s'y était barricadée dans des rues étroites; des mortiers placés sur une hauteur la foudroyèrent pendant deux jours. Le troisième jour tout rentra dans l'ordre; mais il en coûta la vie à un grand nombre de rebelles. Vers le même temps une tribu d'Arabes qui avait massacré des Français fut surprise et détruite. Les têtes coupées des hommes de cette tribu furent exposées, sur une place du Caire, aux regards de tout le peuple.

Le général en chef n'avait point renoncé au projet d'aller attaquer l'Inde britannique par la Perse : il lui tardait de déployer son génie sur les champs de bataille où avait combattu Alexandre. Pour s'ouvrir la porte de l'Asie, il fallait se rendre maître de la Syrie. C'est là que ses efforts vinrent échouer.

Bonaparte, suivi d'une escorte, partit pour l'isthme de Suez, afin de reconnaître la route et d'étudier le problème du canal qui réunirait les deux mers. Il passa la mer Rouge à l'endroit voisin de la côte où cette mer est guéable à marée basse; là, s'étant écarté de la route, il courut les plus grands dangers, et faillit être englouti dans les flots comme Pharaon. Bonaparte se rendit ensuite aux sources appelées *Fontaines de Moïse*, qui sont situées près de la côte orientale, et un peu au-dessus de Suez. C'est par cette route que passent les caravanes de Tor et du mont Sinaï. Cette dernière montagne était à six jours de marche, et le général français ne put s'y rendre, bien qu'il en éprouvât le désir. Il se borna à envoyer aux moines schismatiques grecs qui habitent le couvent du Sinaï, une sorte de *firman* au moyen duquel ces religieux étaient déclarés exempts de tribut, et ils inscrivirent le nom de Bonaparte parmi ceux de leurs protecteurs, à la suite des noms d'Ali, de Salah-Eddin et d'Ibrahim, si révérés des Orientaux.

Quelques jours après, Bonaparte, suivi cette fois de son armée, entrait en Syrie par Gaza, après s'être emparé de la forteresse d'El-Arich. La Syrie était défendue par le féroce Djezzar-Pacha; elle allait avoir pour auxiliaires encore plus redoutables le génie anglais et la peste.

L'armée s'avançait lentement sur Jaffa, l'antique Joppé. Le 4 mars 1799, elle mit le siége devant cette ville, qui fut prise d'assaut le 6 mars. Au moment de l'attaque, la population chrétienne se réfugia dans les rangs français, portant pour emblème de fraternité et de paix un crucifix. Elle fut bien accueillie; mais on ne fit point de grâce à la garnison musulmane, et le massacre fut horrible. Un certain nombre d'Albanais et d'Arnautes furent épargnés par les aides de camp Beauharnais et Croisier, qui leur firent mettre bas les armes en leur promettant qu'ils auraient la vie sauve. Cette promesse, faite de bonne foi, ne fut que trop méconnue. Souvent les privations que la guerre impose exaltent le cœur du soldat jusqu'à la férocité, et ce ne fut qu'un cri, parmi la troupe, pour que les prisonniers fussent mis à mort. Le nombre de ces malheureux, réunis aux prisonniers qu'on avait faits les jours précédents, s'élevait à environ deux mille. Bonaparte assembla le conseil des généraux pour délibérer sur ce qu'il fallait faire. Sauverait-on les prisonniers? mais alors comment les nourrir, puisqu'il y avait à peine de quoi suffire aux besoins de l'armée? Les renverrait-on libres? mais ces hommes sauvages allaient se jeter dans les montagnes, et, postés dans les défilés, faire expier aux Français leur générosité. Les embarquerait-on pour l'Égypte ou la Grèce? mais on n'avait aucun moyen de transport. Pendant trois jours, Bonaparte résista aux cris de la troupe et aux conseils des officiers; enfin, ne pouvant trouver aucun moyen de laisser la vie aux prisonniers, il donna à regret l'ordre, tant de fois réclamé, de les fusiller. Ce déplorable massacre fut exécuté; mais le sang de tant de malheureux cria justice et retomba sur l'armée : on ne tarda pas à le reconnaître.

Les Français poursuivirent leur marche jusqu'à Saint-Jean-d'Acre (Ptolémaïs); déjà la peste faisait dans leurs rangs de sinistres progrès; d'un autre côté, l'ennemi, retranché dans les montagnes, harcelait l'armée et lui tuait du monde. A Saint-Jean-d'Acre les difficultés redoublèrent. La ville, quoique mal fortifiée, était défendue par une garnison intrépide et surtout par l'Anglais Sidney-Smith, récemment évadé de la prison du Temple. Cet habile officier, bien secondé par l'émigré Phélippeaux, ancien camarade d'école de Bonaparte, mit en œuvre toutes les ressources de la science pour faire échouer l'entreprise des Français. Le siége dura soixante jours, pendant lesquels, faute d'artillerie et de munitions, on ne parvint pas à réduire la place. Dans cet intervalle il y eut huit assauts et douze sorties. Si Bonaparte ne se fût point abusé sur la faiblesse de l'ennemi, et s'il eût réuni devant Saint-Jean-d'Acre les moyens de siége suffisants, on n'eût

pas tardé à se rendre maître de la place. Cette faute sauva la ville, et contraignit l'armée française à se retirer en Égypte. Ainsi l'expédition de Syrie et les vastes plans de Bonaparte venaient d'échouer. La tentative faite sur Saint-Jean-d'Acre avait coûté trois mille hommes tués ou morts de la peste. « Les plus petites circonstances en-
« traînent les plus grands événements, a dit Napoléon
« à Sainte-Hélène; si Saint-Jean-d'Acre fût tombé, *je*
« *changeais la face du monde.* »

Ainsi se termina cette désastreuse expédition : elle n'eut pour résultat que de beaux faits d'armes, tels que les combats de Nazareth et de Cana, et la bataille du mont Thabor, où vingt-cinq mille cavaliers et dix mille fantassins ennemis, vaincus et mis en fuite par quatre mille Français, furent refoulés au delà du Jourdain ou noyés dans le saint fleuve. D'autres affaires glorieuses pour le drapeau français eurent lieu à Tyr, à Géhémi, au mont Carmel et sur quelques points de la Syrie; mais elles ne purent consoler le général en chef du premier revers qui affligeait sa renommée. L'armée, affaiblie par ses combats, par les maladies et les souffrances de tout genre, opéra péniblement sa retraite par Césarée et Jaffa.

Dans un couvent d'Haïfa (1), petite ville voisine du Carmel et de Saint-Jean-d'Acre, on avait établi un hôpital pour les pestiférés. Bonaparte s'y rendit un jour : comme les malheureux qui se trouvaient atteints de la peste étaient parvenus au dernier période de cette maladie, Bonaparte, quoi qu'on ait pu dire, passa rapidement près de leur lit de mort, et ne s'arrêta point à

---

(1) Et non Jaffa, comme on l'imprime communément, à cause de la ressemblance des deux noms. L'hospice des pestiférés était établi dans un couvent d'Haïfa, à quelque distance au sud de Saint-Jean-d'Acre. Jaffa, par où l'armée dut également repasser en continuant sa retraite, est située beaucoup plus au midi. Un hôpital de pestiférés y avait aussi été établi, et comme plusieurs des malades laissés à Haïfa avaient été massacrés par les Turcs, on crut pouvoir sans crime donner de l'opium à ceux qu'on était forcé d'abandonner à Jaffa.

toucher leur corps : cet acte de témérité n'aurait pu avoir d'autre résultat que d'exposer une vie nécessaire au salut de l'armée ; il convient donc de le révoquer en doute, bien qu'il ait été jusqu'à ce jour célébré par la peinture et la poésie. L'inflexible histoire ne se nourrit pas de mensonges. Un fait plus avéré fut la nécessité où se trouva l'armée d'abandonner, à Jaffa, une partie des moribonds. Pour les soustraire aux horreurs du sort que leur réservait l'ennemi, on eut la coupable pitié d'abréger leur vie par le poison.

Cependant Bonaparte, à peine de retour au Caire, y apprit qu'une escadre de cent voiles turques, après avoir essayé d'attaquer Alexandrie, venait de débarquer sur la côte d'Aboukir une armée considérable, forte en chevaux et en fantassins. Impatient de relever l'éclat de ses armes, il se dirige à marches forcées sur les troupes ottomanes, commandées par Mustapha, pacha de Romélie. Cette fois encore la discipline et la bravoure savante de l'armée française triomphèrent de la résistance intrépide, mais ignorante, des masses turques. L'ennemi, habilement refoulé de tous les points, fut écrasé par Murat et sa cavalerie. Foudroyé par la mitraille et sabré par les dragons, il ne lui resta d'autre voie de salut que de se précipiter dans la mer. Dix mille hommes y trouvèrent leur tombeau ; le reste fut taillé en pièces.

Mais l'expédition d'Égypte avait trompé les espérances de Bonaparte : depuis dix mois le général en chef était sans nouvelles de la France ; il lui tardait d'y reparaître et d'y jouer le rôle auquel il se sentait appelé. Sans attendre les ordres du Directoire, il prit la résolution hardie de quitter l'Égypte et de rentrer en France. Ayant donc placé l'armée sous le commandement de Kléber, il s'embarqua la nuit, avec cinq cents hommes, n'ayant avec lui que deux frégates.

Cette flottille avait à traverser une mer sillonnée de

croiseurs anglais; elle ne pouvait espérer de se soustraire à leurs attaques; mais Bonaparte osa tenter le passage, et son espérance ne fut point trompée. La grande mission que Dieu lui avait réservée ne pouvait être retardée dans son accomplissement par la captivité des pontons. Le jour viendra, dans un prochain avenir, où la main qui maintenant le pousse vers le rivage de la France, se retirera de lui, et alors encore il repassera deux fois la mer; mais ce sera deux fois pour l'exil.

CHAPITRE III

CONSULAT.

Que la France était changée! Le jour où les soldats de l'armée d'Italie firent voile pour l'Égypte, ils étaient fiers de la patrie, ils la laissaient puissante et victorieuse ; deux ans venaient de s'écouler, et déjà l'anarchie dévorait ce beau pays, l'agiotage le ruinait, la corruption le déshonorait, l'Europe l'étreignait dans le cercle d'une coalition nouvelle. Tout avait conspiré pour sa déchéance : les lois, les mœurs, les hommes.

La constitution n'était qu'un résumé des théories stériles de l'école révolutionnaire, auxquelles on avait mêlé çà et là quelques traditions inapplicables de la Grèce et de Rome. Le gouvernement directorial, livré à des gens vicieux ou incapables, n'inspirait que le mépris ; deux chambres législatives, privées de direction et de chefs, consumaient leur temps à de vains discours ; l'administration languissait, dégradée par les dilapidateurs qui en avaient le monopole ; le pays était à la merci des traitants, l'armée en proie aux fournisseurs ; nulle trace de crédit public n'existait encore, l'immoralité marchait tête levée, et la corruption se faisait appeler du nom pompeux d'habileté politique.

Pour comble de maux, les départements du midi étaient en proie à la guerre civile ; mais, là, les partis en étaient venus à se déshonorer comme les pouvoirs contre lesquels ils se mettaient en rébellion : l'administration spoliatrice et inique avait des ennemis formés à son image, des contrebandiers vulgaires, des chauffeurs et des bandits de grandes routes. Le pillage était organisé à tous les degrés : en haut, on rançonnait la nation ; au dernier échelon, on arrêtait les diligences. Non, certes, que le pays fût devenu un vaste cloaque où toutes les misères et toutes les hontes se fussent réfugiées ; ce tableau serait trop chargé, et les masses, il faut le dire à leur louange, n'avaient point cessé d'être probes et honnêtes ; mais le mal se produisait partout, et nulle part la main du pouvoir n'était assez pure ou assez forte pour le comprimer.

En face de cette impuissante anarchie, la Vendée et la Bretagne entrevoyaient des chances de salut pour leur cause ; elles appelaient à leur aide l'Anjou et le Maine, et ces provinces, enhardies par la mort de Hoche et par la faiblesse du gouvernement, voyaient fermenter dans leur sein les germes d'une nouvelle insurrection royaliste.

Au dehors, la situation ne présentait pas de moindres sujets d'inquiétude : Championnet, général sorti de l'armée de Sambre-et-Meuse, avait conquis le royaume de Naples et transformé ce pays en république Parthénopéenne ; mais cette conquête échappait déjà à la France ; la bataille de Stockach nous avait fait perdre l'Allemagne ; les désastres de Magnano et de la Trebia nous enlevèrent l'Italie; le farouche Suwarow, à la tête des Austro-Russes, avait vaincu à Novi l'armée des Grandes-Alpes, commandée par Joubert; les Anglais et les Russes avaient envahi la Hollande, en dépit des efforts de Brune; toutefois ils en furent repoussés, et nos frontières du nord se trouvèrent garanties; mais cet avantage eût été de peu de durée, et la république, livrée à ses dissensions intérieures, eût été la proie des armées confédérées, si la bataille de Zurich, gagnée par Masséna, n'avait point eu pour résultat de contenir Suwarow au pied des Alpes.

La république, un moment sauvée de l'invasion par cette victoire, ne fut pas rassurée, à l'intérieur, sur son avenir. Au milieu de l'immense décomposition sociale à laquelle présidait le Directoire, chacun se prenait à appeler de tous ses vœux un pouvoir fort et respecté, qui pût préserver la France de sa ruine et la sauver des théories dissolvantes auxquelles elle était exposée. Une classe de citoyens rêvait le retour des Bourbons, mais elle n'avait de racines profondes que dans l'ouest; à Paris et dans le reste de la France, elle était obligée de dissimuler ses espérances : la tentative de Pichegru avait été plus funeste à ce parti que le champ de bataille de Quiberon. De leur côté, les Jacobins luttaient contre les républicains modérés, qu'ils taxaient de trahison; ils rêvaient le retour du système de la Terreur, et si forte était la haine que leur inspirait le Directoire, que, pour le renverser, ils étaient disposés à s'allier avec toutes sortes d'auxiliaires, sauf à leur disputer, le lendemain du triomphe, quelques lambeaux de pouvoir. Cependant les Modérés reprochaient au Directoire son incurie, à la constitution ses vices : ils demandaient ardemment que les intérêts et les droits de tous fussent enfin garantis et protégés. Mais en vain cherchait-on un homme qui pût réaliser tant d'espérances; on n'en trouvait point depuis que Bonaparte avait été, pour ainsi dire, déporté en

Orient : Hoche venait de mourir; Moreau, Bernadotte, Brune, Jourdan, Augereau, n'étaient que des chefs militaires capables de commander un jour de bataille, inhabiles à dominer les passions qui se développent au milieu des discordes civiles et même au sein de la paix; Sièyes n'était qu'un idéologue discrédité; Cambacérès, un homme sensuel, un régicide dénué d'énergie; Carnot épouvantait par les souvenirs du Comité de Salut Public; Barras représentait la corruption et le luxe; Gohier et Moulins, deux républicains austères, n'avaient ni talent ni influence; enfin, parmi les célébrités de tout ordre que la révolution avait fait surgir, nul n'apparaissait pour le salut du pays, hors celui dont on ne recevait aucune nouvelle, et qui, comme l'armée de Cambyse, semblait avoir été enseveli dans le désert.

Soudain on apprend que cet homme a débarqué sur les côtes de Provence, et que, d'ovations en ovations, il est entré à Paris : jamais événement n'eut une signification plus grande. Le jour même de son arrivée, l'audacieux général se rend au Directoire sans avoir pris la peine de se faire annoncer; la garde du gouvernement, qui le reconnaît, le salue des cris plusieurs fois répétés de « Vive Bonaparte! » Ses explications aux directeurs sont courtes. Il avait cru la France perdue, il arrivait pour la sauver; il se réjouissait de ce que les exploits de ses frères d'armes lui avaient épargné ce devoir. « Jamais, ajouta-t-il en mettant la main sur la garde de son épée, jamais il ne la tirerait que pour la défense de la république. » Le président le complimenta, et l'on s'embrassa de part et d'autre. Au fond, on se détestait et l'on se craignait.

Retiré dans sa modeste habitation de la rue de la Victoire, Bonaparte en avait fait le rendez-vous de tous les ambitieux et de tous les mécontents : là se pressaient autour du général, impatients d'en finir avec le Directoire et ce qu'ils appelaient avec dédain le règne des avocats, Lannes, Murat, Berthier, compagnons fidèles de Bonaparte, et avec eux Augereau, Macdonald, Beurnonville, Leclerc, Marbot, Moreau lui-même, parmi les militaires; dans l'ordre civil, Talleyrand, Rœderer, Regnault de Saint-Jean-d'Angély, Cambacérès, Réal et quelques autres non moins connus. Fouché, si déplorablement fameux par les massacres révolutionnaires de Lyon, n'était point dans le secret du complot; mais, comme il occupait les fonctions de ministre de la police, les projets de Bonaparte et de ses amis ne lui avaient point échappé; quoique son devoir fût de les neutraliser, il y prêta son concours, d'abord tacite, puis avéré. D'ailleurs, dans le sein même du Directoire, on conspirait ouvertement contre la constitution; Sièyes, en dépit de sa répugnance pour Bonaparte, sentiment que le général lui rendait amplement, voulait s'entendre avec lui, espérant bien demeurer seul au pouvoir; Roger-Ducos se laissait entraîner par Sièyes; Gohier et Moulins demeuraient à l'écart, s'abusant sur la force dont ils pouvaient disposer, et manifestant une scrupuleuse fidélité à la république; Barras, avec l'insouciance de la corruption et la conscience du mépris qu'il inspirait, se laissait lâchement aller aux événements, sans songer à s'y soustraire; on dit néanmoins qu'il aspirait à se faire nommer président de la république.

Madame Bonaparte, les frères et les sœurs du général secondaient, dans les salons de Paris, les conspirateurs. On cherchait à se concilier des adhésions dans les conseils des Anciens et dans celui des Cinq-Cents : dans la première de ces chambres législatives le succès était assez facile, et la majorité se montrait fort disposée à un changement; dans l'autre les éléments révolutionnaires dominaient, et l'on avait à appréhender une lutte sérieuse.

Il est si difficile de renverser un gouvernement établi,

que l'immense popularité de Bonaparte, jointe à l'empire qu'il exerçait sur l'armée et aux espérances de tous les hommes politiques de l'époque, ne suffisait pas pour substituer un nouvel ordre de choses à la constitution de l'an III. Un acte de vigueur ordonné à propos contre Bonaparte et ses amis eût suffi pour confondre leurs projets; l'armée, quoique ébranlée par l'exemple de défections nombreuses, pouvait encore être rappelée à la discipline par Augereau ou Bernadotte; la légion de police était assez forte pour enlever, au milieu de la nuit, Bonaparte, ses frères et leurs principaux adhérents, et le lendemain Paris et les conjurés seraient rentrés dans l'ordre. Au lieu d'agir, la majorité du Directoire attendit et temporisa : cette inertie inconcevable fut mise à profit par les partisans de Bonaparte.

Un article de la Constitution permettait au conseil des Anciens de changer la résidence du corps législatif : les amis que Bonaparte comptait dans ce conseil obtinrent, le 18 brumaire an VIII (9 novembre 1799), un décret qui transférait les deux conseils à Saint-Cloud, et plaçait Bonaparte à la tête des troupes stationnées à Paris et dans la 17ᵉ division militaire. Ce premier pas isolait le corps législatif des défenseurs qu'il aurait pu trouver à Paris, et donnait à Bonaparte les instruments nécessaires pour étouffer toute opposition par la force des armées.

Bonaparte passe en revue trois mille soldats rangés en bataille dans le jardin National (les Tuileries), il leur lit le décret, et leur adresse cette courte harangue : « Sol-
« dats, l'armée s'est unie de cœur avec moi... Dans quel
« état j'ai laissé la France, et dans quel état je l'ai re-
« trouvée! je vous avais laissé la paix, et je retrouve la
« guerre! je vous avais laissé des conquêtes, et l'ennemi
« presse vos frontières! j'ai laissé nos arsenaux garnis,
« et je n'ai pas trouvé une seule arme! j'ai laissé les mil-
« lions de l'Italie, et je retrouve partout des lois spolia-

« trices et la misère! Nos canons ont été vendus! le vol a
« été érigé en système! les ressources de l'État épui-
« sées!... Où sont-ils, les braves, les cent mille cama-
« rades que j'ai laissés couverts de lauriers? que sont-
« ils devenus?

« Cet état de choses ne peut durer : *avant trois mois
« il nous mènerait au despotisme.* Nous voulons la répu-
« blique, la république assise sur les bases de l'égalité,
« de la morale, de la liberté civile et de la tolérance po-
« litique. Avec une bonne administration, tous les indi-
« vidus oublieront les factions dont on les fit membres,
« et redeviendront Français. Il est temps enfin que l'on
« rende aux défenseurs de la patrie la confiance à la-
« quelle ils ont tant de droits! A entendre quelques
« factieux, bientôt nous serions tous des ennemis de la
« république, nous qui l'avons affermie par nos travaux
« et notre courage! Nous ne voulons pas de gens plus
« patriotes que les braves qui ont été mutilés au service
« de la république. »

Pendant que Bonaparte encourageait ainsi les troupes à seconder ses espérances, le général Lefebvre, commandant de Paris, ignorait les événements. Surpris des mouvements militaires dont il est témoin, il se rend chez Bonaparte, et lui demande avec aigreur l'explication de sa conduite. « Général Lefebvre, lui dit Bonaparte, vous êtes une des colonnes de la république, je veux la sauver avec vous et la délivrer des avocats qui perdent notre belle France. Prenez ce sabre dont je vous fais présent; je le portais à la bataille des Pyramides. » Et Lefebvre, subitement changé, s'écrie : « Oui, je vais vous aider à chasser les avocats! » Cependant Bonaparte n'était pas sans inquiétudes : comme il passait sur la place de la Révolution, à l'endroit même où Louis XVI fut mis à mort et où s'élève aujourd'hui l'obélisque, il dit à son secrétaire : « Nous coucherons demain au Luxembourg, ou nous périrons ici. » On était au 19 brumaire; Bonaparte se rendait alors à Saint-Cloud, où les deux conseils étaient déjà installés.

La séance du conseil des Anciens s'ouvrit à une heure; Bonaparte s'y présenta, suivi de Berthier. Il lui tardait d'étouffer la vive agitation que ses projets avaient soulevée; aussi donna-t-il, avec le ton de la colère et la précipitation du soldat, quelques explications qui ne convainquirent et ne rassurèrent personne. Il parlait par phrases entrecoupées et ambiguës; peu habitué à la présence d'une grande assemblée, et plusieurs fois interrompu par des interpellations pressantes, il hésitait et se livrait à des redites. Il accusa les directeurs Barras et Moulins d'avoir voulu le mettre à la tête d'une conspiration contre la liberté; il promit d'abdiquer le pouvoir dès que la république serait sauvée. Il lui échappa de dire qu'il *était accompagné du Dieu de la guerre et du Dieu de la fortune.* Le président lui répliqua avec calme qu'il ne voyait rien sur quoi l'on pût délibérer, et l'invita à se renfermer dans des phrases moins vagues; mais Bonaparte, après avoir répété ses premières accusations, prit le parti de sortir de la salle et de se rendre au conseil des Cinq-Cents. Dès qu'il parut dans la cour, la troupe fit entendre mille cris de « Vive Bonaparte! » et ces acclamations lui rendirent quelque présence d'esprit et quelque énergie (1).

Une résistance bien autrement vive attendait le général au conseil des Cinq-Cents : les députés, avertis de la révolution qui se préparait, s'étaient réunis à la hâte dans l'orangerie de Saint-Cloud, qu'on avait disposée pour les recevoir. Dès l'ouverture de la séance, les manifestations les plus hostiles à Bonaparte éclatèrent sans con-

---

(1) Le *Moniteur* raconte pompeusement cette scène, et met dans la bouche de Bonaparte un discours étudié : cette scène fut ainsi arrangée dans la nuit pour le public.

trainte. « A bas le dictateur ! point de dictature ! vive la constitution ! la constitution ou la mort !... » tels étaient les cris qui retentissaient dans la salle au milieu d'une confusion inexprimable. Lucien Bonaparte présidait et s'opposait vainement à ce torrent de clameurs républicaines. Sur la motion d'un député nommé Grandmaison, on arrêta qu'il serait prêté serment à la constitution de l'an III. Pendant qu'on prononçait la formule de ce serment sitôt oublié, et qu'on apprenait la démission du directeur Barras, Bonaparte parut, suivi de quelques grenadiers qui restèrent à l'entrée de la salle. Sa présence fit éclater le plus violent tumulte. On entendit de tous les bancs partir ces cris : « A bas le tyran ! à bas Cromwell ! à bas le dictateur ! » Bonaparte voulut hasarder quelques mots pour sa justification ; mais sa voix fut à l'instant couverte par les cris unanimes de « Vive la République ! vive la constitution ! hors la loi le dictateur ! » et les députés s'empressèrent autour de lui, le repoussant de la voix et du geste. On dit même, et ce bruit fut accrédité par Bonaparte, que des poignards furent tirés contre lui ; mais cette circonstance a rencontré beaucoup de contradicteurs. Cependant, à la vue de cette scène qu'il avait provoquée, Bonaparte fut atterré ; il pâlit et chancela entre les bras de ses grenadiers accourus pour le sauver. Les soldats l'entraînèrent hors de la salle.

Le départ du général ne calmait point le conseil des Cinq-Cents, et l'on vit se succéder l'une après l'autre les propositions les plus furieuses. Vainement Lucien Bonaparte cherchait-il à rétablir l'ordre et à excuser la démarche de son frère, il était interrompu à chaque phrase par de vives clameurs ; on voulait l'obliger de mettre aux voix le décret de *hors la loi* réclamé contre le général. Ces mots redoutables, *hors la loi*, avaient perdu Robespierre ; il suffisait de lancer un semblable arrêt contre une tête, quelque haute qu'elle fût, pour la faire tomber sans forme de procès. Aussi Lucien résistait-il avec énergie, donnant à son frère, par ces courageuses lenteurs, le temps de se remettre et de prendre les dispositions nécessaires. A la fin, Lucien, ne pouvant prolonger cette lutte, qu'il soutenait seul contre l'assemblée, déposa la toge et les insignes de la présidence, et sortit de la salle, escorté de quelques soldats. Dès qu'il fut arrivé dans la cour, il monta à cheval et harangua la troupe, l'excitant à rentrer dans l'enceinte où siégeaient les représentants, et à les en chasser par la force. La troupe hésitait; mais Lucien, tirant son épée, s'écria : « Je jure de percer le sein de mon propre frère, si jamais « il porte atteinte à la liberté! » Cette scène produisit son effet et leva tous les scrupules de l'armée : Murat, à la tête des grenadiers, s'élança dans la salle et ordonna aux députés de sortir. A cette vue, les membres du conseil se dispersèrent épouvantés; ils jetèrent loin d'eux leurs insignes, et se sauvèrent par les fenêtres. La révolution du 18 brumaire était terminée.

A dix heures du soir, le plus grand calme régnait dans le palais de Saint-Cloud, où venaient de se passer tant de scènes tumultueuses. Tous les députés y étaient restés; on les voyait errant dans le salon, dans les corridors, dans les cours; la plupart avaient l'air consterné, d'autres affectaient une satisfaction calculée. Aucun d'eux n'osait retourner à Paris, où d'ailleurs, par suite des ordres de Fouché et de Bonaparte, nul député n'aurait pu être reçu. Une heure après, Bonaparte adressait une proclamation au peuple français.

Cependant le conseil des Anciens s'était assemblé pendant la nuit; on parvint à réunir trente membres du conseil des Cinq-Cents, et à leur faire tenir une séance. Ce simulacre de légalité était nécessaire pour pallier, aux yeux du public, les événements de la journée. Sous l'empire de la peur, les deux conseils abolirent le Directoire, déclarèrent déchus de leurs mandats de députés ceux dont ils redoutaient les sentiments républicains, et décrétèrent que le pouvoir exécutif serait momentanément confié à trois consuls, Sièyes, Roger-Ducos et Bonaparte. Les consuls prêtèrent serment, et prirent immédiatement la route de Paris.

Un mois se passa à jeter les bases d'une constitution nouvelle, qui fut présentée le 22 frimaire, et acceptée par le peuple le 18 pluviôse; elle prit le nom de constitution de l'an VIII. Elle établissait un gouvernement consulaire composé de Bonaparte, premier consul, nommé pour dix ans, et de deux autres consuls, qui furent dès lors Cambacérès et Lebrun. Elle fondait en outre un sénat conservateur, un corps législatif composé de trois cents députés, et un tribunat de cent membres. On adjoignit à ces trois corps, chargés d'attributions spéciales, un conseil d'État dont les membres étaient nommés par le premier consul. Bonaparte, qui avait présidé à la confection de cette loi fondamentale, s'était réservé la plupart des droits attribués à la souveraineté suprême. Par ses soins on prit toutes les précautions qui pouvaient mettre sa puissance à l'abri de toute contradiction parlementaire. Le sénat fut composé de ses principaux partisans; le corps législatif se recruta par un double système de candidature qui laissait le champ entièrement libre au pouvoir; son rôle consistait d'ailleurs à voter ou à refuser en silence et en secret les projets qui lui étaient soumis par le gouvernement; le tribunat avait seul conservé quelque indépendance.

La France voyait avec satisfaction ces changements: lasse des excès de l'anarchie, elle se jetait avec une confiance aveugle entre les bras du pouvoir. Cette grande nation a toujours eu pour habitude de se laisser aller à des émotions exclusives. D'abord rien ne l'avait arrêtée dans les voies de la licence; revenue de ces excès, elle n'aspirait qu'au retour de l'ordre, et sacrifiait tout à ce nouveau besoin; plus tard elle allait faire de plus grands sacrifices encore pour la gloire. Au moment où Bonaparte chassa le Directoire, elle s'inquiéta peu de la violence des moyens qu'il avait employés pour assurer sa puissance; elle lui pardonna cette révolution prétorienne et la représentation nationale jetée par les fenêtres de l'Orangerie; elle aurait pardonné davantage au prix du rétablissement du crédit, de la protection donnée à l'industrie, et du maintien de la tranquillité intérieure. Le Directoire, d'ailleurs, avait fait peser sur elle le joug qu'elle redoute davantage, celui de l'immoralité et de la honte : sa chute ne pouvait entraîner aucun regret.

Bonaparte fut donc salué comme une garantie de salut. Son premier soin fut d'organiser l'administration; il y appela les hommes les plus marquants, parmi lesquels figuraient à dessein des émigrés et des régicides, voulant prouver par cet alliage que, sous son gouvernement, les partis devaient oublier le passé et s'unir dans la paix pour le salut commun. Ensuite il rendit, contre les hommes dont l'opposition pouvait le plus gêner ses vues, un décret rigoureux qui porte la date du 26 brumaire, mais dont les dispositions furent sensiblement adoucies. Quelques jours après, il tourna ses regards vers les affaires du dehors. A cette époque, nous étions en guerre avec presque toute l'Europe; il importait de s'assurer quelques alliés. Aussi Bonaparte songea-t-il à faire des ouvertures à l'Angleterre, afin de l'amener à mettre un terme aux hostilités; il écrivit au roi George III pour lui proposer la paix. Mais sa lettre, où la diplomatie parlait un langage assez noble, n'eut d'autre résultat que d'amener un échange de notes entre les deux cabinets; l'Angleterre refusa d'entrer en arrangements. Bonaparte, pour obtenir la paix, devait la conquérir par les armes.

Un des premiers soins du premier consul fut de supprimer l'horrible fête du 21 janvier, instituée par la Convention pour célébrer chaque année le souvenir de la mort de Louis XVI. Tel était encore l'épouvantable ascendant des régicides, que, pour se soustraire à leurs attaques, Bonaparte fut obligé d'agir indirectement dans cette circonstance, et d'ordonner que les seules fêtes nationales seraient désormais celles du 1er vendémiaire et du 14 juillet, voulant ainsi consacrer provisoirement le souvenir de la fondation de la république et de la fondation de la liberté, qu'il se préparait à détruire de ses propres mains. Déjà Bonaparte s'était rendu dans les prisons de Paris, et, en entrant dans celle du Temple, il avait mis en liberté les otages, sortes de victimes politiques que le Directoire y avait enfermées. Ces deux actes lui conciliaient l'estime des royalistes.

Le 9 nivôse, les consuls décrétèrent de pompeuses obsèques pour honorer les restes du vénérable Pie VI, mort l'année précédente, à Valence en Dauphiné, à l'âge de quatre-vingt-deux ans. L'auguste vieillard, chassé de Rome par les armées républicaines, avait été d'abord confiné dans un couvent en Toscane, puis amené en France lorsque les Français évacuèrent l'Italie. Les respects et les sympathies du peuple le consolèrent des persécutions ordonnées par le Directoire, et, dans ces jours funestes où la religion était proscrite, la foi et la piété des familles condamnèrent énergiquement l'impiété du pouvoir et les excès de la loi.

Quelques jours plus tard, le 27 nivôse, les consuls rendirent, ou plutôt le premier consul rendit un arrêté qui supprimait la liberté de la presse, sous le prétexte, d'ailleurs fort juste, que les journaux de ce temps n'étaient que des instruments entre les mains des ennemis de la France. Cette mesure révolutionnaire, qui fut adoptée en haine de la révolution, ne devait durer que jusqu'à la paix; mais Bonaparte se réservait de la prolonger selon les circonstances. Le premier consul établit ensuite l'usage d'accorder aux soldats des sabres et des fusils d'honneur; c'était, dans ses vues, un acheminement au rétablissement des ordres de chevalerie militaire. Pour consoler les républicains de ces innovations, il fit, en grande pompe, installer dans l'ancien palais des rois le buste de Junius Brutus. Il ordonna ensuite que, pendant dix jours, tous les drapeaux de la république resteraient voilés de crêpes noirs, en mémoire du célèbre Washington, dont on venait d'apprendre la mort. Une cérémonie funèbre fut, à cette occasion, célébrée à l'hôtel des Invalides, qu'on appelait alors le temple de Mars. M. de Fontanes prononça un discours académique en l'honneur du héros américain. Peu de jours après, Bonaparte, suivi d'un grand cortége, et aux acclamations de la multitude, se rendit aux Tuileries. Sur la façade de ce palais on lisait encore ces mots tracés en gros caractères : « Le 10 août 1792, — la royauté en France « est abolie. — Elle ne se relèvera jamais. » Elle était déjà relevée, et Bonaparte fit effacer l'inscription. Il traita de même les emblèmes républicains et les bonnets rouges qu'on avait peints avec profusion sur les murs (30 pluviôse an VIII). Bonaparte eut un moment de déplaisir : ce fut lorsque le tribunat, le seul corps un peu populaire que la constitution consulaire eût établi, se fut installé au palais Égalité (Palais-Royal) dans le lieu de ses séances. Ce jour-là le tribun Duveyrier se plut à rappeler que le palais où l'on siégeait avait été le berceau de la révolution française. « C'est le lieu, dit-il, où, si l'on parlait d'une idole de quinze jours, on se rappellerait qu'une idole de quinze siècles a été brisée en quelques heures. » Cette phrase menaçante indisposa le premier consul, et donna quelque crédit au tribunat parmi les hommes du parti républicain. On ne tarda pas à y mettre ordre en limitant avec prudence les attributions de cette assemblée.

Le 2 ventôse, le corps diplomatique fut présenté au premier consul; c'était là une coutume monarchique qu'il essayait de faire revivre; les mœurs s'y prêtaient. La constitution ne donnait pas à Bonaparte le droit de faire grâce; mais il se l'attribua et l'exerça immédiatement à l'égard de M. de Feu, émigré français, pris les armes à la main et alors incarcéré à Grenoble. Il consentit également à accueillir les démarches qui furent faites en faveur de M. Louis de Frotté, un des chefs de Chouans, qui venait d'être fait prisonnier; mais, quand l'ordre de grâce arriva, il était trop tard, et M. de Frotté avait été fusillé. Quelques jours après il reçut en audience le fameux Georges Cadoudal; mais cette entrevue n'amena aucun résultat politique, ces deux hommes étant, chacun de son côté, demeurés inébranlables dans leurs projets.

Cependant les caisses publiques étaient vides; à l'avénement du premier consul on n'avait pas trouvé dans le trésor douze cents francs pour payer un courrier. Grâce à la fermeté du premier consul et aux heureuses dispositions qu'il adopta, on rétablit un certain ordre dans les finances. Bonaparte était d'ailleurs dénué de fortune à ce point, qu'ayant donné en mariage au général Murat sa sœur Caroline, il ne lui accorda pour dot qu'une somme de trente mille francs. Une autre de ses sœurs, Élisa, avait épousé un simple officier nommé Bacciochi; la dernière, Pauline, était mariée au général Leclerc. Bonaparte, pour se délasser de ses travaux, avait acheté la terre de la Malmaison, qui ne fut payée que plus tard. C'est sous les ombrages de cette villa qu'il se rendait à certains jours : Mme Bonaparte faisait avec une grâce remarquable les honneurs de sa nouvelle demeure, et les jacobins ralliés y venaient pour s'y façonner aux allures du monde. C'était comme une répétition de la prochaine cour. Au surplus, ce temps dura peu, et Bonaparte ne tarda pas à trouver la Malmaison trop petite : ce fut alors qu'il se fit assigner pour résidence d'été le château de Saint-Cloud et ses admirables dépendances.

Il fut plus heureux auprès de l'empereur de Russie qu'auprès du cabinet anglais. Après avoir réuni tous les Russes faits prisonniers en Suisse, il les fit habiller, équiper, et les renvoya sans condition à leur souverain. Paul Ier, touché d'un procédé si généreux, ordonna à ses troupes de rentrer en Russie, et se retira de la coalition formée contre la France. Il employa ensuite toute son influence pour ramener les autres puissances à ses sentiments. Bientôt la Suède, la Prusse, le Danemark et la Saxe l'imitèrent. La France, déjà en paix avec l'Espagne, le Portugal, la république Batave (la Hollande) et la Suisse, n'eut plus à combattre au dehors que l'Angleterre, la Bavière et l'Autriche. Au dedans, la Vendée et la Bretagne avaient relevé leur drapeau; mais la mésintelligence des chefs et le découragement des paysans royalistes promettaient aux armées de la république de faciles, quoique douloureuses victoires. Brune, à la fois conseiller d'État et général, marcha, à la tête de soixante mille hommes, contre les départements de l'ouest. Comme Hoche, dont il n'avait d'ailleurs ni les talents ni la grandeur d'âme, il préféra la gloire du pacificateur à celle du guerrier; et, assez fort pour combattre, il aima mieux concilier. MM. d'Autichamp, Vernon, la Chevalerie, Châtillon et de Bourmont déposèrent les armes et licencièrent leurs troupes, et la paix fut rendue aux deux rives de la Loire. Ce fut l'ouvrage de deux mois.

Délivré des inquiétudes que lui causait la renaissance des discordes civiles, Bonaparte dirigea tous ses efforts contre les ennemis du continent, sans cesse soulevés par l'Angleterre. L'armée du Rhin, placée sous les ordres de Moreau, fut portée à cent mille hommes; Masséna, envoyé en Italie, y trouva à peine vingt-cinq mille soldats à demi nus, pâles, exténués par la fatigue et la faim. Après une lutte désespérée, mais héroïque, il se vit réduit à s'enfermer dans les murs de Gênes. Il y soutint un siége rendu affreux par les horreurs de la famine, et qui rappela la résistance des antiques Numantins. Les armées de l'Autriche avaient reconquis l'Italie, et Naples s'était soustrait à notre puissance. Pour comble de désastres, les flottes anglaises couvraient la Méditerranée, et, pendant qu'elles prodiguaient l'or, les armes et les vivres à nos ennemis, elles privaient de tout espoir de salut les débris de l'armée d'Égypte.

On a vu que Bonaparte, désenchanté de l'Orient et rappelé en France par son ambition, avait abandonné cette malheureuse armée aux efforts réunis de l'Angleterre et des armées ottomanes. Kléber, refoulant au fond du cœur les craintes que lui inspirait cette désertion, parla aux troupes le langage du dévouement et de la confiance ; mais déjà l'Égypte pesait à nos braves soldats, et ils appelaient de tous leurs vœux le terme de ce glorieux exil. En attendant, ils signalaient leur présence sur la terre d'Afrique par de grandes et inutiles victoires. Un jour ce fut Desaix qui, à la tête de quatre mille Français, mit en déroute, à Samalout, dans la moyenne Égypte, une armée de cinquante mille Turcs, Arabes ou mameluks, commandés par Mourad-Bey ; vers le même temps Verdier, avec une poignée d'hommes, refoulait et dispersait à Damiette un corps considérable de janissaires; un autre jour plus mémorable encore, Kléber, avec dix mille hommes, entouré par quatre-vingt mille mahométans, remportait la grande victoire d'Héliopolis (30 ventôse — 20 mars). Desaix revint en France : les Arabes, qui symbolisent tout dans leur langue poétique, l'avaient surnommé le *sultan juste*, tandis qu'ils appelaient Bonaparte kébir, c'est-à-dire le *sultan du feu* (1).

Mais bientôt une grande calamité frappa l'armée d'Égypte : le 25 prairial (14 juin), au moment où Kléber se promenait sur la terrasse de son palais, au Caire, il fut assassiné par un jeune Osmanlis nommé Soleyman et natif d'Alep. Ce misérable fut condamné au supplice du pal, et subit sa peine, après avoir eu le poing droit brûlé. Kléber, que le fanatisme musulman avait enlevé à la France, était l'un des plus illustres capitaines que la révolution eût fait surgir. La beauté de sa taille, son esprit et ses talents militaires lui avaient assuré les respects et l'affection de l'armée. Cafarelli l'a dépeint en deux mots : « Voyez cet Hercule, disait-il ; son génie le dévore. »

Kléber eut pour successeur le général Menou, qui fut trop heureux d'obtenir, pour lui et ses troupes, une capitulation honorable à l'aide de laquelle les débris de cette aventureuse armée parvinrent à revoir la France.

Cependant Moreau, docile au plan et aux ordres de Bonaparte, avait, dès le 25 avril, passé le Rhin à Kehl, à Brisach et à Bâle. Il gagna successivement les batailles d'Eugen, de Hockach, de Mœskirch, de Biberach et de Memmingen. Le 3 messidor, il livra à l'ennemi le combat d'Oberhausen, où la France perdit un homme qui valait à lui seul plusieurs légions, La Tour d'Auvergne, le premier grenadier de la république, qui mourut frappé

---

(1) Il faut d'ailleurs se défier des traditions qu'on recueille encore de nos jours, parmi les Arabes de cette contrée, sur Bonaparte et ses faits d'armes, considérablement exagérées par l'imagination orientale. Des voyageurs en qui nous avons foi, parce qu'ils ont vu sans prévention et avec un esprit de discernement assez rare, nous ont assuré que les Arabes, en parlant du *kébir* et du *grand sultan des Francs*, veulent surtout désigner Kléber, que sa haute taille et son courage héroïque désignaient le premier à leur admiration. C'est ainsi qu'ils s'obstinent à montrer le lieu où le sultan des Francs a été tué, et c'est la maison où Soleyman poignarda Kléber.

d'un coup de lance, à la tête de la 46ᵉ demi-brigade. Pendant trois jours, en signe de deuil, les tambours furent voilés d'un crêpe : le sabre d'honneur de La Tour d'Auvergne fut déposé aux Invalides. Son cœur, renfermé dans une petite boîte de plomb, fut donné à la 46ᵉ demi-brigade et suspendu au drapeau. La place de La Tour d'Auvergne demeura vide ; à chaque appel de sa compagnie on rappelait son nom, et une voix répondait : *Mort au champ d'honneur!* Un monument simple lui fut élevé sur le lieu même où il avait cessé de vivre, et l'inscription portait que *cette tombe était placée sous la sauvegarde des braves de tous les pays* ; les braves de tous les pays l'ont respectée.

La Tour d'Auvergne, l'un des membres de la famille de Turenne, rappelait par ses mœurs les siècles antiques. Il était modeste et austère, et ne vivait que de lait. Il portait dans les camps un Tite-Live et un Horace, et se délassait de ses fatigues par l'étude de l'histoire et des sciences. On lui doit un livre sur les origines gauloises, et il avait commencé un dictionnaire archéologique où il comparait quarante-cinq langues anciennes et modernes.

Bonaparte était impatient de reparaître à la tête de ses troupes. Une armée de réserve fut formée à Dijon comme par enchantement, et le premier consul en prit le commandement à Genève le 19 floréal. Le même jour, Desaix, revenu d'Égypte, fut chargé de conduire aux combats deux divisions. Les troupes autrichiennes et les contingents des princes d'Italie fermaient tous les débouchés des Alpes. Bonaparte, aussi aventureux qu'Annibal, s'ouvre un chemin à travers les rochers couverts de glace du Saint-Bernard. Une nombreuse armée, un matériel immense, la cavalerie et l'artillerie, franchirent les ravins et les précipices. Pour traîner les canons on les détacha de leurs affûts, et on les coula dans des troncs d'arbres creusés; les roues et les munitions de guerre furent transportées à force de bras. Au sommet de la montagne, l'armée fit une halte au couvent du Saint-Bernard, où les religieux avaient préparé des vivres et prodiguèrent à nos troupes tous les secours de la plus généreuse charité. On était à plus de deux mille quatre cents mètres au-dessus du niveau de la mer et sur la lisière des neiges éternelles. Après une halte de quelques heures, l'armée opéra sa descente du côté du Piémont : les pentes étaient fort rapides et fort escarpées; on s'avisa de se laisser glisser sur la glace, et cet expédient abrégea de beaucoup les lenteurs de cette étrange route. Il fallait traverser la ville de Bard, dont la citadelle, assiégée depuis trois jours, fermait l'unique chemin ouvert aux Français. Pour dérober sa marche aux Autrichiens, Bonaparte fit tailler un chemin dans le rocher; on enveloppa de foin et de fumier les roues des canons et des caissons; on couvrit les rues de paille, et l'armée réussit à traverser la ville au milieu de la nuit, à l'insu des troupes chargées de lui disputer le passage. Ce terrible défilé franchi, le fort de Bard tomba au bout de dix jours au pouvoir des Français; déjà Ivrée et sa citadelle s'étaient rendus, et dix mille hommes de l'armée de Mélas avaient été culbutés sur les bords de la Chiusella. Le 2 juin, Bonaparte entrait à Milan après avoir traversé les vallées du Piémont et forcé les passages de Sesia et de Tésin. Comme il entrait en libérateur dans cette capitale, sa présence apprit aux populations que l'armée française avait commencé les hostilités; jusque-là elles avaient, pour ainsi dire, ignoré les événements de la guerre, et la marche du premier consul avait été plus rapide que la nouvelle de ses triomphes. Le premier soin de Bonaparte fut de rétablir et d'organiser de nouveau la république Cisalpine.

Cependant l'armée reçoit l'ordre de franchir le Pô;

elle se répand entre ce fleuve et l'Adda : Bergame et Crémone sont emportées; Murat enlève de vive force le pont et la ville de Plaisance; Lannes, digne lieutenant du premier consul, rachète par la victoire de Montebello la prise de Gênes, dont l'ennemi s'est enfin rendu maître, et où il ne trouve que des spectres affamés. Ces avantages en préparent d'autres. Mélas, généralissime autrichien, avait concentré ses troupes entre le Pô et le Tanaro; par de savantes manœuvres il attira les Français dans les plaines voisines d'Alexandrie, entre la Bormida et le village de Marengo, et le 25 prairial (14 juin 1800) il reprit l'offensive. Son armée, forte de quarante mille hommes et étendue sur une ligne de deux lieues, déboucha par trois colonnes sur l'armée française, qui comptait à peine vingt mille combattants. Il était huit heures du matin. Le village de Marengo fut plusieurs fois pris et repris; à la fin il resta au pouvoir de l'ennemi. Les colonnes autrichiennes s'avancèrent alors dans la plaine, manœuvrant sur les flancs de notre armée pour les envelopper et pour tourner nos positions. Quatre de nos divisions furent successivement repoussées; l'armée française, accablée par le nombre et débordée sur ses ailes, perdait à chaque instant du terrain, et les généraux demandaient qu'on battît en retraite. Bonaparte parcourait les rangs, encourageant le soldat et affectant une confiance qu'il n'avait point : « Souvenez-vous, disait-il, que mon habitude est de coucher sur le champ de bataille. » Ces paroles soutenaient à peine le moral de l'armée : la bataille semblait perdue.

Mais l'ennemi, impatient d'envelopper nos troupes et d'obtenir une victoire décisive, avait commis la faute de trop étendre ses ailes : son centre était affaibli. Bonaparte juge l'instant favorable; par ses ordres, le général Desaix, à la tête de la division placée en réserve, s'élance au pas de charge sur les batteries ennemies et réussit à couper la droite des Autrichiens. Cette manœuvre habile, exécutée avec audace, change l'issue de la bataille et rappelle la victoire sous nos drapeaux. La mort de Desaix redouble le courage des soldats de toute l'énergie qu'ajoute l'amour de la vengeance au désir de la gloire; de son côté, le jeune Kellermann porte sa cavalerie sur le flanc de la colonne autrichienne, la brise, la disperse et l'enveloppe tout entière. Dès cet instant la bataille est gagnée; l'armée ennemie, prise à revers, recule à la hâte; et le nom de Marengo s'inscrit en lettres de feu et de sang dans nos fastes militaires. Cette grande bataille rendait à la France la Lombardie, le Piémont, la Ligurie et ses places fortes. Non moins heureux sur les bords du Danube, Moreau poursuivait la série de ses triomphes, et ses victoires, digne complément de celles de Bonaparte, préparent la paix de Lunéville, qui ne tarda pas à être conclue entre la France et l'Autriche, lorsque le canon de Hohenlinden eut fait trembler les remparts de Vienne.

Cependant le premier consul revenait à Paris, où l'attendait l'enthousiasme de la population. En passant à Lyon, son premier soin fut de relever les ruines de cette grande cité, dont la Convention avait voulu raser les édifices et effacer le souvenir. Bonaparte s'attachait par tous ces actes à réparer les traces de la tempête révolutionnaire, et la France, lasse de bouleversements et de misères, saluait de ses acclamations l'œuvre du jeune général. C'est vers cette époque que Louis XVIII, du fond de son exil, écrivit au premier consul les deux lettres suivantes :

Au général Bonaparte.

« Quelle que soit leur conduite apparente, des hommes
« tels que vous, Monsieur, n'inspirent jamais d'inquié-
« tudes ; vous avez accepté une place éminente, je vous

« en sais gré : mieux que personne vous avez ce qu'il
« faut de force et de puissance pour faire le bonheur
« d'une grande nation ; sauvez la France de ses propres
« fureurs, et vous aurez rempli le vœu de mon cœur ;
« rendez-lui son roi, et les générations futures béniront
« votre mémoire. Vous serez trop nécessaire à l'État
« pour que je songe à acquitter par des places impor-
« tantes la dette de mon aïeul et la mienne.

« Louis. »

« Depuis longtemps, général, vous devez savoir que
« mon estime vous est acquise; si vous doutiez que je
« fusse susceptible de reconnaissance, marquez votre
« place, fixez le sort de vos amis. Quant à vos principes,
« je suis Français; clément par caractère, je le serais
« encore par raison.

« Non, le vainqueur de Lodi, de Castiglione et d'Ar-
« cole, le conquérant de l'Italie, ne peut pas préférer à
« la gloire une vaine célébrité. Cependant vous perdez
« un temps précieux. Nous pouvons assurer la gloire de
« la France; je dis nous, parce que j'aurais besoin de
« Bonaparte pour cela, et qu'il ne le pourrait pas sans
« moi.

« Général, l'Europe vous observe, la gloire attend, et
« je suis impatient de rendre la paix à mon pays.

« Louis. »

Après de longues hésitations, le premier consul répondit en ces termes au royal exilé :

Paris, 20 fructidor an VIII.

« J'ai reçu, Monsieur, votre lettre ; je vous remercie
« des choses honnêtes que vous m'y dites. Vous ne devez
« plus souhaiter votre retour en France : il vous faudrait
« marcher sur cent mille cadavres. Sacrifiez votre intérêt
« au repos et au bonheur de la France, l'histoire vous en

« tiendra compte. Je ne suis pas insensible au malheur
« de votre famille ; je contribuerai avec plaisir à l'adou-
« cir et à la tranquillité de votre retraite. »

Quelques jours après eut lieu un événement d'affreux souvenir. Le 3 nivôse, comme le premier consul se rendait à l'Opéra et tournait l'angle de la rue Saint-Nicaise, une explosion épouvantable se fit entendre : c'était un tonneau de poudre placé sur une charrette et que des assassins avaient fait éclater. La Providence déjoua leur crime ; par une circonstance futile, il arriva que la voiture du premier consul avait dépassé de quelques pas le lieu de l'explosion lorsque la machine infernale fit sauter quelques maisons du quartier. Bonaparte dormait lorsque la détonation se fit entendre et imprima à sa voiture une oscillation rapide ; brusquement réveillé, il se crut dans une ville prise d'assaut, et s'écria : « Nous sommes minés ! » Puis il ordonna à son cocher de poursuivre sa route. Comme il arrivait dans la salle du théâtre, la nouvelle de l'événement avait déjà circulé, et le public immense qui s'y trouvait rassemblé manifesta par un chaleureux enthousiasme son mépris pour les assassins et sa vive sympathie pour le premier consul.

Rien n'était perdu pour Bonaparte de ce qui pouvait favoriser sa fortune ; il sentait que les complots dirigés contre sa personne fortifiaient pour lui l'assentiment du peuple, et lui donnaient de nouveaux titres à ce pouvoir qu'on lui disputait d'une manière si odieuse.

L'attentat du 3 nivôse avait coûté la vie à près de cinquante personnes ; il excita dans Paris et dans la France une horreur universelle. D'abord Bonaparte s'en prit à la faction des Jacobins : sans écouter les représentations du ministre de la police, qui lui dénonçait le parti contraire comme le véritable auteur du crime, il en fit peser la responsabilité sur les républicains. Impatient d'en finir avec les hommes de ce parti, il fit rendre un sénatus-consulte par lequel cent trente individus, au nombre desquels se trouvaient quatre anciens membres de la Convention nationale, furent condamnés sans enquête à la déportation. Ces hommes n'avaient point participé au crime; mais la justice qui les frappa ne tomba pas à faux. Bonaparte l'avait dit lui-même : « Si on ne les condamne point pour l'attentat du 3 nivôse, on les condamne pour le 2 septembre et pour le 31 mai. » Quelques jours plus tard, les véritables chefs du complot furent découverts; c'étaient des agents de la contre-révolution et de l'Angleterre; ils furent à leur tour suppliciés, et les républicains déportés ne subirent pas moins leur peine.

L'instinct de Bonaparte ne l'avait point d'ailleurs entièrement trompé en lui révélant la haine des Jacobins contre sa personne et les projets que ce sentiment pouvait enfanter. Il est certain qu'un petit nombre de démagogues tramaient en secret la mort du premier consul. Comme il fallait à tout prix les épouvanter en faisant un exemple sévère, on accueillit avec empressement des révélations qui signalaient un complot républicain. Fouché, qui dirigeait la police et cherchait à se rendre nécessaire, parvint à donner un corps à cette ombre de conspiration, et l'on finit par mettre la main sur un petit nombre de républicains, qu'on accusa d'avoir voulu assassiner Bonaparte au foyer de l'Opéra. Parmi les accusés se trouvaient deux Corses, l'ex-conventionnel Arena et le sculpteur Ceracchi. Ils portaient à Bonaparte cette haine dont les âmes corses ont seules le secret, et Bonaparte les redoutait et les détestait. Après trois jours de débats très-animés, Arena, Ceracchi, le peintre Topino-Lebrun et Demerville, ancien employé des Comités de Salut Public, furent déclarés coupables, condamnés à mort et exécutés.

Vers le même temps, Bonaparte érigea la Toscane en

royaume d'Étrurie : c'était un premier essai de restauration monarchique; toutefois, comme s'il eût voulu affaiblir encore chez les peuples le respect des grandes races, il confia ce trône à don Louis Ier, prince bourbon de la maison d'Espagne, homme incapable et qui ne pouvait que déconsidérer la royauté dont il était revêtu. Bonaparte fit venir le nouveau roi à Paris, et le peuple put à loisir comparer ce prince décrépit et sans forces au vainqueur de Lodi et de Marengo. Le premier consul savait bien que tout l'avantage de cette comparaison serait pour lui : ainsi disposait-il d'avance les esprits à voir s'élever près de l'arbre renversé des Capétiens le tronc nouveau d'une quatrième dynastie.

Après la paix de Lunéville, il ne restait plus à la France d'autre ennemi que la Turquie et l'Angleterre. L'Italie septentrionale jusqu'à l'Adige était soumise aux Français, le royaume de Naples subissait nos garnisons, et le souverain pontife donnait des gages à la république en interdisant l'accès de ses ports au commerce anglais. On a vu plus haut par quelle générosité calculée Bonaparte avait réussi à se concilier l'empereur de Russie. Déjà même les flottes russes étaient près de se réunir aux autres marines de la mer Baltique contre l'Angleterre, lorsqu'une escadre danoise fut surprise par l'amiral Nelson et incendiée dans la rade de Copenhague. Quelques jours après, l'Europe apprit avec effroi que Paul Ier avait péri à la suite d'une conspiration. Cet événement plaça sur le trône de Russie le jeune Alexandre, fils de Paul, qu'animait un sentiment profond de jalousie contre la France. L'alliance fut rompue.

Le consulat est l'ère de la restauration sociale en France. Une pensée d'ordre et de régénération présidait à tous les actes de Bonaparte. Déjà il avait rouvert les portes de la France aux proscrits de toutes les causes, et parmi eux au général Lafayette, à Malouet, à Cazalès. Il avait rendu à la liberté des émigrés naufragés et renfermés dans les cachots de Ham. Sa grandeur protégeait même ses ennemis, et les vaisseaux hambourgeois furent, par ses ordres, frappés d'embargo, par cela seul que le sénat de Hambourg avait livré aux Anglais deux Irlandais proscrits. Tronchet, l'un des défenseurs de Louis XVI, reçut un poste dans la magistrature ; une statue fut érigée en l'honneur de saint Vincent de Paul ; l'école Polytechnique fut réorganisée ; les cendres de Turenne furent portées aux Invalides ; tous les débris du grand monde d'autrefois, les noms les plus illustres et les plus divers, furent conviés aux cercles des Tuileries, présidés par Mme Bonaparte, et recommencèrent tant bien que mal une société nouvelle. L'ancien régime reparut en quelque sorte avec ses plaisirs et ses frivolités populaires : les mœurs obéissaient comme les lois à la pensée du premier consul.

Alors fut accomplie à son tour la plus grande réparation que les orages révolutionnaires eussent rendue nécessaire à la France.

Depuis les lois votées par l'Assemblée Constituante, la religion avait été persécutée par tous les gouvernements qui s'étaient succédé en France ; nous avions vu les affreuses bacchanales connues sous le nom de Fêtes de la Raison et de la Nature. Le fameux décret de la Convention Nationale qui avait *proclamé* l'existence de l'Être suprême et l'immortalité de l'âme, n'avait fait que substituer dans nos codes le déisme à l'athéisme ; les temples n'en étaient pas moins fermés et les prêtres proscrits. Le directeur Lareveillère-Lépeaux imagina, pour faire un pas de plus, une secte de théophilanthropes, dont les membres rendaient un culte à l'Être suprême ; mais cette tentative n'avait abouti qu'à couvrir ses auteurs de ridicule. La France était donc sans culte public. Ce n'est pas qu'elle fût complétement délaissée sous ce rapport : des apôtres courageux bravaient les cachots et la mort. A la faveur de pieux déguisements, ils trouvaient encore le moyen de porter dans quelques familles les consolations de la religion; dans des appartements isolés, dans des greniers, dans des souterrains, quelques fidèles se rassemblaient autour d'un autel élevé à la hâte; alors des prêtres dévoués célébraient les saints mystères, et la prière montait encore vers Dieu sur cette terre de France abreuvée du sang de tant de martyrs. Cet état de proscription eut un terme; Bonaparte, pour consommer la restauration sociale dont il jetait les bases, comprenait que son empire devait être assis sur la religion. Le vénérable Pie VI, mort dans l'exil à Valence, avait été remplacé par l'ancien évêque d'Imola, le cardinal Chiaramonti, qui avait pris le nom de Pie VII. Le premier consul ouvrit des négociations avec le nouveau pontife, et Rome tressaillit d'espoir en voyant la France se tourner vers la croix.

Dès le 26 messidor an IX, un concordat avait été signé avec le saint-siége. Le 18 germinal an X, ce pacte reçut la sanction des pouvoirs législatifs, et fut proclamé loi de l'État; son premier effet fut de rétablir l'exercice du culte et de déterminer les rapports de la république avec l'Église. Cette loi renfermait de graves lacunes, et le souverain pontife fut dans la nécessité de faire des concessions qui lui furent, pour ainsi dire, arrachées par la crainte de voir la France persister dans le déplorable état d'où le concordat pouvait la retirer. Rome se trouvait aux prises avec un parti encore puissant en France, et fort disposé à perpétuer le schisme constitutionnel, pour peu que le souverain pontife se montrât trop exigeant. Il fallait donc accorder, autant que le permettaient les lois de l'Église, tout ce que réclamait le premier consul. Au surplus, Bonaparte n'était point libre lui-même de céder du terrain. Les générations qui peuplaient la France étaient encore imbues si profondément des maximes du xviiie siècle, et de la désolante incrédulité que la philosophie avait mise en honneur, qu'elles se refusaient à renouer des rapports que la persécution avait violemment interrompus. La jeunesse, formée depuis quinze ans dans les camps ou dans les saturnales révolutionnaires, n'avait reçu aucun enseignement qui lui rappelât le culte de ses pères, et lui fît sentir le besoin de reprendre le chemin du temple, si longtemps oublié. Tous les éléments révolutionnaires sur lesquels Bonaparte avait assis son pouvoir, et qu'il ne se trouvait point en mesure de comprimer, se réveillèrent donc avec énergie lorsqu'il fut question de rendre à Dieu les hommages qu'on lui avait si longtemps disputés. Pour donner une idée du délire de cette époque et de l'incroyable puissance qu'exerçait l'athéisme, il suffira de rappeler qu'un membre de l'Institut, Bernardin de Saint-Pierre, ayant osé, en pleine séance, présenter Dieu comme l'auteur de je ne sais quelle harmonie naturelle dont il signalait les avantages, fut accueilli par une explosion de murmures et par de violentes menaces; on lui demanda s'il avait vu Dieu, comment Dieu était fait. Il fallait donc à Bonaparte beaucoup de hardiesse et de courage pour entreprendre de réhabiliter, dans les lois et dans les mœurs dépravées, une religion que toutes ces tentatives criminelles en avaient pour ainsi dire chassée ; sa vie même fut plus d'une fois menacée par les énergumènes qui l'accusaient de fanatisme, et qui se révoltaient contre la seule idée du rétablissement du culte; il dut mettre en œuvre toute la force de cette volonté qu'on ne pouvait braver impunément, pour contraindre la plupart de ses généraux et de ses compagnons d'armes à le suivre à la cérémonie qui eut lieu à l'église Notre-Dame pour inaugurer ce grand événement. Augereau et Lannes ne cédèrent, pour ainsi dire, que devant la menace d'un conseil de guerre. Il faut reconnaître d'ailleurs que ces sentiments hostiles n'étaient point partagés par l'unanimité de la population ; dans cette vieille ville de Paris il se trouvait, en dehors des pouvoirs publics, de l'armée et de la foule délirante, un peuple d'élite qui avait conservé pieusement dans son cœur les souvenirs et le respect des vérités saintes ; ceux-là applaudirent à Bonaparte lorsqu'il eut la consolante pensée de relever les autels. Mais ce fut surtout dans le reste de la France, au sein de ces provinces que les excès de l'impiété avaient épouvantées sans les corrompre, que la reconnaissance fut sincère et profonde ; les peuples s'unissaient aux ministres du Seigneur pour appeler la bénédiction de Dieu sur la tête de l'homme que, dans son langage figuré, le clergé comparait à Cyrus.

Si le parti philosophique fut consterné en apprenant que la France était enfin réconciliée avec l'Église, il sut gré au gouvernement d'avoir fait ses réserves contre Rome en promulguant, sous le titre de loi organique des cultes, une série de dispositions qui atténuaient de beaucoup l'indépendance du clergé. On fit revivre avec soin, dans ces articles organiques, toutes les traditions des anciens parlements et toutes les entraves que l'ancienne monarchie, avant et depuis Louis XIV, avait opposées au développement de l'Église de France, sous prétexte d'assurer sa liberté.

Ni le pape ni les évêques ne furent consultés pour l'adoption de ces mesures, au nombre desquelles il s'en trouve une qui interdit aux évêques le droit de correspondre entre eux et de se concerter, une autre qui subordonne à l'autorisation du gouvernement la publication et l'exécution de tout acte de la cour de Rome, d'autres enfin qui créent pour les ecclésiastiques un délit spécial, l'*abus*, et qui, soit défiance, soit prévention, restreignent, limitent, dénaturent même d'une manière grave les concessions faites à l'Église par la convention du 26 messidor an IX, conclue entre le premier consul et le pape, et revêtue de la sanction légale par les pouvoirs législatifs. Le pape protesta contre ces dispositions prises en dehors de son consentement dans des matières ecclésiastiques; mais le gouvernement maintint, sauf quelques modifications, la loi organique du 18 germinal an X, actuellement encore appliquée comme loi de l'État.

Le concordat fut inauguré à Notre-Dame le jour de Pâques, au bruit de l'artillerie et au son mille fois répété de ces cloches que la révolution avait fait taire pendant dix ans. Le premier consul, à l'occasion de cette cérémonie, affecta de s'entourer d'un cortége presque royal.

Le jour même de cette mémorable solennité, l'Angleterre, se trouvant enfin réduite à ses propres ressources, signa à Amiens le célèbre traité de paix qui fut de si courte durée, mais qui sembla ouvrir pour la France et pour l'Europe une ère brillante de prospérité et de repos. La république française avait dès lors pris place dans la grande famille des puissances; elle le devait au génie de son chef.

Le premier consul continua ses efforts, si heureusement commencés, pour relever pierre à pierre l'édifice social; les derniers des chefs royalistes vendéens et bretons s'étaient soumis ou avaient quitté la France. Le premier consul fit abolir les lois sanguinaires qui avaient été portées contre l'émigration; la plupart de ceux d'entre les nobles qui avaient quitté le territoire pour se soustraire aux menaces de la guillotine obtinrent la permission de rentrer, et ceux de leurs biens dont on n'avait point encore disposé leur furent rendus. Cette nouvelle réparation, dont se trouvèrent exclus les princes de l'ancienne famille royale et un petit nombre d'hommes qui s'étaient plus particulièrement compromis dans les guerres civiles, porta les plus heureux fruits pour la tranquillité et l'ordre. Le premier consul s'occupa ensuite de faire coordonner les lois que les assemblées nationales avaient rendues pour régler l'état des personnes, les droits de la propriété et les obligations civiles ; ces lois, qui furent révisées et refondues en conseil d'État sous la présidence de Bonaparte, furent rassemblées dans un même code qui porta plus tard le nom de *Code Napoléon;* elles constituèrent l'ensemble le plus complet de dispositions légales qui ait jamais formé la base du droit régulier d'un peuple ; c'est ce même code qui, sauf quelques modifications, régit aujourd'hui la France, la propriété et la famille.

Le premier consul avait à cœur d'organiser l'éducation publique sur un plan nouveau. Si l'on juge l'œuvre qu'il entreprit selon la donnée des idées actuelles, on peut reconnaître qu'il ne fit pas une part assez grande à la liberté de l'enseignement et aux droits de la famille ; mais, pour bien comprendre la nécessité qui lui fut imposée de ne faire qu'une œuvre transitoire, et de ne point asseoir la liberté sur les principes dont nous aimons aujourd'hui à proclamer la vérité, il importe de se faire une idée exacte des temps, des besoins de l'époque, des entraînements de l'opinion. La famille se reconstituait à peine ; elle n'avait point encore puisé dans le retour à la religion cette moralité dont par suite des crises sociales elle s'était vu peu à peu dépouiller : une concession trop absolue faite à la famille, dans la question de l'enseignement, aurait été prématurée ou funeste. L'appel aux corporations religieuses n'était point encore réalisable. Deux ans de réaction contre l'impiété ou l'anarchie n'avaient pas suffi pour préparer les mœurs à un pareil retour vers le passé, et les gouvernements sages ne se brisent pas contre l'impossible. Il était donc nécessaire avant tout de sortir du chaos, de rassembler les éléments d'un travail futur, de rétablir l'ordre, la moralité, l'unité. C'est ce qui explique, indépendamment du caractère impérieux et des traditions disciplinaires de Bonaparte, les dispositions du plan qu'il fit adopter. Nous ne donnons point notre assentiment aux imperfections de cet ordre de choses; nous croyons que, sous plus d'un rapport, les circonstances en firent une nécessité. Il en est de l'enseignement comme de la centralisation, comme du pouvoir. A l'issue d'une période de perturbation et d'anarchie, le principe de la liberté est contraint de fléchir devant le principe de l'ordre. Quand l'ordre a repris un empire suffisant, on aperçoit tout ce qu'il y a de juste et de légitime dans la liberté.

Dans le système du premier, l'instruction, partagée en trois degrés, fut donnée par les écoles primaires, par les écoles secondaires, par les lycées ou écoles spéciales. Il y avait des écoles primaires dans les communes, des écoles secondaires dans les villes de quelque importance, et au moins un lycée par ressort de tribunal (cour) d'appel. Le même régime comportait l'existence de facultés de droit et de médecine, d'écoles militaires, et d'écoles spéciales pour les arts libéraux ou mécaniques. La religion était enseignée par le clergé, dans les églises, ou dans le sein des familles. C'est de ce premier essai d'organisation que sortit plus tard l'Université impériale.

Bonaparte envoya, sous les ordres du général Leclerc, son beau-frère, l'armée d'Allemagne, victorieuse à Hohenlinden, faire la guerre aux nègres qui s'étaient révoltés dans notre colonie de Saint-Domingue; mais cette nouvelle entreprise ne fut point heureuse, et la république d'Haïti, plus secondée dans cette lutte par l'influence maligne de son climat que par le courage de ses habitants, rendit inutiles les efforts de la mère patrie. La fièvre jaune fit périr notre armée, et l'on ne gagna à cette expédition que la prise du vieux chef mulâtre Toussaint-Louverture. Cet homme, qui de la condition de gardeur de bestiaux s'était élevé au rang suprême et tenait Saint-Domingue sous son joug de fer, fut enfermé dans une prison d'État, et mourut, par l'effet du chagrin et du climat, quelques mois après son arrivée en France. Sur cinquante mille hommes qui avaient pris part à cette désastreuse campagne, il en survécut deux mille cinq cents valides et six mille malades, dont les deux tiers moururent en revenant en France. Au nombre des morts se trouva le général Leclerc, commandant de l'armée. Ce fut pour la France une grande perte que celle de l'élite de ses troupes, ainsi décimée loin de la mère patrie et par une mort sans gloire.

Pour la première fois depuis Saint-Jean-d'Acre, la fortune de Bonaparte échouait dans une grande entreprise. Lorsqu'il avait eu à combattre des rois, des généraux, des armées régulières, son génie avait prévalu. Du jour où il s'attaqua à la nationalité d'un peuple, de ce jour-là, disons-nous, et malgré l'immense supériorité de ses forces, il fut contraint de s'arrêter, il ne put vaincre. L'Espagne devait plus tard lui rappeler cette funeste leçon. A Haïti, quelques hommes à demi sauvages, des nègres obscurs ou méprisés, des affranchis encore tout meurtris par le fouet ou les lanières, apprirent au monde ce que peut une nation quand elle se lève tout entière contre l'étranger. Au surplus, au milieu des grandeurs du Consulat, le désastre de notre armée à Saint-Domingue n'eut qu'un faible retentissement. Les mécontents insinuèrent à demi-voix que Bonaparte avait fait entrer la destruction de notre armée dans ses calculs, parce que c'était un moyen pour lui de se défaire des éléments républicains qui le gênaient encore. A ce compte, il aurait donc voulu sacrifier son beau-frère Leclerc et son jeune frère Jérôme, tous deux compris dans le personnel de l'expédition. Cette calomnie a été accréditée par l'histoire, et le temps est venu d'en faire justice. Au surplus, tant d'espérances s'étaient ralliées à Bonaparte à l'époque du Consulat, que l'opinion publique, si facile à décevoir, se montra peu émue des funestes résultats de cette expédition. Le bruit de nos triomphes sur le continent empêchait de parvenir jusqu'à nous les plaintes et les soupirs des compagnons de Moreau et de La Tour d'Auvergne ; la France se consolait d'ailleurs d'avoir perdu une colonie lointaine en ajoutant à son territoire la république Cisalpine (ancien royaume du Piémont), qui forma au delà des Alpes six nouveaux départements ; elle s'était en outre agrandie de l'île d'Elbe, et avait occupé les principautés de Parme et de Plaisance. Mais plus elle se montrait puissante sur le continent, plus elle soulevait contre elle la jalousie et les inquiétudes de l'Angleterre. Cette dernière nation ayant refusé, malgré les stipulations du traité d'Amiens, de rendre Malte à la France, la guerre fut de nouveau déclarée, et d'immenses préparatifs furent faits pour porter le théâtre des hostilités dans le cœur même de la Grande-Bretagne.

Le 22 mai 1803, un statut des consuls prescrivit d'arrêter tous les Anglais commerçant ou voyageant en France, et de les constituer prisonniers de guerre. L'histoire des nations civilisées n'offre point d'exemple d'une semblable mesure. Bonaparte, pour la justifier, allégua que l'Angleterre avait capturé sur les mers les vaisseaux de commerce appartenants aux particuliers, pendant qu'ils naviguaient sur la foi du traité d'Amiens. Quelques jours après, Mortier envahit le Hanovre, et un traité d'alliance défensive fut signé, le 27 septembre, entre la France et la Suisse. L'Espagne et le Portugal consentirent à demeurer neutres, et la Russie fit offrir sa médiation, qui fut refusée par l'Angleterre.

La puissance de Bonaparte se fortifiait tous les jours; il n'y avait pas encore deux ans qu'il avait été investi du consulat, lorsqu'un sénatus-consulte prorogea de dix ans entre ses mains cette magistrature populaire. « La fortune a souri à la république, répondit-il au message du sénat, mais la fortune est inconstante : eh! combien d'hommes qu'elle avait comblés de sa faveur ont vécu trop de quelques années! L'intérêt de ma gloire et celui de mon bonheur sembleraient avoir marqué le terme de ma vie publique au moment où la paix du monde est proclamée. Mais vous jugez que je dois au peuple un nouveau sacrifice : je le ferai si le bien du peuple me commande ce que votre suffrage autorise. »

Bonaparte s'était attendu à se voir offrir la couronne; une simple prorogation de ses pouvoirs ne pouvait lui suffire. Ses amis tinrent conseil, et à l'instigation du deuxième consul, Cambacérès, ils eurent recours à un expédient hardi, celui de réputer non avenue la délibération du sénat, et de réclamer davantage des suffrages de la nation. Un arrêté des consuls ordonna que le peuple serait consulté sur cette question : *Napoléon Bonaparte sera-t-il nommé consul à vie?* Les corps officiels donnèrent l'exemple de l'adhésion, et de toutes parts la population se rendit dans les municipalités pour déposer ses votes. Lorsque les scrutins eurent été dépouillés sur toute la surface de la France, un sénatus-consulte fut rendu qui homologuait le vœu du peuple et lui donnait puissance constitutive. Sur 3,557,885 votants, 3,368,259 s'étaient prononcés pour l'affirmative. « La vie d'un citoyen est à la patrie, répondit le premier consul au président du sénat; le peuple français veut que la mienne tout entière lui soit consacrée; j'obéis à sa volonté. La liberté, l'égalité, la prospérité de la France seront assurées... Le meilleur des peuples sera le plus heureux... Content alors d'avoir été appelé par l'ordre de Celui de qui tout émane à ramener sur la terre l'ordre et l'égalité, j'entendrai sonner la dernière heure sans regret. »

Par ce même décret, qui porte la date du 16 thermidor an x, le sénat complaisant apportait de graves modifications aux lois organiques de la France. Bonaparte, premier consul à vie, fut investi des droits réguliers les plus étendus, tel que celui de suspendre la constitution dans certains départements, et de casser les jugements des tribunaux lorsqu'il les jugerait attentatoires à la sûreté de l'État. Il pouvait également faire grâce. Le sénat fut investi du privilége exorbitant de pouvoir dissoudre le tribunat et le corps législatif; le tribunat fut réduit à cinquante membres, et cette assemblée fut organisée de telle sorte, qu'elle ne fut plus désormais qu'une sorte de conseil délibérant à huis clos. On enleva à cette assemblée et au corps législatif le droit de voter les traités. La liste civile du premier consul fut portée à six millions.

Les grands faits historiques ont une portée dont il faut tenir compte. Il est évident que sous le Consulat la nation française acceptait et invoquait le gouvernement d'un chef absolu, et qu'elle sacrifiait tout à l'idée de la gloire et de l'ordre. Elle était satisfaite, pourvu qu'aucune porte ne restât désormais ouverte par où la démagogie pourrait revenir. Elle se disait qu'elle serait toujours assez libre si elle était heureuse. Les révolutions l'ont usée sans la mûrir. Elle veut qu'on la gouverne, et il semble qu'elle n'ait qu'un seul regret, celui de ne pouvoir à la fois obéir à ses gouvernements et les détruire.

Des écharpes, des fusils, des sabres d'honneur avaient été réservés dans l'armée aux actes éclatants de bravoure. Ce mode de récompense ne suffisait plus à l'instinct monarchique de Bonaparte ; un ordre de chevalerie fut proposé : c'était l'institution fameuse de la Légion d'honneur, le germe d'une nouvelle noblesse. Cette tentative fut prématurée ; elle souleva de graves mécontentements, et Bonaparte, qui savait au besoin attendre, différa d'un petit nombre d'années le moment où il en tirerait parti.

Les États soumis à ses lois dépassaient de beaucoup par leur étendue la vieille France de Louis XIV. Bornés au nord par le Rhin, ils s'appuyaient au midi sur les États du pape et la Toscane. La Lombardie formait une république italienne, vassale de la république française, et Bonaparte en avait été proclamé président par une *consulta* convoquée à Lyon. Le royaume d'Étrurie était un grand fief qui rendait hommage au premier consul. Sur la frontière de l'est, la Suisse avait gardé le dépôt de son indépendance nationale ; elle portait ombrage à Bonaparte ; par ses ordres, une armée de trente mille hommes, commandée par le général Ney, entra dans ce pays, et lui imposa, sans éprouver la moindre opposition, un nouvel acte fédératif qui rattachait sa fortune au gouvernement français. Le premier consul se déclara médiateur de la Confédération Suisse.

L'Angleterre vit avec un amer déplaisir s'accomplir un événement qui rangeait la Suisse au nombre des républiques vassales dont la France s'entourait comme d'une double frontière, et qui mettait à la disposition du premier consul une armée de seize mille soldats recrutés dans les cantons helvétiques, et prêts à verser leur sang pour la France. L'Autriche partagea en secret les ressentiments de la Grande-Bretagne, mais elle s'abstint de réclamer, et l'indépendance de la Suisse disparut. Peu de temps après furent réglées ce qu'on appelait les indemnités d'Allemagne ; alors, sous prétexte d'indemniser les puissances germaniques des pertes que leur avait infligées la révolution française, la vieille Allemagne tout entière fut soumise à un remaniement d'institutions et de limites qui modifia profondément les conditions de son existence. En vertu du *conclusum* fédératif imposé par Bonaparte à la diète de Ratisbonne, l'Allemagne perdit, sur la rive gauche du Rhin, douze cents milles carrés et quatre millions d'habitants, qui furent cédés à la France. De quarante-huit villes libres, on n'en laissa subsister que six; les comtes et les chevaliers de l'empire furent *médiatisés*, le privilége des électeurs fut rendu illusoire, et, par malheur, l'élément protestant, qui, depuis le traité de Westphalie, n'avait réussi qu'à équilibrer l'élément catholique, obtint de prévaloir dans les affaires intérieures d'outre-Rhin, et ces deux grands pouvoirs-principes du moyen âge, le pape et l'empereur, furent à la fois vaincus et déshérités (1802--1803).

Cependant la rupture avec la Grande-Bretagne portait ses fruits. Depuis l'embouchure de l'Elbe, sur les confins du Danemark, jusqu'au détroit de Sicile et au port de Tarente, Bonaparte avait fermé le rivage aux Anglais; par ses ordres on s'occupa avec une prodigieuse activité de préparer une descente sur les côtes de la Grande-Bretagne. Le point de départ de cette expédition fut la ville de Boulogne; toute la face de la France que baignent la Manche et la mer du Nord se trouva hérissée d'artillerie et couverte de légions. L'Angleterre, de son côté, émue jusqu'au cœur par le sentiment du danger, couvrait la mer de ses vaisseaux et se levait tout entière pour combattre la France dans une nouvelle bataille de Hastings. Afin de prévenir les tentatives que l'Angleterre ne manquerait pas de faire du côté de la Vendée, Bonaparte eut la courageuse pensée de se confier au patriotisme des Vendéens : des hommes qui avaient survécu aux immolations de Quiberon et aux massacres de Nantes, il forma une légion, qui répondit par sa loyauté et son dévouement à la confiance du premier consul. Ces événements remplirent l'année 1803 et les premiers mois de l'année suivante.

Une conspiration s'était formée contre les jours du premier consul; elle avait été ourdie en Angleterre et avait à sa tête l'ancien chouan Georges Cadoudal, homme intrépide et dévoué en aveugle aux opinions royalistes. Cette tentative fut découverte par la police. Cadoudal fut arrêté avec ses principaux complices, au nombre desquels figura le général Pichegru, indigne de sa gloire, et qui depuis plusieurs années s'était laissé gagner par les offres et les promesses de l'émigration. Parmi les autres conjurés on remarquait MM. de Polignac, M. de Rivière, quelques officiers émigrés et d'anciens soldats de la Vendée. Le complot n'avait point les proportions d'une conspiration vulgaire. Il ne s'agissait ni de poignard, ni de poison, ni d'assassinat. On voulait attaquer de vive force le premier consul, se rendre maître de sa personne, et, en cas de lutte, le tuer pendant le combat. Le cabinet de Londres favorisait les projets de Georges Cadoudal en mettant à sa disposition des sommes considérables. Quant à Pichegru, il avait pour mission de gagner à la cause des conjurés les chefs de l'armée et surtout Moreau.

Ce dernier était l'ardent ennemi de Bonaparte, dont la gloire éclipsait la sienne, et tous les mécontents se ralliaient à lui : il désirait voir succomber le premier consul, mais, en soldat loyal et courageux, il refusa d'entrer dans la conspiration; toutefois, après en avoir connu l'existence, il s'abstint de la signaler au gouvernement, comme les lois de l'époque le lui prescrivaient. Son honneur ne lui permit pas d'obéir à ces lois, et sa haine pour Bonaparte l'empêcha d'apprécier l'étendue du crime que l'on méditait. On l'impliqua dans le complot et on le traduisit avec Georges, Pichegru et les autres conjurés devant le tribunal criminel de la Seine. Pendant l'instruction judiciaire du procès, Pichegru s'étrangla dans sa prison, et les ennemis du premier consul lui imputèrent d'avoir secrètement fait mettre à mort son rival. Cette calomnie a été longtemps accréditée, et c'est à peine si, de nos jours, on commence à reconnaître que Bonaparte n'a pu ordonner un crime inutile. La culpabilité de Pichegru était avérée, et les tribunaux suffisaient pour faire justice. Quoi qu'il en soit, on dit que des démarches furent faites près des magistrats de la cour de justice pour les déterminer à prononcer la condamnation de Moreau, auquel le premier consul aurait promis de faire grâce : « Eh! qui nous la donnera « à nous, notre grâce? » répondit M. Clavier, l'un de ces hommes courageux. Les accusés se défendirent avec beaucoup d'énergie; Georges Cadoudal fit preuve d'une fermeté inébranlable, et MM. de Polignac inspirèrent beaucoup d'intérêt à cause de leur jeunesse et de leur dévouement fraternel. Cependant ce fut surtout sur Moreau que se concentra le mouvement de popularité que le procès fit éclore, et qui, en grande partie, révéla les ferments d'opposition et de républicanisme qui subsistaient encore. La plupart des accusés furent condamnés à mort; mais le tribunal se contenta d'infliger à Moreau deux ans d'emprisonnement, peine qui fut commuée en deux ans d'exil.

Mais déjà s'était accompli l'un des plus douloureux événements dont l'histoire de la révolution française ait gardé le souvenir : nous voulons parler du procès et de la mort du duc d'Enghien, le dernier rejeton de la famille des Condé.

Le premier consul, après avoir vu sa tête exposée à de nombreuses conspirations, s'était pénétré de cette conviction qu'aux yeux du parti royaliste émigré et des princes de l'ancienne dynastie, il n'était qu'un usurpateur dont ce parti et ces princes voulaient se débarrasser à tout prix, dût-on le poursuivre et le traquer comme une bête fauve. Dominé par cette sombre pensée, ému chaque jour par les rapports d'une police qui exagérait le péril, tantôt par dévouement, tantôt par calcul, il n'avait aucun repos et ne voyait dans ses ennemis royalistes que des meurtriers disposés à mettre sans relâche, entre lui et le trône, l'obstacle d'un guet-apens ou d'un coup de poignard. Il était Corse, il appartenait à ce peuple qui met la vengeance au rang des vertus, et, d'après les instincts héréditaires, il admettait l'existence d'une *vendetta* permanente entre lui et les Bourbons. Aussi s'était-il bien promis de ne point hésiter à punir de mort le premier d'entre ces princes qu'il surprendrait occupé à le désigner aux poignards.

Pendant qu'il était entraîné par cette résolution implacable, de faux rapports émanant d'une source ordinairement digne de confiance lui apprirent que le duc d'Enghien se trouvait alors, de l'autre côté du Rhin, sur les terres du grand-duc de Bade, et que ce prince était l'âme des complots dirigés contre sa personne. Rien n'était moins vrai que cette supposition. Le duc d'Enghien avait été amené à Ettenheim par le soin de ses plaisirs, et, loin de conspirer, se tenait en dehors de toute action politique. Il avait pris les armes contre la république et combattu dans les rangs de l'émigration, mais il ne trempait dans aucun complot. Les apparences seules étaient contre lui, et personne à Paris ne s'expliquait la présence du duc d'Enghien si près de nos frontières qu'en la rattachant à des tentatives politiques. Funeste erreur, que les rapports de la police consulaire accréditaient chaque jour, et que le premier consul acceptait comme une réalité sinistre et menaçante.

Un jour, au moment où Bonaparte venait de prendre

connaissance de ces rapports, le conseiller d'État Réal, chargé de la police, entra dans son cabinet : « Hé quoi ! lui dit le premier consul, vous ne me dites point que le duc d'Enghien est à quatre lieues de ma frontière, organisant des complots militaires... Suis-je donc un chien qu'on peut assommer dans la rue.... tandis que mes meurtriers seront des êtres sacrés ? On m'attaque au corps, je rendrai guerre pour guerre ! » Il ajouta : « Je saurai punir leurs complots; la tête du coupable m'en fera justice. »

Le second consul Cambacérès, le même qui dans le procès de Louis XVI avait voté la mort du roi, prit alors la parole, et demanda que le duc d'Enghien fût traité avec moins de rigueur. Pour toute réponse, Bonaparte le mesura des yeux, et lui adressa cette apostrophe amère : « Vous êtes devenu bien avare du sang des Bourbons ! »

Après une conférence à laquelle étaient présents les trois consuls, le grand juge, Talleyrand et Fouché, le premier consul se convainquit de plus en plus que le duc d'Enghien en voulait à sa vie et ne se rapprochait de France que pour agir avec plus de promptitude. Il ignorait, lui et ses conseillers, que l'âme tendre et loyale du jeune prince était livrée à d'autres inspirations, et que l'héritier des Condé ne participait à aucune entreprise criminelle. Agissant donc avec un regrettable emportement, et sous l'empire de ses convictions erronées, il prit la détermination inouïe de faire enlever de vive force le prince sur le territoire étranger et de le livrer en France à un conseil de guerre. Ce fut le général Ordener qui reçut la mission de se rendre sur le Rhin, et d'y donner à la gendarmerie les ordres nécessaires pour l'arrestation du prince. Le malheureux duc, mal protégé par le droit des gens, fut arrêté dans la nuit du 15 mars. On le transféra dans la citadelle de Strasbourg, puis à Vincennes, où il arriva le 20 mars, à sept heures du soir.

Cependant le premier consul était sombre et pensif; retiré à la Malmaison, il se dérobait aux sollicitations importunes des amis, d'ailleurs trop rares, qui auraient pu intercéder pour le dernier des Condé. Il écoutait plus volontiers Fouché, qui, déjà régicide, souhaitait que Bonaparte, en ordonnant la mort d'un Bourbon, creusât un abîme entre lui et cette famille, et s'interdît pour jamais le rôle de Monk. Joséphine, dont le cœur s'ouvrait à toutes les émotions de la pitié, se hasardait à supplier en faveur du malheureux prince : les yeux humides de pleurs, elle suppliait son mari d'user de clémence; elle lui représentait qu'il allait braver le jugement des contemporains et le jugement des siècles. Bonaparte, dont la résolution était prise, repoussait sa gracieuse compagne : « Laisse-moi, lui disait-il; tu n'es qu'une femme : tu n'entends rien à la politique. » Que n'eût-il, pour sa gloire, écouté de semblables conseils ! Murat lui-même, le beau frère de Bonaparte; Murat, endurci au spectacle de la mort, joignit ses instances à celles de Joséphine, et refusa avec fermeté de participer à ce qui allait avoir lieu (1).

Hortense de Beauharnais, fille de Joséphine, et femme de Louis Bonaparte, intercédait de son côté, et ne pouvait faire prévaloir la politique du pardon. Le premier consul appréciait l'intelligence et les hautes vertus de sa belle-sœur, mais il croyait que la raison d'État lui prescrivait de se montrer implacable, et d'apprendre aux Bourbons qu'on ne se jouait pas impunément avec sa tête; il se disait que, si les lois de la justice vulgaire étaient méconnues, du moins avait-il pour lui ce droit

---

(1) Les premières éditions de ce livre renferment à cet égard un jugement différent; mais une étude plus approfondie de l'histoire nous a permis aujourd'hui de rendre justice à Murat.

naturel qui permet de se défendre et qui veut qu'on sauvegarde sa propre vie. Le duc d'Enghien voulut lui écrire, et sans doute, si cette lettre était parvenue au chef de la république française pleine d'un démenti généreux et empreinte d'une protestation d'innocence, sans doute, osons-nous le répéter, Bonaparte aurait compris son erreur, et se serait hâté d'envoyer une parole de miséricorde à Vincennes. Par malheur, aucun homme n'osa désobéir et se charger de remettre au premier consul la lettre du duc d'Enghien.

Le conseil de guerre s'assembla pendant la nuit à Vincennes, sous la présidence du général Hullin; cinq colonels et un major de la gendarmerie d'élite composaient ce redoutable tribunal. Après une séance de courte durée, le prince fut condamné à mort comme émigré, et comme coupable d'avoir conspiré contre la sûreté de la France et la vie du premier consul. Le jugement, prononcé à l'unanimité, fut exécuté immédiatement dans les fossés de Vincennes.

Le prince ayant demandé un prêtre, l'un des gendarmes qui l'accompagnaient lui opposa un refus, en ajoutant : « Vous voulez donc mourir comme un capucin? » Pour toute réponse il s'agenouilla, adressa à Dieu une courte prière, et se tint debout pour recevoir la mort. On le jeta tout habillé dans une fosse et on le couvrit de terre à la hâte.

Cette lamentable tragédie avait à peine eu son dénoûment, que ceux qui y avaient pris part semblaient reculer devant l'histoire. Le premier consul garda seul, jusqu'au bout, la conviction qu'il n'avait fait que se défendre et appliquer la loi du talion. Seize ans plus tard, sur le rocher de Sainte-Hélène, il parut dominé par cette conviction et écrivit sur son testament : « J'ai fait
« arrêter et juger le duc d'Enghien, parce que cela était
« nécessaire à la sûreté, à l'intérêt et à l'honneur du

« peuple français, lorsque le comte d'Artois entretenait, « de son aveu, soixante assassins à Paris. Dans une « semblable circonstance, j'agirais encore de même. » Étrange et inexplicable conviction, en présence de la mort et en face de la postérité! Pour nous, nous eussions désiré qu'il nous fût permis d'effacer de la vie de Napoléon une page aussi douloureuse.

Ces événements avaient rempli les premiers mois de l'année 1804, et ils avaient contribué à répandre des inquiétudes dans le pays. En entendant parler si fréquemment de complots et d'attentats tramés en Angleterre, la population s'était demandé ce que deviendrait la France le jour où le premier consul viendrait à succomber sous les coups de ses ennemis. Les partisans de Bonaparte n'épargnaient à cet égard aucun avertissement à l'opinion publique; ils disaient à toutes les classes de la société, au peuple, à l'armée, à la magistrature, à tous les corps constitués, que la France était exposée à une ruine prochaine; qu'il suffisait du poignard d'un assassin pour la replonger dans les misères de l'anarchie; qu'un chef électif plaçait sans cesse une nation de quarante millions d'âmes à la merci du délire d'un obscur fanatique; que le seul gage de stabilité et d'avenir devait être l'hérédité du pouvoir; que la république n'était qu'un accident historique, une situation transitoire dont il fallait au plus tôt sortir, si l'on voulait consolider les principes de la révolution de 1789 sans en renouveler les calamités et les horreurs. Le *Moniteur* était plein d'adresses émanées des régiments, des tribunaux et des assemblées municipales, et qui toutes suppliaient le premier consul de ne point hésiter davantage à accepter l'hérédité du pouvoir suprême, et à sauver la France en se déclarant le chef d'une quatrième dynastie. Ces actes, sans doute, étaient bien souvent conseillés, mais ils correspondaient aux besoins sérieux de la France, et ils indiquaient que l'opinion voulait en finir avec la forme républicaine. La question fut secrètement agitée au conseil d'État, et résolue dans le sens le plus favorable aux intentions du premier consul et aux dispositions de l'armée.

Dans la séance du 10 floréal (30 avril), le citoyen Curée, membre du tribunat, prit la parole, et, après avoir exposé dans un discours les services que le premier consul avait rendus à la France, il demanda que la France confiât à ce grand capitaine le titre d'empereur et l'hérédité du pouvoir suprême. A ces mots on entendit retentir dans la salle le cri de *Vive l'empereur!* ce cri inconnu à la France depuis les Carlovingiens. D'autres orateurs se succédèrent à la tribune et appuyèrent très-chaleureusement la motion du tribun Curée. Chaque fois qu'à tour de rôle ils concluaient à l'établissement de l'empire, l'assemblée presque tout entière les saluait de ses acclamations. Alors se leva un homme qui avait été l'un des fondateurs de la république et dont le nom s'était trouvé associé à la lutte du pays contre l'étranger. Par malheur cet homme avait été le collègue de Robespierre au Comité de Salut Public, et ce souvenir pesait sur sa vie. Nous voulons parler de Carnot. Ce fut à lui, et à lui seul qu'appartint la mission de défendre la république contre les entraînements du vœu national; il le fit avec dignité et courage, et sans succès. En terminant son discours, il s'écria douloureusement : « La liberté
« fut-elle donc toujours montrée à l'homme pour qu'il
« ne pût en jouir? fut-elle sans cesse offerte à ses vœux
« comme un fruit auquel il ne peut porter la main sans
« être frappé de mort? Ainsi la nature, qui nous fait de
« cette liberté un besoin si pressant, aurait voulu nous
« traiter en marâtre! Non, je ne puis consentir à regarder
« ce bien si universellement préféré à tous les autres,
« sans lequel les autres ne sont rien, comme une simple

« illusion. Mon cœur me dit que la liberté est possible !... »
Telle fut la seule voix qui dans l'assemblée des tribuns
protesta contre l'avénement de la quatrième dynastie.
Le 14 floréal, le tribunat émit le vœu que la couronne
impériale fût offerte au premier consul.

Un sénatus-consulte daté du 28 floréal (18 mai)
donna à ce vœu force de loi, en réservant au peuple
français le droit de voter pour ou contre l'hérédité impérial. L'adhésion du pays n'était point douteuse; sur
3,600,000 votants, moins de 3,000 appartinrent à l'opposition. Dans cette minorité, on vit figurer le tribun
Carnot et le général Lafayette. L'empire français succédait à la république.

Ainsi fut relevé le trône, tour à tour avili et ensanglanté par les saturnales de la révolution : le peuple
achevait d'abdiquer, ou, pour mieux dire, la démocratie
se transformait, elle devenait dictature, elle se faisait
homme.

CHAPITRE IV

AVÉNEMENT A L'EMPIRE. — SACRE. — CAMPAGNE D'AUTRICHE, DE PRUSSE ET DE POLOGNE. — PAIX DE TILSITT.

« Tout ce qui peut contribuer au bien de la patrie est
« essentiellement lié à mon bonheur ; j'accepte le titre
« que vous croyez utile à la gloire de ma nation. Je sou-
« mets à la sanction du peuple la loi de l'hérédité ; j'es-
« père que la France ne se repentira jamais des hon-
« neurs dont elle environnera ma famille. Dans tous les
« cas, mon esprit ne sera plus avec ma postérité, le jour
« où elle cesserait de mériter l'estime et la confiance de
« la grande nation. » Ainsi parla Napoléon lorsque le président du sénat, Cambacérès, lui présenta, à Saint-Cloud, le sénatus-consulte du 28 floréal.

Du fond de sa retraite, Louis XVIII adressa à tous les cabinets une protestation contre l'avénement de l'empereur ; mais le bruit des grands événements qui s'accomplissaient en Europe, et les acclamations du peuple français parlèrent plus haut que le prince exilé.

A peine l'empereur Napoléon est-il porté sur le pavois,

qu'aussitôt des décombres de la république s'élève, comme par enchantement, une cour splendide, avec son connétable, son grand électeur, son archichancelier, son architrésorier, ses chambellans, ses écuyers et ses pages. Le titre de maréchal de l'empire est conféré à dix-huit généraux issus de la révolution : ce sont Berthier, Murat, Moncey, Jourdan, Masséna, Augereau, Bernadotte, Soult, Brune, Lannes, Mortier, Ney, Davout, Bessières, Kellermann, Lefebvre, Pérignon et Sérurier; les évêques saluent par de nouveaux mandements l'avénement à l'empire, et peut-être le bonheur qu'ils ressentent en voyant le nouvel ordre de choses garantir la paix à la religion, leur fait-il trop perdre de vue que *le nouveau Cyrus, le nouveau Mathathias, le nouveau Josaphat*, retournera trop tôt contre Rome cette puissance et ce glaive qui ne lui ont été remis que pour le salut de la société et la ruine de l'anarchie.

Cependant l'empereur signale par un acte de clémence le premier moment de son règne. Georges Cadoudal attendait la mort avec ses complices, au nombre de vingt, parmi lesquels on comptait Armand de Polignac, le marquis de Rivière, Bouvet de Lozier, le général Lajolais, Russilion, Rochelle, Gaillard et Charles d'Hozier. L'impératrice Joséphine joignit ses larmes à celles de Mme de Polignac : « Je puis pardonner à votre mari, dit Napoléon, car c'est à ma vie qu'on en voulait. » La grâce d'Armand de Polignac fut prononcée. Mme Murat, sœur de l'empereur, se chargea de celle de M. de Rivière, et l'obtint. Le général Rapp, aide de camp de Napoléon, alla à Saint-Cloud solliciter celle de Russilion; il réussit comme Mme Murat. L'empereur remit encore leur peine à cinq autres : ainsi huit des conjurés échappèrent à l'échafaud. Georges, n'ayant pas voulu demander sa grâce, périt avec douze autres conjurés.

Une loi de l'an x avait créé l'ordre de la Légion d'honneur : Napoléon, qui se souciait peu désormais de froisser les susceptibilités révolutionnaires, songea enfin à distribuer solennellement les croix et les cordons de cette nouvelle chevalerie. Comme par un défi jeté aux idées de 1789, l'empereur choisit l'anniversaire de la prise de la Bastille pour inaugurer cette institution monarchique. La fête eut lieu sous le dôme des Invalides. Pour la première fois depuis leur avénement au trône, l'empereur Napoléon et l'impératrice Joséphine se montrèrent au peuple, à la tête d'un cortége déjà digne des Césars. Un des premiers soins de l'empereur avait été de rétablir toutes les formules d'étiquette de l'ancienne cour des Bourbons.

L'empereur se rendit au camp de Boulogne pour y surveiller par lui-même les armements destinés à la conquête de l'Angleterre. Les armées de terre et de mer, rassemblées sur la côte, l'accueillirent avec les démonstrations les plus vives d'allégresse et d'enthousiasme. Ce fut alors que l'empereur eut la pensée de distribuer solennellement à l'armée expéditionnaire les décorations qui avaient été tenues en réserve pour elle. La fête fut sans exemple dans l'histoire. Plus de cent mille soldats entouraient la hauteur où s'était placé Napoléon ; le bruit des canons, des fanfares et des tambours retentissait le long des rivages de l'Océan ; le ciel était pur et serein, un soleil d'été resplendissait dans toute sa gloire. Au centre de l'amphithéâtre Napoléon était assis sur le trône de fer des anciens rois mérovingiens ; derrière lui était le bouclier de Bayard, les croix d'honneur emplissaient le casque de Du Guesclin ; partout s'élevaient des trophées, surmontés de guirlandes, et formés à l'aide des armes et des drapeaux enlevés aux ennemis dans les campagnes d'Égypte, d'Italie et d'Allemagne. Vingt fois durant la cérémonie, la distribution des croix fut suspendue par le cri de *Vive l'empereur!* C'était comme une intronisation militaire, comme un engagement solennel entre le nouveau chef des Francs et ses leudes. Le séjour de l'empereur au milieu de l'armée expéditionnaire se prolongea encore six semaines, durant lesquelles toute la côte fut inspectée de Boulogne à Ostende.

Napoléon partit ensuite pour Aix-la-Chapelle; cette vieille résidence de Charlemagne, qui n'était plus pour l'Europe moderne que le chef-lieu du département de la Roër, retrouva pour quelques heures son antique splendeur et son importance historique. Napoléon y reçut pour la première fois l'ambassadeur de l'empereur d'Autriche; c'était comme la reconnaissance de ce fait, que l'empire français, sous la dynastie de Bonaparte comme sous celle de Charles le Grand, était devenu l'empire d'Occident, le saint-empire. Bientôt tous les gouvernements catholiques saluèrent à leur tour Napoléon du titre impérial.

Le 10 frimaire (1er décembre), le sénat présenta à Napoléon le plébiscite qui reconnaissait l'hérédité de la dignité impériale dans sa famille. Soixante mille registres avaient été ouverts dans les départements : leur dépouillement constata trois millions cinq cent vingt-un mille votes en faveur de l'empire, et seulement deux mille cinq cent soixante-dix-neuf suffrages négatifs. « Je monte au trône, dit Napoléon au sénat, au trône où m'ont appelé les vœux unanimes du sénat, du peuple et de l'armée, le cœur plein du sentiment des grandes destinées de ce peuple que, du milieu des camps, j'ai le premier salué du nom de grand. Depuis mon adolescence, mes pensées tout entières lui sont dévolues... *Mes descendants conserveront longtemps ce trône.* »

Napoléon, ayant sans cesse devant les yeux l'exemple de ce même Charlemagne dont nous venons de prononcer le nom, voulut, comme lui, ajouter à ses droits impériaux la consécration du souverain pontife. Dès son avénement à l'empire, il avait fait présent au pape Pie VII du brick *le Saint-Pierre*; quelques mois plus tard il demanda au saint-père de venir à Paris, comme autrefois le pape Étienne, oindre de l'huile sainte la tête du fondateur d'une nouvelle dynastie. Le pape hésita, mais n'écoutant que les intérêts de l'Église, il consentit à se rendre au vœu de l'empereur; il traversa donc la France, où la présence d'un souverain pontife était, depuis le moyen âge, un spectacle inaccoutumé : les peuples s'étonnèrent de l'involontaire respect dont les saisissait la vue de ce pauvre vieillard, débile de corps, courbé sous les années, et que le monde catholique saluait du nom de vicaire de Jésus-Christ.

L'empereur se rendit à Fontainebleau pour y recevoir lui-même le pape. Pie VII, à son arrivée à Paris, occupa un logement aux Tuileries; par suite d'une attention délicate de Napoléon, la chambre qu'occupa Sa Sainteté était distribuée et meublée absolument de la même manière que celle qu'elle occupait à Rome, à Monte-Cavallo, sa résidence habituelle.

Pie VII avait la figure empreinte du double caractère de la noblesse et de la bonté; on remarqua, pendant son séjour à Paris, qu'il parlait peu, mais toujours avec dignité : indulgent pour les autres, il usait pour lui, selon la coutume des saints, d'une rigueur extrême; il dînait seul et ne buvait que de l'eau. Dans les intervalles que ses occupations laissaient libres, il visitait les églises et les monuments publics, et partout sur son passage il trouvait une multitude nombreuse agenouillée pour recevoir ses bénédictions. On remarqua surtout qu'à l'exemple de notre divin maître, qui a prononcé cette parole : « Laissez venir à moi les petits enfants, » le pieux successeur de saint Pierre se plaisait à bénir et à caresser les enfants que leurs mères venaient lui présenter, ou qu'il distinguait lui-même dans la foule. Il était vêtu d'une soutane blanche et sans ornements. Comme il visitait l'imprimerie impériale, le directeur de ce vaste établissement lui fit hommage d'un volume qu'il venait de faire imprimer en sa présence. Ce même jour, il se trouva dans la foule un jeune homme du peuple qui s'obstina à garder son chapeau sur la tête devant le saint-père; les spectateurs, indignés, se préparaient à faire justice de cette insolence; mais Pie VII retint ce mouvement spontané, et, s'approchant de celui dont l'obstination causait ce scandale, il lui dit d'un ton paternel : « Découvrez-vous, jeune homme, la bénédiction d'un vieillard porte toujours bonheur. » Et celui à qui s'adressaient ces paroles, vaincu par tant de charité, s'inclina avec respect.

Le 11 frimaire an XIII, sous les voûtes de la vieille cathédrale de Paris, étincelante de feux et d'or, eut lieu la cérémonie imposante du sacre. Dès neuf heures du matin, le pape sortit des Tuileries dans une voiture à huit chevaux, surmontée d'une tiare et des attributs de la papauté, pour se rendre à l'église Notre-Dame. Une heure après, l'empereur et l'impératrice suivirent la même route : le couple impérial occupait une voiture éclatante d'or et de peintures précieuses, conduite par huit chevaux de couleur isabelle et richement caparaçonnés. Napoléon et Joséphine étaient revêtus d'ornements magnifiques et qui rappelaient le costume pittoresque du moyen âge. Le manteau du sacre était de velours cramoisi, parsemé d'abeilles d'or, doublé de satin blanc et d'hermine. Jamais, aux jours mêmes des splendeurs de Louis XIV et de François Ier, les yeux n'avaient été éblouis par une si grande pompe et par un si prodigieux amas d'or et de pierreries. Le nombre des spectateurs s'élevait à près de cinq cent mille, tant sur le passage du cortége que dans la cathédrale et sur le faîte des toits. Le temps,

qui avait été nébuleux toute la matinée, s'éclaircit tout à coup au moment où l'empereur parut sur le parvis de Notre-Dame, et la foule crut reconnaître à ce signe un présage favorable. L'empereur et le peuple avaient déjà remarqué qu'un beau soleil avait coutume d'éclairer les fêtes données en l'honneur de Napoléon, et ils attachaient à cette circonstance une idée superstitieuse. Le pape sacra Napoléon et Joséphine en présence des princes de la maison impériale, des membres du sacré collége, des prélats français, de tous les ordres de l'État, du corps diplomatique et d'une députation de la république italienne. Après avoir fait la triple onction, il adressa au Ciel l'oraison suivante : « Dieu tout-puissant, qui avez
« établi Azaël pour gouverner la Syrie, et Jéhu roi d'Is-
« raël, en leur manifestant vos volontés par l'organe
« du prophète Élie; qui avez également répandu l'onc-
« tion sainte des rois sur la tête de Saül et de David par
« le ministère du prophète Samuel, répandez par mes
« mains les trésors de vos grâces et de vos bénédictions
« sur votre serviteur Napoléon, que, malgré notre in-
« dignité personnelle, nous consacrons aujourd'hui em-
« pereur en votre nom. »

Prenant alors la couronne des mains du saint-père, Napoléon la posa sur sa tête, comme s'il voulait par cette action indiquer qu'il ne tenait son pouvoir que de lui-même, et non de Rome. Un moment après, l'impératrice s'étant mise à genoux devant lui, l'empereur la couronna de ses propres mains. Cette cérémonie du sacre frappa vivement les esprits : la multitude et l'armée demeurèrent saisies d'admiration au spectacle de ces pompes, dont la France avait perdu le souvenir. Les incrédules, et ils étaient nombreux, eurent cependant quelque peine à retenir leurs moqueries en présence des pieuses manifestations de l'Église; ils souriaient au spectacle de la mule et au passage du porte-croix de Sa

Sainteté ; et pourtant, de toutes les grandeurs de ce jour, l'humble croix est demeurée seule debout dans le monde.

Le lendemain, une grande solennité militaire, la distribution des aigles, réunit l'armée au Champ-de-Mars. Peu de jours après, le pape quitta Paris sans avoir pu obtenir pour l'Église ce qu'il avait le droit d'attendre de la reconnaissance de Napoléon.

L'empereur poursuivait à pas de géant le terme où son ambition voulait atteindre. Ce n'était déjà plus assez pour lui de la couronne impériale de France ; la couronne des anciens rois lombards, qu'avait également portée Charlemagne, dut à son tour ceindre son front. Le 17 mars 1805, de nouveaux députés de la république italienne, ayant passé les monts, vinrent offrir à Napoléon le titre de roi d'Italie.

« Depuis le moment — répondit l'empereur, sur son trône, dans tout l'appareil de la puissance suprême, — où nous parvînmes pour la première fois dans vos contrées, nous avons toujours eu la pensée de créer indépendante et libre la nation italienne. Nous avons poursuivi ce grand projet au milieu de l'incertitude des événements.

« Nous formâmes d'abord les peuples de la rive droite du Pô en république Cispadane, et ceux de la rive gauche en république Transpadane. Depuis, de plus heureuses circonstances nous permirent de réunir ces États et d'en former la république Cisalpine.

« Au milieu des soins de toute espèce qui nous occupaient alors, nos peuples d'Italie furent touchés de l'intérêt que nous portâmes à tout ce qui pouvait assurer leur prospérité et leur bonheur ; et lorsque, quelques années après, nous apprîmes, au bord du Nil, que notre ouvrage était renversé, nous fûmes sensible aux malheurs auxquels vous étiez en proie. Grâce à l'invincible courage de nos armées, nous parvînmes dans Milan lorsque nos peuples d'Italie nous croyaient encore sur les bords de la mer Rouge.

« Notre première volonté, encore tout couvert du sang et de la poussière des batailles, fut la réorganisation de la patrie italienne...

« La séparation des couronnes de France et d'Italie, qui peut être utile pour assurer l'indépendance de vos descendants, serait dans ce moment funeste à votre existence et à votre tranquillité. Je la garderai, cette couronne, mais seulement tout le temps que vos intérêts l'exigeront... »

Napoléon partit pour Milan avec l'impératrice, et revit avec elle le champ de bataille de Marengo, sur lequel il passa en revue une armée de trente mille hommes; il avait revêtu ce jour-là le vieil uniforme consulaire usé et troué qu'il portait dans cette mémorable action. Le 8 mai, il fit à Milan une entrée solennelle; le 26 eut lieu le second couronnement, et Napoléon fut sacré roi d'Italie par le cardinal Caprara. Comme à Paris, il se couronna lui-même, et s'écria en prenant la couronne de fer sur l'autel : « Dieu me la donne, gare à qui la touche! » Le prince Eugène de Beauharnais, fils de Joséphine, fut déclaré vice-roi d'Italie.

Le 4 juin suivant, la république Ligurienne (l'ancien territoire de Gênes) fut réunie à l'empire français, et forma les trois départements de Gênes, de Montenotte et des Apennins. Un mois après, les États de Parme furent également incorporés à la France, et la république de Lucques forma l'apanage d'Élisa Bonaparte, sœur de l'empereur et femme de Pascal Bacciochi, officier corse. Ce dernier reçut les titres de prince de Piombino et d'Altesse Sérénissime.

Ainsi l'empereur en était venu à réunir sous sa domination l'immense territoire des anciennes Gaules cisalpine et transalpine. L'Europe continentale, effrayée de ces envahissements successifs qui révélaient une tendance à la domination universelle, ne pouvait tarder davantage à se lever à la voix de l'Angleterre, pour y opposer une digue; une nouvelle coalition se forma contre la France. Le ministre Pitt détermina la Suède, la Russie et l'Autriche à se réunir sous le drapeau de la haine commune.

L'empereur était de retour en France; il se rendit au camp de Boulogne, où se trouvait rassemblée la grande armée d'Angleterre. Le port de Boulogne contenait, à lui seul, neuf cents bâtiments de guerre; depuis deux ans les côtes de la Manche étaient couvertes de nos vaisseaux, et la flotte se préparait chaque jour par de nouvelles escarmouches navales à la mission que l'empereur lui avait assignée, celle d'attaquer la Grande-Bretagne jusque dans son propre sein, et de renouveler la merveilleuse expédition de Guillaume de Normandie.

Divers présages, que Napoléon acceptait avec empressement, semblaient annoncer le succès de la descente : en creusant la terre pour élever la tente de l'empereur, les ouvriers avaient découvert une hache d'armes romaine; plus loin, à Ambleteuse, on trouva des médailles de Guillaume le Conquérant; un autre jour enfin, près de la tour de César, on voyait apparaître, en fouillant le sol, les ruines d'un camp romain, et l'armée saluait avec enthousiasme cette espérance de victoire.

Mais déjà une carrière non moins digne de l'armée française et de son capitaine, s'est ouverte pour eux. Voilà que les légions de l'empereur d'Autriche ont passé l'Inn et envahi le territoire allié de l'électeur de Bavière.

Pendant que quatre-vingt-dix mille hommes, aux ordres de l'archiduc Ferdinand et du général Mack, envahissaient ainsi l'électorat, trente mille autres, commandés par l'archiduc Jean, prenaient position dans le Tyrol, et cent mille combattants marchaient sur l'Adige, sous la conduite de l'archiduc Charles; deux armées russes accouraient à marches forcées des steppes de la Lithuanie et de la Pologne pour se joindre à la grande armée autrichienne. Cette troisième coalition était prévue; Napoléon avait reconnu la politique de Pitt et la longue persévérance de l'Angleterre : de sa baraque du camp de Boulogne, il dicta à ses secrétaires le plan d'une nouvelle campagne en Allemagne, et régla le départ de tous les corps d'armée depuis le Hanovre et la Hollande jusqu'aux Pyrénées et aux Alpes; il prescrivit d'avance l'ordre des marches, leur durée, les points de campement, les lieux où l'ennemi devait être attiré, refoulé et vaincu ; puis, avec la rapidité de l'aigle, qu'il avait prise pour l'emblème de son empire, il transporta de Boulogne sur le Rhin l'armée d'Angleterre, qu'il avait nommée la *grande armée*. Le 27 septembre l'empereur était à Strasbourg; déjà le prince Murat, son beau-frère, et le maréchal Lannes avaient passé le Rhin et opéré le mouvement à l'aide duquel l'empereur cherchait à faire croire au général Mack que nous voulions pénétrer en Souabe par les défilés de la forêt Noire, et gagner la tête des eaux du Danube pour agir sur la rive droite. En même temps, et d'un autre côté, Ney marchait sur Stuttgard, Soult sur Heilborn, et Davout sur Œttingen, au delà du Necker; les autres corps suivaient la direction qui leur avait été assignée, et Masséna défendait l'Italie contre l'archiduc Charles. Le général Mack, trompé par les habiles conceptions de l'empereur, concentrait toutes ses forces autour de la ville d'Ulm; le 6 et le 7 octobre, cent mille hommes de l'armée française avaient franchi le Danube et occupé une partie de la Bavière. Le 9, Napoléon entrait à Augsbourg; le 12, à la suite de plusieurs combats glorieux, il s'emparait de Munich, et chassait les Autrichiens de l'électorat; le 20, trente mille hommes, commandés par

Mack et enfermés dans la ville d'Ulm, se rendaient aux Français sans même oser les combattre. Le 26, l'armée passe l'Iser; le 27, elle franchit l'Inn à son tour; le 28, elle entre à Braunau; le 30, à Salzbourg; elle remporte successivement les combats de Merbach et de Lawbach, s'empare de Lintz, passe la Frann, écrase l'ennemi sous les murs d'Ebersberg : on voudrait en vain suivre ses opérations, dont la promptitude égale la multiplicité; chaque jour est signalé par un combat, et chaque combat est une victoire. Tout le Tyrol est conquis sur les Allemands le 9 novembre. Le 11, l'avant-garde des Russes est battue; le 13, l'armée française entre dans Vienne; le 15, elle est à Presbourg; le 19, à Brünn et dans toute la Moravie. Ce jour-là, montrant à ses généraux les grandes plaines d'Austerlitz, qui s'étendaient sous leurs regards, Napoléon leur avait dit : « Étudiez ce champ de bataille; dans huit jours nous y verrons l'ennemi. »

Cependant les Autrichiens et les Russes, bien supérieurs en nombre aux soldats de Napoléon, occupaient des retranchements formidables, qu'il eût été inhabile d'attaquer de front; l'empereur, par une adroite manœuvre, feint de se replier vers le nord; ses ennemis se hâtent de lui couper la retraite : mais c'était là que Napoléon les attendait. Déjà l'empereur de Russie, plein de confiance dans le succès de la bataille qui se préparait, lui avait envoyé un de ses aides de camp comme pour éviter l'effusion du sang au prix de conditions pacifiques; ces étranges stipulations imposaient à la France la nécessité de renoncer à ses conquêtes du Rhin et de l'Italie. Accepter une pareille honte, c'eût été pour Napoléon s'avouer vaincu avant la bataille, et il n'avait pas accoutumé ses ennemis à des actes de pusillanimité; cependant il feint de dissimuler et répond à l'envoyé d'Alexandre avec une modestie qui trompe l'aide de camp et lui fait croire à la prochaine défaite de l'armée française. Ce jeune homme s'empresse de rapporter à son maître des espérances que l'événement doit tromper. La veille de la bataille, pendant que les Russes tournent imprudemment les positions de l'armée française, comme pour prévenir toute évasion de sa part, Napoléon dicte une proclamation qui promet d'avance la victoire à ses troupes. Le soir étant venu, par une froide nuit d'hiver, il visite les bivouacs de son armée; mais les soldats allument des fanaux de paille sur son passage; et leurs acclamations annoncent de loin à l'ennemi la confiance qu'ils ont dans leur courage et dans le génie de leur capitaine. Enfin, le 11 frimaire an XIV (2 décembre 1805), le soleil perce d'épais nuages et éclaire les trois armées rangées en bataille. « Soldats, dit Napoléon en passant devant le front de bandière de plusieurs régiments, il faut finir cette campagne par un coup de tonnerre. » Et le combat s'engage sur toute la ligne aux cris de : « Vive l'empereur ! » Les maréchaux Soult, Lannes, Davout exécutent à la tête de leurs soldats intrépides les manœuvres que Napoléon a prescrites, et qui doivent assurer la victoire. Après deux heures d'une résistance opiniâtre, Kutusoff et les Russes sont chassés des hauteurs de Pratzen et abandonnent la formidable artillerie qui en défendait les approches. L'armée française occupe le centre et la gauche de l'ennemi; partout le succès répond à son courage; l'aile droite des armées coalisées est prisonnière ou détruite; vainement la cavalerie de la garde impériale russe se dévoue-t-elle pour un dernier effort et disperse-t-elle deux de nos bataillons les plus braves de l'armée; la cavalerie de la garde impériale française, sous la conduite de Rapp, se précipite sur elle avec l'impétuosité d'un torrent : en un moment, canons, artillerie, étendards, tout tombe en notre pouvoir, et Rapp, sur son cheval couvert de blessures, tout sanglant, le sabre brisé, vient annoncer à Napoléon que l'ennemi est partout en fuite. Ce fut pour l'armée austrorusse une retraite plus meurtrière encore que la bataille ; ses malheureuses troupes s'éloignaient en désordre, sur un terrain couvert de cadavres, entre des ravins où l'artillerie française les écrasait ; leur destruction s'accomplissait sans qu'il fût en leur pouvoir de la retarder d'une heure : drapeaux, bagages, artillerie, elles abandonnaient tout aux soldats de Napoléon, et, pour comble d'horreur, quinze mille Russes, fuyant sur un lac glacé (le lac de Menitz), rompaient la glace sous leur poids et disparaissaient engloutis sous les eaux. Pendant toute la nuit on entendit leurs gémissements, sans qu'il fût possible de les secourir. La grande bataille d'Austerlitz avait dignement signalé le premier anniversaire du couronnement de Napoléon. Deux jours après, l'empereur d'Allemagne vint le saluer dans l'humble tente que le vainqueur occupait depuis deux mois. Napoléon consentit à lui accorder la paix, et l'empereur de Russie fut trop heureux d'obtenir un armistice, et de se retirer dans ses États avec les débris de ses troupes.

On a reproché à Napoléon cette courtoisie qui épargnait le plus formidable de ses rivaux. Sans cette générosité irréfléchie, la France eût pu imposer à l'empereur de Russie, à Austerlitz, une paix qu'il fallut plus tard acheter par de douloureux sacrifices. Le lendemain de la victoire, Napoléon rendit plusieurs décrets solennels, qui témoignaient de sa reconnaissance pour la grande armée ; entre autres dispositions, il adopta les enfants des soldats qui avaient péri, ordonna qu'ils seraient élevés et établis à ses frais, et leur permit de joindre à leur nom celui de Napoléon.

La paix qui intervint, et dont l'empereur des Français avait dicté les conditions, agrandit encore l'empire de plusieurs possessions importantes : l'ancien territoire de Venise, la Dalmatie et l'Albanie furent réunis au royaume d'Italie. Les pays d'Anspach, de Clèves et de Berg formèrent l'apanage du prince Murat; la principauté de Neufchâtel récompensa les services de Berthier. La Bavière eut un souverain; le duc de Wurtemberg prit à son tour le titre de roi; et ces deux nouveaux monarques, avec le margrave de Bade, accrurent le nombre des vassaux de Napoléon. Ce traité fut signé à Presbourg le 26 décembre; le lendemain 27, un décret de Napoléon annonça à l'Europe que la maison royale de Naples avait cessé de régner, et, à la suite d'une courte campagne, ce royaume fut conquis par l'armée française et donné par l'empereur à Joseph, l'aîné de ses frères. Sur ces entrefaites, Eugène de Beauharnais, vice-roi d'Italie et héritier présomptif de ce royaume, épousa la princesse royale de Bavière. Cette mémorable campagne, qui venait de s'accomplir en deux mois, avait ressuscité le vieil empire d'Occident et asservi à la puissance de Napoléon la plus grande monarchie qui se fût élevée depuis la mort de Charlemagne. Mais la fortune nous fut contraire sur les mers : dix-huit vaisseaux français et quinze vaisseaux espagnols, commandés par les amiraux Villeneuve et Gravina, rencontrèrent la flotte anglaise près du cap de Trafalgar. L'amiral Nelson, sous les ordres duquel elle était placée, ne se laissa point intimider par le nombre de ses adversaires; il engagea un combat formidable, à la suite duquel les deux flottes combinées de France et d'Espagne furent détruites. Cette bataille coûta la vie aux trois amiraux, et la France dut renoncer, pour de bien longues années, à disputer à l'Angleterre la domination de l'Océan.

L'année 1806 vit rétablir le calendrier grégorien et abolir les dénominations que la république avait substituées aux jours et aux mois de l'année. L'empereur revint triomphant à Paris; l'admiration du sénat et du peuple lui décerna le nom de *grand*. Les canons conquis dans la campagne d'Austerlitz furent fondus pour élever à la gloire de la grande armée la colonne impériale de la place Vendôme. La basilique de Sainte-Geneviève fut rendue au culte catholique; celle de Saint-Denis fut consacrée à la sépulture des empereurs; et à la place des ossements de nos rois, que la fureur du peuple avait jetés au vent, Napoléon fit ériger trois autels expiatoires, honneur funèbre rendu à nos trois dynasties. D'autres décrets instituèrent les prix décennaux, magnifique récompense promise tous les dix ans à la littérature et aux arts. De nouveaux codes furent promulgués, de nouvelles principautés furent distribuées en fiefs aux sœurs et aux lieutenants de Napoléon, et enfin, pour assurer sa domination en Allemagne, l'empereur organisa les principautés et les royaumes secondaires de cette contrée en une vaste association offensive et défensive, qu'il plaça sous la tutelle de la France, et dont il se déclara le chef, en ajoutant à ce titre celui de Protecteur de la Confédération du Rhin. Ainsi reparut cette fameuse ligue du Rhin, si habilement opposée par Mazarin à l'Autriche; cette œuvre de Napoléon avait été silencieusement élaborée à l'insu des ministres de Prusse, d'Autriche et de Russie. Le 1er août 1806, quinze princes du midi et de l'ouest de l'Allemagne signifièrent à la diète de Ratisbonne que le saint-empire avait cessé d'exister : ce furent les rois de Bavière et de Wurtemberg, l'électeur archichancelier, l'électeur de Bade, le duc de Berg et de Clèves, le landgrave de Hesse-Darmstadt, les princes de Nassau-Vsingen et Nassau-Weilbourg, les princes de Hohenzollern-Hechingen et Hohenzollern-Sigmariugen; les princes de Salm-Salm et de Salm-Kirbourg, le prince d'Isinbourg-Birstein, le duc d'Arenberg, le prince de Lichtenstein et le comte de La Leyen.

Trente-neuf articles composent l'acte de confédération. Séparés à perpétuité de l'empire germanique, chacun des rois et des princes confédérés renoncera à ceux de ses titres qui expriment des rapports quelconques avec ledit Empire. Indépendants de toute puissance étrangère à la confédération, les princes ne pourront prendre du service que dans les États confédérés ou alliés à la confédération. Les intérêts communs des États confédérés seront traités dans une diète qui siégera à Francfort-sur-le-Mein, diète divisée en deux colléges, celui des rois et celui des princes. Mais de toutes ces dispositions la plus remarquable est l'article 35, portant qu'il y aura entre l'empire français et les États confédérés du Rhin, cellectivement et séparément, une alliance en vertu de laquelle toute guerre continentale que l'une des parties contractantes aurait à soutenir deviendra immédiatement commune à toutes les autres. Désormais le midi de l'Allemagne n'est plus en grande partie qu'un vaste contingent militaire de Napoléon et une portion du système fédératif français. Maître de la rive droite du Rhin, le *Protecteur* a pour garant du dévouement des protégés leur intérêt même; car la France seule pourra conserver à ces États ce qu'elle leur a donné; 53,000 hommes, fournis par eux, seront l'avant-garde permanente de l'armée française.

Il ne manquait plus qu'une seule formalité : François II l'accomplit en renonçant à la dignité et aux prérogatives d'Empereur électif d'Allemagne; il dépose ce titre que trois siècles ont respecté dans sa maison, mille six ans après le couronnement de Charlemagne par Léon III. Ce fut un grand jour pour la France que celui où l'empereur, venant ouvrir, le 2 mars 1806, la session législative, résuma ainsi les événements qui s'étaient passés : « Depuis votre dernière session, la plus
« grande partie de l'Europe s'est coalisée avec l'Angle-
« terre; mes armées n'ont cessé de vaincre que lorsque
« je leur ai ordonné de ne plus combattre. La maison de
« Naples a perdu la couronne sans retour; la presqu'ile
« de l'Italie tout entière fait partie du grand empire; j'ai

« garanti comme chef suprême les souverains et les con-
« stitutions qui en gouvernent les différentes parties ; la
« Russie ne doit le retour des débris de son armée qu'au
« bienfait de la capitulation que je lui ai accordée ;
« maître de renverser le trône impérial d'Autriche, je
« l'ai raffermi... Les hautes destinées de ma couronne
« ne dépendent pas des sentiments et des dispositions
« des cours étrangères .. Je désire la paix avec l'An-
« gleterre... »

Le 8 mars, la Prusse avait signé un traité qui reconnaissait la paix de Presbourg aux conditions que Napoléon avait faites à l'Europe ; mais ce n'était là qu'une concession arrachée par la crainte : le même jour, l'empereur adopta la princesse Stéphanie, nièce de Joséphine, et la donna pour épouse à l'héritier du grand-duc de Bade, mêlant ainsi le sang de sa nouvelle dynastie à celui des vieilles maisons souveraines ; le 30 mars, il rétablit en quelque sorte la féodalité en érigeant en fiefs impériaux, sous le titre de duchés, les provinces de Dalmatie, d'Istrie, de Frioul, de Cadore, de Bellune, de Conegliano, de Trévise, de Feltre, de Bassano, de Vicence, de Padoue et de Rovigo. Un mois plus tard il fonda l'Université impériale, et le cardinal Fesch, oncle de Napoléon, fut nommé, avec l'agrément du saint-siége, coadjuteur et successeur de l'électeur archichancelier d'Allemagne. Le 9 juin suivant, à la suggestion de l'empereur, les États de Hollande envoyèrent à Paris une ambassade extraordinaire ; elle vint demander à l'empereur, pour roi de Hollande, le prince Louis Bonaparte, frère de Napoléon et mari d'Hortense de Beauharnais Déjà le maréchal Bernadotte et Talleyrand de Périgord, ministre des relations extérieures, avaient reçu la souveraineté, l'un de la principauté de Ponte-Corvo, l'autre de celle de Bénévent ; et Napoléon avait signifié sa volonté à l'Europe en ces termes : « Les duchés de Bénévent et de

« Ponte-Corvo étaient un sujet de litige entre le roi de
« Naples et la cour de Rome ; nous avons cru conve-
« nable de mettre un terme à ces difficultés en érigeant
« ces duchés en fiefs immédiats de notre empire. »
Telle est la logique des conquérants.

Au milieu de ces vastes déplacements de couronnes, et dans les rares intervalles que lui laissaient les soucis de la guerre, Napoléon poursuivait à l'intérieur des réformes pacifiques ; il couvrait son vaste empire de grandes routes et de canaux ; il organisait les haras, ajoutait une chaire de belles-lettres à l'école Polytechnique, une chaire d'économie rurale à l'école d'Alfort ; il supprimait les maisons de jeu, et réglait par un décret l'état civil des juifs habitants de l'empire : il semble qu'au fond de l'âme il rêvât le rôle de Cyrus, et ce ne fut pas sans orgueil qu'il vit le sanhédrin des israélites se réunir à Paris, et proclamer comme devant s'accomplir le terme des épreuves imposées à ce peuple. Ce n'était là qu'une vaine fiction, une espérance dont personne n'était dupe ; et Napoléon, le premier, se préparait d'autant moins à relever le temple de Jérusalem, que son décret sur les juifs renfermait contre ce peuple des dispositions sévères, comme celle qui lui interdisait le commerce, et lui enjoignait de ne prendre pour noms patronymiques aucun des noms mentionnés dans l'Ancien Testament.

Guillaume Pitt, le plus implacable ennemi de Napoléon, était mort le 23 janvier 1806, après avoir dirigé pendant vingt-trois ans les conseils de la Grande-Bretagne. Orateur éminent, ministre habile et astucieux, il consacra ses immenses talents, sa fourberie, son influence, à soutenir une lutte acharnée et formidable contre la révolution française et Napoléon. Aucun de ces grands principes que les hommes vénèrent ne le dirigea dans cette politique. Il ne voulait que plonger l'Europe dans le chaos de la guerre continentale, espérant ainsi user les ressources et l'industrie de toutes les nations au profit de la Grande-Bretagne. Sa mort inopinée laissa l'Europe dans l'incertitude et l'Angleterre dans les angoisses. Son dernier soupir fut le cri de l'homme qui avait tout sacrifié à l'Angleterre, même l'humanité et l'honneur, et qui ignorait encore si ces sacrifices seraient fructueux : « O mon pays ! » s'écria-t-il en prévoyant le triomphe de son rival, le célèbre Fox, ami de la France. Mais Fox mourut lui-même au bout de six mois, et la politique de la guerre, léguée par Pitt au peuple anglais, ne fut point interrompue.

Cependant la Prusse en était à regretter la déchéance à laquelle l'avaient réduite les succès de Napoléon. Son roi, prince pacifique et timide, se résignait à cette paix désastreuse en attendant des temps meilleurs ; mais cette sage lenteur soulevait autour de lui des mécontentements et des murmures. Il s'était formé à Berlin un parti dont la reine Louise était l'âme, et qui réclamait la guerre à grands cris. La jeune reine, dans tout l'éclat de sa beauté, parcourait à cheval, en costume militaire, les rues de Berlin, et appelait aux armes les sujets de son époux. A cet exemple, à ces excitations, une fièvre chevaleresque anima la Prusse tout entière. Les vieux soldats de Frédéric et la jeune noblesse prussienne furent épris d'un fol enthousiasme et s'armèrent pour secouer le joug de la France. Leurs bataillons ne formaient d'ailleurs que la grande avant-garde de la Russie.

Napoléon, selon sa coutume, ne laissa pas à ses ennemis le temps d'attaquer. Dès les premiers jours d'octobre il passa le Rhin à la tête de sa grande armée. Le 10, le combat de Saalfeld ouvrit dignement la campagne : c'est dans cette affaire que le prince Louis de Prusse, l'un des auteurs de la guerre, fut tué par un soldat français.

Le lendemain, l'armée française couronnait les hau-

teurs qui dominent le plateau d'Iéna ; l'armée prussienne avait pris à la hâte ses positions; la reine Louise, suivie de l'élite de la jeunesse de Berlin, parcourait les rangs à cheval et vêtue en amazone ; elle portait un casque en acier poli, une cuirasse luisante d'or et une tunique d'étoffe d'argent ; partout sur ses pas les vétérans de Frédéric inclinaient les drapeaux, qu'elle avait brodés de ses mains royales. L'empereur, de son côté, prenait, dans le silence de la réflexion, toutes les dispositions qui pouvaient décider de la victoire. Quand il eut donné ses ordres, il dit à ses soldats : « Le corps qui se laisserait
« percer se déshonorerait ; ne redoutez pas cette célèbre
« cavalerie, opposez-lui des carrés fermes et la baïon-
« nette. Soldats, quand on ne craint pas la mort, on
« la fait entrer dans les rangs ennemis. » Cette courte harangue excite au plus haut degré l'enthousiasme de l'armée, et de toutes parts on s'écrie : « En avant ! en
« avant ! — Qu'y a-t-il ? reprend Napoléon avec un
« visage impassible et sévère ; c'est sans doute un con-
« scrit de la dernière levée qui ose donner ces ordres ;
« qu'il attende d'avoir commandé dans trente batailles
« rangées. » Puis il donne le signal de l'attaque, et nos régiments se jettent sur l'ennemi, le dispersent, tournent ses positions et le chassent devant eux, la baïonnette dans les reins. Vers une heure la bataille était gagnée, l'armée prussienne fuyait de toutes parts, la jeune reine et son état-major se dérobaient à grand'peine à la poursuite de notre cavalerie. Dès le soir les autorités de Berlin annonçaient au peuple de cette ville les événements de la journée, et les résumaient en ce peu de lignes : « Notre
« armée a été entièrement détruite; le roi est sauvé. »
L'armée française avait tué ou pris cinquante mille hommes; trois cents bouches à feu, six cents drapeaux et tous les magasins de l'ennemi étaient tombés en son pouvoir. Ainsi fut lavé dans le sang des armées prus-

siennes le honteux outrage que les généraux de Louis XV avaient subi à Rosbach. La colonne que Frédéric II avait élevée pour éterniser cette déplorable défaite fut enlevée par les ordres de Napoléon et transportée à Paris.

Pendant que Napoléon gagnait la bataille d'Iéna, à quelques lieues du théâtre de cette lutte, le maréchal Davout s'immortalisait par la victoire d'Auerstaedt. La résistance de l'ennemi sur ce point fut plus considérable qu'à Iéna. L'armée prussienne rassemblée à Auerstaedt était forte de soixante-dix mille combattants ; celle de Davout en comptait à peine vingt-six mille, mais elle compensa le désavantage du nombre en multipliant les prodiges. Cent quinze pièces de canon, de nombreux drapeaux, trente mille hommes tués, blessés ou pris, tels furent les sanglants trophées de la bataille d'Auerstaedt. Cette victoire, par son importance et par ses résultats, mérita d'occuper la plus grande place dans nos annales ; mais l'empereur n'admit pas sans difficulté une gloire dont la principale part revenait à l'un de ses lieutenants. Longtemps il refusa d'y ajouter foi, et dans ses célèbres bulletins il s'abstint d'en rendre compte. Deux ans plus tard, en créant Davout duc d'Auerstaedt, il s'efforça de réparer cette injustice.

Napoléon entra sans résistance à Weimar. Quelques jours après il campait à Berlin avec sa garde. Un de ses premiers soins fut de visiter le tombeau de Frédéric. Lorsqu'il fut arrivé près du monument funèbre, il enleva l'épée et les insignes de ce célèbre monarque, et s'écria : « Je les enverrai aux Invalides ; mes vieux soldats de la guerre de Hanovre accueilleront avec un respect religieux tout ce qui appartient à l'un des premiers capitaines dont l'histoire conservera le souvenir. » Dépouiller un peuple des trophées de sa gloire ou de ses monuments historiques, c'est donner un funeste exemple. Le peuple qui agit ainsi envers les autres doit se promettre de n'être jamais vaincu lui-même : et qui pourrait compter ainsi avec la fortune ?

Napoléon avait établi son quartier impérial à Potsdam; Spandau s'était rendu aux Français; le maréchal Ney bloquait Magdebourg; le maréchal Soult poursuivait l'ennemi au delà de l'Elbe; Bernadotte occupait Brandebourg, et Murat complétait par de brillants faits d'armes les avantages obtenus à Iéna. Napoléon se signala alors par un acte de clémence qui dut paraître bien étrange à l'ombre de l'implacable Frédéric. Le prince de Laatzfeld, gouverneur civil de Berlin, était connu pour avoir été l'un des plus ardents provocateurs de la guerre. Pendant qu'il venait offrir ses hommages à Napoléon victorieux, l'empereur lisait une lettre de lui qu'on avait interceptée, et qui informait en secret l'ennemi de toutes les dispositions de l'armée française. C'était violer la capitulation, et ce crime, d'après les lois militaires, mérite la mort. La princesse de Laatzfeld accourut tout en larmes se jeter aux pieds de l'empereur, et protester de l'innocence de son mari. Pour toute réponse, Napoléon lui montra la lettre du prince. La princesse la lut et tomba évanouie; quand elle rouvrit les yeux, Napoléon lui dit : « Madame, cette lettre est la seule preuve qui existe contre votre mari, jetez-la au feu. » La princesse ne se fit pas répéter l'ordre, et sauva les jours du coupable.

« Soldats, dit l'empereur à son armée, vous avez jus-
« tifié mon attente et répondu dignement à la confiance
« du peuple français. Vous avez supporté les privations
« et les fatigues avec autant de courage que vous avez
« montré d'intrépidité et de sang-froid au milieu des
« combats. Vous êtes les dignes défenseurs de ma cou-
« ronne et de la gloire d'un grand peuple; tant que vous
« serez animés de cet esprit, rien ne pourra vous ré-

« sister. La cavalerie a rivalisé avec l'infanterie et l'ar-
« tillerie...

« Une des premières puissances de l'Europe, qui osa
« naguère nous proposer une honteuse capitulation, est
« anéantie. Les forêts, les défilés de la Franconie, la
« Saale, l'Elbe, que nos pères n'eussent pas traversés
« en sept ans, nous les avons traversés en sept jours, et
« livré dans l'intervalle quatre combats et une grande
« bataille. Nous avons précédé à Potsdam et à Berlin la
« renommée de nos victoires .. Toutes les provinces de
« la monarchie prussienne jusqu'à l'Oder sont en notre
« pouvoir...

« Soldats, les Russes se vantent de venir à nous; nous
« marcherons à leur rencontre, nous leur épargnerons
« la moitié du chemin; ils retrouveront Austerlitz au
« milieu de la Prusse. Une nation qui a aussitôt oublié
« la générosité dont nous avons usé envers elle après
« cette bataille où son empereur, sa cour, les débris de
« son armée n'ont dû leur salut qu'à la capitulation que
« nous leur avons accordée, est une nation qui ne sau-
« rait lutter avec succès contre nous.

« Soldats, je ne puis mieux exprimer les sentiments
« que j'ai pour vous qu'en vous disant que je vous
« porte dans mon cœur l'amour que vous me montrez
« tous les jours. »

Ces paroles annonçaient de nouveaux efforts et de nouveaux triomphes, et l'armée française se montra digne du langage de son chef; Murat, Mortier, Davout, Lasalle et Bernadotte poursuivirent leur route victorieuse. Le maréchal Soult contribua puissamment à la prise de Lubeck, qui fut enlevé à la suite d'un combat sanglant. Le 7 novembre, ce lieutenant de Napoléon et avec lui Bernadotte complétèrent à Ratkan la destruction de l'armée prussienne. Seize mille hommes s'étaient rendus à Murat le 28 octobre; un pareil nombre de combattants, commandés par vingt généraux et formant les débris de cent soixante-dix bataillons, capitulèrent à Magdebourg, et subirent les conditions que leur dicta le maréchal Ney. La nouvelle de ce grave événement fut apportée en toute hâte à Berlin par le baron de Saint-Aignan, aide de camp du prince de Neufchâtel. Quelques heures après, Napoléon érigeait la Saxe en royaume, et frappait d'une contribution de cent soixante millions la malheureuse Prusse et ses alliés.

Il lui restait à envahir la Silésie et la Pologne prussienne ; le roi fugitif s'était retranché derrière la Vistule, et y attendait l'armée impériale de Russie ; celle-ci s'avançait lentement et comme sans se douter des malheurs du peuple qu'elle venait secourir ; Jérôme Bonaparte profita de ces retards pour se rendre maître de Glogau, capitale de la haute Silésie, et le corps d'armée de Davout entra vainqueur à Posen.

Mais déjà Napoléon avait lancé sur l'Angleterre le célèbre décret de Berlin, qui déclarait les Iles-Britanniques en état de blocus et interdisait à l'Europe tout commerce avec l'Angleterre. Ce décret remua le monde ; il renfermait en lui le germe de la déchéance de Napoléon. Pour en assurer l'exécution fidèle, il fallait sacrifier à la politique d'un seul homme les intérêts commerciaux de l'empire français et de l'Europe, et l'accomplissement d'une telle pensée était une chimère impossible à réaliser. Forcée de se soustraire à cette mesure de mort, l'Angleterre n'avait d'autre ressource que de perpétuer la guerre sur le continent, et de susciter à Napoléon un peuple ennemi partout où il se trouvait un peuple en état de combattre.

Les forces russes montaient à cent soixante mille hommes ; mais de nouveaux renforts votés par le sénat permettaient à l'armée de Napoléon de garder l'offensive. Un seul combat d'avant-garde chassa le généralissime russe Beningsen de Varsovie, et l'armée française occupa cette ville capitale de la Pologne. Là, au moins, elle trouva de puissants auxiliaires : l'amour de la patrie et le sentiment national, retrempés par de longs malheurs. Le général polonais Dombrowski, qui depuis longtemps servait dans l'armée française, avait adressé à ses compatriotes des proclamations qui les firent accourir de tous côtés. Dans un grand nombre de villes, les Polonais s'insurgèrent et désarmèrent les garnisons prussiennes. On se disait qu'à Berlin l'empereur avait laissé entrevoir, quoique d'une manière évasive, le rétablissement de la nationalité polonaise : « La France, avait-il dit aux députés du duché de Posen, n'a jamais reconnu le partage de la Pologne ; il faut que tous les Polonais s'unissent et prouvent au monde qu'un même esprit anime toute leur nation. » Ces paroles, transmises aux Polonais, avaient suffi pour faire lever dans ce pays une armée de quarante mille hommes, qui se rangea sous les drapeaux de l'empereur.

Nos soldats signalèrent leur courage aux combats de Gzarnawoo, de Golymin et de Pulstuck ; mais ces engagements furent meurtriers, et la victoire fut chèrement disputée aux Français. D'un autre côté, les boues, les neiges, les marais glacés de la Pologne ajoutaient aux difficultés de la guerre, et imposaient à notre armée de rudes fatigues et des privations inattendues. Le moral du soldat s'en ressentait péniblement. Sur ces entrefaites, l'empereur avait pris ses quartiers d'hiver ; les Russes tentèrent de le surprendre. Un moment déconcertée, l'armée française sut néanmoins faire face à l'ennemi.

Le 8 février 1807, elle soutint le choc de l'armée russe sous les murs de Preussich-Eylau ; ce fut une journée sanglante et qui donna à l'Angleterre l'espérance de voir un jour la victoire infidèle à Napoléon. On combattait sur un vaste champ de bataille formé de marais boueux et de ravins couverts de neige. Les Russes occupaient des positions inabordables et défendues par l'artillerie autant que par les difficultés du terrain; mais l'armée française, jetée à quatre cents lieues de Paris et séparée du Rhin par des contrées ennemies, était placée dans la nécessité de vaincre ou de perdre en une seule journée le fruit de cinq mois de victoires. On se battit de part et d'autre avec une fureur désespérée; trois cents bouches à feu, de chaque côté, vomirent la mort pendant douze heures : les maréchaux Davout, Soult, Ney et Augereau soutinrent les efforts de l'ennemi, mais ne réussirent point à gagner du terrain; le 24e régiment de ligne, commandé par Sémélé, fut anéanti; Augereau tomba blessé d'une balle; d'Hautpoul périt en chargeant à la tête des cuirassiers; et pour comble de misère, une neige épaisse, tombant sur les deux armées, les força de combattre et de s'égorger au hasard. Il se fit, tant que dura le jour, un affreux carnage; mais la nuit suspendit la mêlée. Napoléon assembla ses généraux et tint conseil; on résolut d'abandonner le lendemain le champ de bataille; mais, lorsque le jour fut venu, il se trouva que les Russes eux-mêmes avaient battu en retraite, laissant sur le terrain leurs blessés et leurs morts : c'est ainsi que l'affaire d'Eylau fut inscrite au nombre de nos victoires; mais personne ne s'y trompa, et lorsque la nouvelle de cet affreux massacre parvint à Paris, tous les cœurs furent glacés de tristesse, et l'on commença à maudire la guerre. Napoléon parcourut le champ de bataille, et fit porter des secours aux blessés des deux nations; mais le nombre de ces malheureux était si grand, que deux jours après le combat beaucoup attendaient encore leur tour et poussaient, abandonnés sur la neige, de lamentables gémissements. L'armée française, hors d'état de poursuivre l'ennemi, et paralysée par la saison, reprit ses cantonnements d'hiver : le quartier impérial fut porté d'Eylau à Osterode. L'armée s'appuyait sur la Vistule et sur Varsovie : son repos fut d'ailleurs de courte durée, et signalé par des combats glorieux chaque fois que l'ennemi osa la menacer. Une diversion utile à la France, et qui fut ménagée par les envoyés de Napoléon, fut la double guerre que déclarèrent alors à la Russie les deux empires de Turquie et de Perse. L'honneur de cette diversion appartint surtout au général Sébastiani, compatriote de l'empereur.

Cependant le retour d'une température moins contraire avait permis à l'empereur de reprendre ses opérations. Pendant que la capitulation de Dantzick complétait l'abaissement de la monarchie prussienne, l'armée russe commençait un mouvement offensif et préludait à ses attaques par les combats de Spanden, de Vormditlen, de Wolfsdorff et de Glottau. Sur tous ces points elle fut repoussée avec perte. Sur ces entrefaites, Mortier envahissait la Poméranie. Cependant, le 10 juin, l'armée française se dirigea sur Heilsberg, et enleva les divers camps de l'ennemi sur tous les points. L'armée russe opposa une résistance meurtrière et nous tua beaucoup de monde : le lendemain on s'attendait à un engagement plus sérieux encore; mais l'ennemi abandonna les positions qu'il avait fortifiées depuis quatre mois. Le 12 au matin, les Français entrèrent à Heilsberg, et les divers corps de l'armée se mirent en marche dans différentes directions pour déborder l'ennemi et lui couper la retraite sur Kœnigsberg. Le 13, Murat se porta sur cette ville avec sa cavalerie; les maréchaux Soult, Lannes, Mortier et Ney, manœuvrèrent dans le même sens, et tous ensemble, dociles aux ordres de l'empereur, se concentrèrent vers Friedland. Le 14, l'armée russe, reprenant l'offensive, déboucha hardiment sur le pont de cette ville, et le canon retentit dès trois heures du matin : « C'est un jour de bonheur, dit Napoléon, c'est « l'anniversaire de Marengo ! »

Différentes actions eurent lieu. L'ennemi fut contenu et ne put dépasser le village de Posthenem. Il réussit cependant à déployer toute son armée. Sa gauche s'appuyait sur Friedland, et sa droite se déployait jusqu'à une lieue et demie de cette ville. L'empereur, après avoir reconnu la position, ordonna au maréchal Ney de se rendre maître de Friedland par une brusque attaque. L'intrépide lieutenant de Napoléon exécuta ce mouvement avec ardeur : la division Dupont, l'un des corps placés sous ses ordres, marcha sur la garde impériale russe, la culbuta et en fit un affreux carnage. L'ennemi épuisa ses réserves pour défendre la ville, mais elle fut emportée et jonchée de cadavres. Lannes, qui commandait le centre, et Mortier, qui couvrait la droite, se montrèrent dignes de leur passé et de leur chef. A onze heures du soir on se battait encore ; enfin l'armée russe, vaincue sur tous les points, abandonna un champ de bataille couvert de morts. En dix jours elle avait eu soixante mille hommes tués, blessés ou faits prisonniers : elle avait perdu son artillerie et ses magasins sur une ligne de quarante lieues ; la campagne était terminée et la paix conquise. « Soldats, dit l'empereur à ses compagnons « d'armes, l'ennemi s'est aperçu trop tard que notre « repos était celui du lion. Des bords de la Vistule « nous sommes arrivés sur ceux du Niemen avec la « rapidité de l'aigle. Vous célébrâtes à Austerlitz l'an- « niversaire du couronnement ; vous avez cette année « dignement célébré celui de la bataille de Marengo... « Vous avez été dignes de vous et de moi ; vous rentre- « rez en France couverts de vos lauriers, et après avoir « obtenu une paix glorieuse. »

L'armée française avait atteint les frontières de la Russie ; Kœnigsberg était tombé en son pouvoir ; partout l'ennemi découragé fuyait et jetait les armes. Il était temps de suspendre sa marche. La paix fut conclue à Tilsitt, entre l'empereur du Nord et l'empereur du Midi. Le 25 juin, ces deux puissants souverains eurent une entrevue sur un large radeau établi sur le Niemen, et, après s'être solennellement embrassés, posèrent les bases de la pacification de l'Europe. Napoléon dicta les articles du traité : la victoire lui en donnait le droit. Il consentit à rendre au roi de Prusse une grande partie de ses États; mais ce monarque dut reconnaître la Confédération du Rhin et céder au vainqueur tous les domaines de la Prusse situés entre le Rhin et l'Elbe; il lui fallut en outre donner Dantzick à la France, et renoncer à toute souveraineté sur les provinces polonaises attachées à la Prusse depuis le trop célèbre démembrement de 1793; les portions allemandes enlevées à son royaume composèrent un royaume de Westphalie, qui fut donné à Jérôme Bonaparte, le plus jeune des frères de Napoléon; les autres, jointes à ce qui restait de la vieille Pologne, formèrent un État souverain qui prit le nom de grand-duché de Varsovie, et fut placé sous la puissance du nouveau roi de Saxe : la Hollande reçut des agrandissements, et tous les princes que Napoléon avait élevés au trône furent reconnus pour légitimes. Ce traité, connu sous le nom de paix de Tilsitt, porte la date du 12 juillet. Quelque avantageux qu'il parût pour la fortune de Napoléon, des esprits sérieux y ont vu l'occasion d'adresser à sa politique des reproches mérités. Il ne s'agit point d'accuser l'empereur de ses manques de procédés envers la reine de Prusse; les intérêts des États doivent être pesés dans une balance moins sentimentale, et nous croyons cependant que Napoléon se serait montré par trop chevaleresque en négligeant pour la belle Louise-Wilhelmine de Prusse les graves intérêts du peuple français. Sa faute fut d'humilier la Prusse, de l'outrager, et cependant de la laisser encore assez forte pour lui susciter plus tard de redoutables embarras. Il fallait ou lui pardonner, ce qui eût été peut-être bien généreux, ou la rayer de la carte en saisissant cette occasion de mettre pour longtemps l'Autriche et l'Allemagne dans ses intérêts; par-dessus tout, puisqu'il le pouvait, puisqu'il était le maître, il fallait faire revivre la Pologne, la reconstituer sur ses grandes bases, au lieu de se contenter de la création d'un grand-duché de Varsovie, sorte de résurrection avortée qui ne satisfit point la Pologne et ne rassura guère les puissances copartageantes.

Quoi qu'il en soit, le 27 juillet 1807, soixante coups de canon annonçaient à la capitale de la France que l'empereur était de retour. Quelques jours plus tard, au bruit des acclamations des peuples et du désespoir de l'Angleterre, il ouvrait la session législative et parlait en ces termes aux députés de l'empire : « De nouvelles « guerres, de nouveaux triomphes, de nouveaux traités « de paix ont changé la face de l'Europe politique... « Dans tout ce que j'ai fait, j'ai eu uniquement en vue « le bonheur de mes peuples, plus cher à mes yeux que « ma propre gloire.... Français! je me suis senti fier « d'être le premier parmi vous... Vous êtes un bon et « grand peuple!.. »

De nouveaux changements furent introduits dans les institutions. Le tribunat, quoique sans puissance, subsistait encore; ce n'était qu'une ombre de représentation populaire, ce n'était qu'un mot; mais au-dessous de cette ombre et de ce mot il y avait un précipice que l'empereur jugea dangereux et dont il voulut avoir raison en supprimant le tribunat lui-même. On effaça des actes officiels, et l'on cessa d'inscrire sur la monnaie ce nom de *république* qui durait encore : c'était mettre fin à une formule ironique qui ne trompait personne. On promulgua le code de commerce, et la cour des comptes fut créée pour juger en matière de finances et apurer les opérations des receveurs, payeurs, comptables de toute espèce en matière de dépense ou de perception. Une loi fut rendue qui prononçait l'extinction de la mendicité; mais ce n'était là qu'un rêve non moins irréalisable que celui de Henri IV. Un sénatus-consulte du 1er mars 1808 rétablit la noblesse en France, et l'on vit reparaître les titres de barons et de chevaliers : déjà, comme nous l'avons vu plus haut, l'empereur avait préludé à cette mesure par l'institution des grands fiefs héréditaires. Les Jacobins s'empressèrent de solliciter des titres et des armoiries, et l'empereur, en les anoblissant, leur infligea un châtiment de plus. Ces hommes de sang avaient été cruels et impitoyables sous la terreur; on les vit lâches et souples devant la vanité. Triste expérience qui ne servit guère au plus oublieux des peuples.

CHAPITRE V

AFFAIRES RELIGIEUSES. — GUERRES D'ESPAGNE ET D'AUTRICHE.

Les différends qui, pendant le règne de Napoléon, s'élevèrent trop souvent entre l'empereur et le saint-siége, ont laissé de douloureux souvenirs que nous aurions voulu ne point exhumer. Mais l'histoire ne saurait être dépouillée de ses droits et exonérée de ses devoirs. D'un autre côté, si nous mentionnons avec regret et tristesse les entreprises de Napoléon Ier contre la souveraineté temporelle du pape et l'indépendance de l'Église, nous éprouvons un sentiment de reconnaissance et d'orgueil en opposant à ces précédents historiques les actes glorieux et consolants dont la génération actuelle a été témoin. Plus heureuse que la France impériale de 1808, la France contemporaine a vu l'héritier de l'empereur rendre la liberté à Rome et le trône au souverain pontife. Si Napoléon Ier a affligé les catholiques en exilant un pape, Napoléon III, alors même qu'il n'était que le chef d'une république et qu'il avait à braver deux révolutions, a envoyé en Italie une armée française avec la sublime mission de délivrer Rome et de restituer au vicaire de Jésus-Christ les domaines concédés par Pepin et Charlemagne. Courageuse politique qui a concilié au souverain actuel de la France l'estime du monde civilisé et les sympathies du peuple chrétien. La France actuelle s'est montrée digne de son histoire et de ses traditions : l'héritier de l'empereur a par ses propres actes répudié l'erreur dans laquelle le chef de sa race s'était laissé entraîner dans l'exaltation de la puissance et la fascination du commandement souverain.

Vers la fin de l'année 1804, et lorsque Pie VII eut sacré Napoléon, il crut devoir réclamer au nom de l'Église des réparations et des immunités auxquelles, après tant de concessions arrachées par la force, le saint-siége lui semblait avoir droit de prétendre. Il adressa à l'empereur un mémoire qui contenait un exposé de ses demandes, et qui renfermait également des représentations sur le dangereux esprit qui avait présidé à la confection des différentes lois civiles, particulièrement de celles qui autorisaient le divorce ou qui étaient en opposition avec les lois ecclésiastiques ; d'autres réclamations portaient sur la nécessité de restituer les provinces enlevées au patrimoine de Saint-Pierre, et dont le pape, n'étant, comme il le disait lui-même, que le tuteur et l'administrateur, ne pouvait pas consacrer la spoliation. Ce mémoire du souverain pontife se terminait ainsi :

« Plaise au Ciel que, pour votre gloire et notre conso-
« lation complète, on puisse écrire de vous ce que nous
« trouvons écrit dans les monuments de l'Église, d'un
« de nos prédécesseurs, Étienne IV, et de Louis le
« Pieux, fils de Charlemagne, qui avait reçu de lui la
« couronne impériale !

« Le Seigneur daignait accorder à ce pontife tant de
« protection, qu'il obtint tout ce qu'il demanda à ce

« prince, au point que ce pieux monarque, dans son
« amour pour Étienne IV, entre autres dons qu'il lui
« offrit, fit présent à l'apôtre saint Pierre d'un manoir
« (*curtem*) provenant de ses propres biens, situé sur la
« frontière des Gaules, et commanda de constater par
« un acte authentique cette donation perpétuelle. »

L'empereur répondit aux demandes du pape par un mémoire respectueux dans la forme, mais qui exprimait sur le fond de la question un refus péremptoire, motivé sur la situation que les grands événements opérés depuis dix ans avaient faite à l'Église et à la France. Voici quelques passages de ce mémoire.

« L'empereur a toujours pensé qu'il était utile à la re-
« ligion que le souverain pontife de Rome fût respecté,
« non-seulement comme chef de l'Église catholique, mais
« encore comme souverain indépendant. Dans tous les
« temps l'empereur regardera comme un devoir de ga-
« rantir les États du saint-père, et de lui procurer, dans
« les guerres qui pourront encore à l'avenir diviser les
« États chrétiens, une tranquillité entière et assurée.
« Le siècle qui vient de finir et celui qui l'a précédé ont
« été funestes à la puissance temporelle du saint-siége;
« la puissance spirituelle a reçu encore de plus fâcheuses
« atteintes. Dieu a permis qu'un grand nombre de peu-
« ples osât avec succès rompre les liens de l'obéissance,
« et parmi ceux qui n'ont pas été séparés, plusieurs ont
« écouté avidement les maximes qui tendaient à détruire
« tout sentiment de religion et à ébranler même les prin-
« cipes de la morale humaine. Le désordre allait crois-
« sant, et tous les genres de mécréance étaient en hon-
« neur, lorsque Dieu, pour accomplir ses desseins, a
« suscité l'empereur. Il a d'abord, par le crédit de son
« exemple, arrêté le torrent des opinions dominantes;
« il a fait éclater hautement sa reconnaissance envers
« *Dieu, l'auteur de ses victoires*, et à peine a-t-il été

« investi du suprême pouvoir, qu'il a ouvert les temples,
« relevé les autels ; par ses soins, trente millions de
« catholiques sont revenus à l'obéissance envers le chef
« visible de l'Église de Jésus-Christ. »

L'empereur rendait ensuite grâces à Dieu d'avoir été choisi pour opérer un tel bien : il était loin de croire qu'il ne restât rien à faire pour guérir les plaies de l'Église ; mais il déclarait qu'il n'était plus en son pouvoir de détacher de son empire la ville et le territoire d'Avignon et les nouvelles provinces réunies au royaume d'Italie ; ce qui était vrai pour le département de Vaucluse, dont la restitution au saint-siége ne se fût point peut-être accomplie sans une révolution nouvelle, ne l'était pas pour les faibles districts italiens justement revendiqués par le pape, et dont la concession n'eût amené aucune résistance sérieuse. Quoi qu'il en soit, l'empereur voulut rédiger lui-même l'un des passages qui terminent le mémoire, et voici ce que M. de Talleyrand écrivit sous la dictée de Napoléon :

« Si Dieu nous accorde la durée de la vie commune
« des hommes, nous espérons trouver des circonstances
« où il nous sera permis de consolider et d'étendre le
« domaine du saint-père, et déjà aujourd'hui nous pou-
« vons et voulons lui prêter une main secourable, l'aider
« à sortir du chaos et des embarras où l'ont entraîné les
« crises de la guerre passée, et par là donner au monde
« une preuve de notre vénération pour le saint-père,
« de notre protection pour la capitale de la chrétienté,
« et enfin du désir constant qui nous anime de voir *notre*
« *religion* ne le céder à aucune autre pour la pompe de
« ses cérémonies, l'éclat de ses temples et tout ce qui
« peut imposer aux nations ; nous avons chargé le car-
« dinal grand-aumônier, notre oncle, d'expliquer au
« saint-père nos intentions et ce que nous voulons
« faire. »

L'empereur convoitait la domination exclusive de l'Italie et la souveraineté de Rome, et voulait amener le pape à reconnaître en lui un seigneur suzerain à qui Charlemagne aurait transmis sur les États de Saint-Pierre les droits des anciens exarques de Ravenne. Dans son rêve de monarchie universelle, il songeait à faire de Paris une capitale du monde, siége des deux grandes souverainetés, temporelle et spirituelle, et qui fût devenue la résidence du chef politique des hommes et du vicaire de Jésus-Christ, réduit dès lors, au point de vue de la puissance séculière, à n'être qu'un grand évêque, pasteur des âmes. On assure que dans les premiers jours de l'année 1805, il ne craignit pas de faire pressentir le pape sur ce qu'il penserait d'un projet qui assignerait de nouveau aux souverains pontifes la ville d'Avignon pour résidence, et leur attribuerait en outre à Paris un palais papal et un quartier privilégié. Pie VII lui fit répondre : « On a répandu qu'on pourrait nous retenir en France ; « eh bien ! qu'on nous enlève la liberté, tout est prévu. « Avant de partir de Rome, nous avons signé une abdi- « cation régulière, valable, si nous sommes jeté en « prison ; l'acte est hors de la portée du pouvoir des « Français : le cardinal Pignatelli en est dépositaire à « Palerme ; et quand on aura signifié les projets qu'on « médite, il ne vous restera plus entre les mains qu'un « moine misérable qui s'appellera Barnabé Chiara- « monti. » Le soir même, les ordres de départ furent mis sous les yeux de l'empereur.

En 1805, le retour de Pie VII dans ses États fut de nouveau signalé, en France, par les hommages des populations avides de saluer le vicaire de Jésus-Christ. Voici dans quels termes le saint-père raconta lui-même un incident de ce voyage : « A Châlon-sur-Saône, nous « allions sortir d'une maison que nous avions habitée « pendant quelques jours ; nous partions pour Lyon. Il

« nous fut impossible de traverser la foule : plus de
« deux mille femmes, enfants, vieillards, garçons, nous
« séparaient de la voiture, qu'on n'avait jamais pu faire
« avancer. Deux *dragons* (gendarmes à cheval) chargés
« de nous escorter nous conduisirent à pied jusqu'à
« notre voiture, en nous faisant marcher entre leurs
« chevaux bien serrés. Les dragons paraissaient se féli-
« citer de leur manœuvre et fiers d'avoir plus d'invention
« que le peuple. Arrivé à la voiture, à moitié étouffé,
« nous allions nous y élancer avec le plus d'adresse et
« de dextérité possible, car c'était une bataille où il
« fallait employer la malice, lorsqu'une jeune fille, qui
« à elle seule eut plus d'esprit que les dragons, se glissa
« sous les jambes des chevaux, saisit notre pied pour le
« baiser, et ne voulait pas le rendre, parce qu'elle avait
« à le passer à sa mère, qui arrivait par le même chemin.
« Prêt à perdre l'équilibre, nous appuyâmes nos deux
« mains sur un des dragons, celui dont la figure n'était
« pas la plus sainte, en le priant de nous soutenir. Nous
« lui disions : « *Signor dragone*, ayez pitié de nous. »
« Voilà que le bon soldat (fions-nous donc à la mine),
« au lieu de prendre part à notre peine, s'empara à son
« tour de nos mains pour les baiser à plusieurs reprises.
« Ainsi entre la jeune fille et le soldat nous fûmes
« comme suspendu... »

Un premier dissentiment ne tarda pas à s'élever entre l'empereur et le souverain pontife.

Le prince Jérôme Bonaparte avait épousé, en 1803, c'est-à-dire à l'âge de dix-neuf ans, et contre le gré de Napoléon, Mlle Patterson, fille d'un négociant américain. Ce mariage avait reçu la sanction religieuse ; Napoléon entreprit de le faire casser, alléguant qu'il avait été contracté sans le consentement des parents et avec une protestante. L'indissolubilité du mariage est un dogme de l'Église, et Pie VII, nonobstant son désir sincère de ménager l'empereur, ne pouvait *séparer ce que Dieu avait uni.* Son refus blessa l'empereur, qui d'ailleurs passa outre et fit casser le mariage de son frère par application de la loi civile, qui admettait alors le divorce. Napoléon manifesta ensuite son ressentiment en soumettant le clergé du royaume d'Italie à des règlements que le pouvoir séculier ne peut établir sans l'approbation du saint-siége. Cette agression en faisait prévoir d'autres ; toutefois elle ne donna lieu de la part du pape qu'à une protestation à laquelle l'empereur répondit sans se mettre beaucoup en peine du droit. Sa lettre contenait, d'ailleurs, l'expression de sentiments pieux et le tableau des faveurs et des immunités qu'il avait accordées au clergé du royaume d'Italie, particulièrement au diocèse de Milan et de Brescia ; enfin il consentait à ce que les innovations qu'il avait introduites fussent discutées dans les formes régulières.

C'était alors la période militaire d'Austerlitz ; l'empereur, pour assurer ses opérations au midi, fit occuper par ses troupes la ville d'Ancône. Le pape protesta contre cette invasion à main armée ; mais quand sa lettre arriva à l'empereur, le 23 novembre 1805, Napoléon préparait, par ses étonnantes conceptions militaires, la glorieuse paix de Presbourg. Le 26 décembre, dans l'exaltation de ses victoires, il écrivit au pape une lettre fort dure, qui débutait par des conseils empreints de la logique de la force. « Je me suis considéré, disait-il ensuite, comme
« le protecteur du saint-siége, et à ce titre j'ai occupé
« Ancône. Je me suis considéré, *ainsi que mes prédé-*
« *cesseurs de la deuxième et troisième race,* comme fils
« aîné de l'Église, comme ayant seul l'épée pour la
« protéger et la mettre à l'abri d'être souillée par les
« Grecs et les musulmans. Je protégerai constamment
« le saint-siége, malgré les fausses démarches, l'in-
« gratitude et les mauvaises dispositions des hommes

« qui se sont démasqués pendant ces trois mois. Ils me
« croyaient perdu : Dieu a fait éclater, par les succès
« dont il a favorisé mes armes, la protection qu'il a
« accordée à ma cause. Je serai l'ami de Votre Sainteté
« toutes les fois qu'elle ne consultera que son cœur et
« les vrais amis de la religion. Je le répète, si Votre
« Sainteté veut renvoyer mon ministre, elle est libre
« d'accueillir de préférence et les Anglais et le calife de
« Constantinople, etc. »

Le pape se hâta de protester contre de si dures paroles, mais sa lettre ne fit qu'ajouter à l'irritation de l'empereur. Dans une nouvelle missive, Napoléon développa ses desseins à l'égard du souverain pontife : « Toute
« l'Italie, mandait-il, sera soumise à ma loi. Je ne
« toucherai en rien à l'indépendance du saint-siège...
« Mais nos conditions doivent être que Votre Sainteté
« aura pour moi, dans le temporel, les mêmes égards
« que je lui porte pour le spirituel... *Votre Sainteté est*
« *souveraine de Rome, mais j'en suis l'empereur;* tous
« mes ennemis doivent être les siens. Il n'est donc pas
« convenable qu'aucun agent du roi de Sardaigne,
« aucun Anglais, Russe ni Suédois, réside à Rome ou
« dans vos États, ni qu'aucun bâtiment appartenant à
« ces puissances entre dans vos ports... »

Pie VII ne pouvait admettre la suzeraineté d'une puissance étrangère sans cesser d'être le représentant des droits de la papauté; il refusa donc d'abdiquer la souveraineté temporelle et de chasser de Rome les ambassadeurs des ennemis de la France; aussi écrivit-il à l'empereur : « Nous, vicaire de ce Verbe éternel, qui n'est
« pas le Dieu de la dissension, mais le Dieu de la con-
« corde, qui est venu au monde pour en chasser les ini-
« mitiés et pour évangéliser la paix, tant à ceux qui sont
« éloignés qu'à ceux qui sont voisins (paroles de l'Apôtre),
« en quelle manière pouvons-nous dévier de l'enseigne-

« ment de notre divin instituteur? Comment contredire
« la mission à laquelle nous avons été destiné ! » Plus
loin le pape ajoutait : « Sire, levons le voile ! Vous dites
« que vous ne toucherez pas à l'indépendance de l'É-
« glise; vous dites que nous sommes le souverain de
« Rome; vous dites dans le même moment que toute
« l'Italie sera soumise à votre loi... Mais si vous enten-
« dez que Rome, comme faisant partie de l'Italie, soit
« sous votre loi, le domaine temporel de l'Église sera
« réduit à une condition absolument *lige* et *servile*, la
« souveraineté et l'indépendance du saint-siége seront
« détruites. Et pouvons-nous nous taire? Pouvons-nous,
« par un silence qui nous rendrait coupable de préva-
« rication dans notre office devant Dieu, nous accable-
« rait d'opprobre devant toute la postérité, dissimuler
« l'annonce de mesures de cette nature? »

Les difficultés s'aggravèrent. On a vu plus haut que l'empereur, dans sa lutte à mort contre l'Angleterre, avait eu recours à un moyen extrême, celui de mettre la Grande-Bretagne au ban des nations, et d'interdire à l'Europe tout commerce avec cette implacable ennemie de la France. Le droit de la guerre admet le blocus d'un peuple, c'est-à-dire l'interdiction proclamée par l'une des parties belligérantes et notifiée à toutes les nations neutres, d'échanger des produits et des marchandises avec la contrée maritime soumise au blocus. C'est une question de force, et aucun pays plus que l'Angleterre n'a abusé de cet étrange privilége, qui porte nécessairement le plus grand préjudice aux intérêts des peuples désireux de maintenir leur neutralité.

Pour la première fois dans l'histoire, Napoléon, au lieu d'appliquer le blocus à un certain nombre de ports ou à une étendue limitée de côtes, y soumettait toute une contrée, et quelle contrée ! celle qui vit par le commerce et fait vivre par la même voie la plupart des peuples maritimes. La nécessité de la guerre le contraignait à cette mesure inouïe, sans laquelle l'empire allait succomber; il fallait à tout prix que l'Angleterre ne pût trouver un seul port, une seule rade où débarquer ses marchandises : quiconque en Europe ne s'associerait pas à ce système, le ferait crouler par la base, et se montrerait l'ennemi ouvert et déclaré de Napoléon. Telle était la logique de la guerre, et l'Europe continentale se résigna à s'y soumettre pour quelques années.

Le pape ne crut pas devoir s'associer à la pensée de Napoléon : souverain temporel de Rome, il fut convaincu que les intérêts de ses peuples seraient compromis par le système continental décrété à Berlin, et il se hâta de protester, et ses réclamations éveillèrent les sympathies de l'Angleterre et des ennemis de l'empereur.

Le prince Eugène, vice-roi d'Italie, fut chargé de lui écrire à cette occasion, et s'acquitta de cette tâche avec déférence. La vice-reine d'Italie ayant mis au monde une princesse, le pape adressa des félicitations à l'empereur. Napoléon y fut peu sensible, et le 22 juillet 1807 il écrivit au vice-roi : « ... Que veut faire Pie VII en me
« dénonçant à la chrétienté ? mettre mon trône en in-
« terdit, m'excommunier ? Pense-t-il alors que les
« armes tomberont des mains de mes soldats ?... Peut-
« être le temps n'est-il pas loin, si l'on veut continuer
« à troubler les affaires de mes États, où je ne recon-
« naîtrai le pape que comme évêque de Rome, comme
« égal et au même rang que les évêques de mes États.
« Je ne craindrai pas de réunir les Églises gallicane,
« italienne, allemande, polonaise, dans un concile, *pour*
« *faire mes affaires sans pape*... Je n'autorise plus qu'une
« seule lettre de vous à Sa Sainteté, pour lui faire con-
« naître que je ne puis consentir à ce que les évêques
« italiens aillent chercher leur institution à Rome. »

L'année suivante, l'empereur prescrivit à ses troupes

d'occuper Rome, et ses ordres furent exécutés le 2 février 1808. Le pape signifia aux autorités françaises que, tant que Rome serait ainsi militairement envahie, il se considèrerait comme prisonnier et ne prendrait part à aucune négociation : dès lors il cessa ses promenades et ne sortit point du palais de Monte-Cavallo. Mais les épreuves se succédaient ; un piquet de soldats français enleva le gouverneur de Rome, monsignor Cavalchini : les provinces d'Urbin, d'Ancône, de Macerata et de Camerino, furent réunies au royaume d'Italie; le pro-secrétaire d'État Gabrielli, ayant protesté, fut arrêté, et monsignor Barbari, fiscal général, eut le même sort : et bientôt après on exila le secrétaire général de la *consulte*.

Le 11 juillet 1808, le pape assembla les cardinaux en consistoire, et dans la célèbre allocution *Nova vulnera* il leur rendit compte de ses souffrances et des périls auxquels Rome était exposée. Il ajoutait que dans tous les cas, le successeur de saint Pierre saurait répondre aux nécessités de la situation, et il cita cette parole du Psalmiste : *Dieu est dans le circuit de son peuple depuis cet instant jusqu'au siècle.* Mais les nécessités de cette histoire nous font un devoir de revenir en arrière et de mentionner les événements qui suivirent la paix de Tilsitt.

On a vu que le continent avait fléchi sous la main de Napoléon. A l'exception de l'Angleterre et de Gustave VI, roi de Suède, prince opiniâtre et sans intelligence dans ses haines, tous les rois s'étaient inclinés sous la puissance de ce conquérant. L'empereur Alexandre lui-même était rejeté sur l'Asie, et Londres, mis au ban de l'Europe, demeurait vide d'ambassadeurs. Paris, enflé de la gloire de son maître, devint à son tour le rendez-vous des souverains, des princes, des ministres et des illustrations des contrées les plus lointaines. Napoléon, par de fréquentes alliances nuptiales, mêlait le sang de sa famille à celui des vieilles maisons régnantes. L'épée du grand Frédéric, arrachée à la tombe de Potsdam, était apportée à Paris en même temps que l'épée de François Ier, restituée par l'Espagne. Le lion de Saint-Marc, les chevaux de Corinthe, les dépouilles opimes de toutes les capitales et de toutes les nations chargeaient nos monuments et décoraient nos musées. Des travaux gigantesques étaient exécutés en France et en Italie; de nouveaux codes étaient promulgués; les îles Ioniennes, la république de Raguse, le grand-duché de Berg, la Toscane étaient réunis au grand empire.

Cependant le maréchal Brune continuait les opérations qui avaient été commencées contre le roi de Suède, chassait ce prince de Stralsund, et soumettait au joug de la France tout le littoral de la mer Baltique; l'Angleterre, de son côté, épuisait ses efforts contre la puissance de Napoléon, mais ses armes avaient moins de succès que sa politique. Une de ses flottes tenta contre les Dardanelles un coup de main que l'ambassadeur Sébastiani fit échouer. Une de ses armées s'éteignit sans secours en Égypte; elle envoya devant Buenos-Ayres un corps de dix mille hommes, qui ne réussit qu'à subir une honteuse capitulation, à perdre Montevideo et toute la côte de Rio-de-la-Plata. Elle fut plus heureuse du côté du Danemark : comme elle exigeait de ce royaume une alliance défensive et offensive, et réclamait pour première garantie la remise de la flotte danoise, elle entreprit de vaincre la résistance du prince royal, et jeta douze mille hommes dans la forteresse de Frederickoberg aux portes de Copenhague. Le 18 août 1807, elle signifia au gouverneur de cette capitale que, si ses propositions n'étaient point acceptées, elle subirait les horreurs d'un siége, et le 2 septembre, à sept heures du soir, Copenhague, persistant dans son refus, fut bombardé par les Anglais; trois cents maisons furent réduites en cendres. Cet attentat, commis contre la foi des nations, livra à l'Angleterre la flotte danoise ; mais le roi de Danemark se plaça sous la protection de Napoléon et adhéra au système continental. Une autre expédition ne tarda pas à troubler la paix du midi. Le Portugal, que sa position topographique avait presque rendu étranger au mouvement du reste de l'Europe, conservait encore ses anciennes liaisons avec l'Angleterre, et contrariait le système continental; un décret de Napoléon, inséré au *Moniteur,* annonça à l'empire que la maison de Bragance avait cessé de régner. Pour exécuter la sentence rendue par Napoléon, une armée de vingt-sept mille hommes traversa le territoire espagnol et envahit le Portugal jusqu'à Lisbonne. Elle était à vingt lieues de cette capitale, que le prince régent et le gouvernement portugais ignoraient encore son approche. A la lecture du *Moniteur* qui prononçait la déchéance de sa famille, et à la nouvelle de la marche des Français, le prince Jean s'embarqua précipitamment pour le Brésil, et défendit à ses généraux et à son peuple une résistance inutile. Cette conquête du Portugal, qui valut plus tard à Junot le titre de duc d'Abrantès, fut l'affaire de quelques semaines. Nous ne tarderons pas à la voir échapper en moins de temps encore aux aigles de Napoléon. Mais des événements d'un ordre plus grave allaient se passer dans la péninsule.

L'Espagne était gouvernée par Manuel Godoï. Cet homme, de basse extraction, était parvenu, grâce à l'intrigue et à la faveur de la reine, aux plus hautes dignités du royaume : habile, souple en même temps que dévoré d'une ambition sans limites, il tenait sous sa dépendance le vieux roi Charles IV et la reine Louise : partisan des idées philosophiques, il avait attiré sur lui le mépris du clergé et les malédictions du peuple. Les mécontents se ralliaient autour du prince des Asturies, jeune, violent, faible et dissimulé. La confusion et l'anarchie régnaient dans le gouvernement par suite des querelles sans cesse renaissantes au sein de la famille royale. Pour se soutenir contre ses ennemis, Godoï, qu'on appelait aussi le prince de la Paix, mendiait des appuis au dehors et vendait les intérêts et la gloire de l'Espagne tantôt à la France, tantôt à l'Angleterre, selon que la victoire paraissait favoriser l'une de ces puissances. Le vieux Charles IV, quoique du sang des Bourbons, était d'ailleurs l'allié le plus fidèle que l'empereur pût compter en Europe; la marine espagnole avait été détruite pour nous à Trafalgar, et des armées pleines de dévouement et d'enthousiasme avaient quitté les beaux climats de Grenade et de Cordoue pour aller combattre et mourir sans murmure dans les marais glacés de la Pologne et sous les drapeaux de Napoléon. Si la politique eût prudemment conseillé l'empereur, il eût cultivé avec soin l'amitié de l'Espagne, et se fût contenté de se servir de cette contrée comme d'un arsenal : son ambition en ordonna autrement. Il ne vit en Espagne qu'une couronne de plus à prendre et un peuple de plus à ranger au nombre de ses vassaux. Aussi ne songea-t-il qu'à susciter des querelles au sein du pays, et à profiter des fautes de tous les partis. Le 19 février 1808, à la suite d'un mouvement insurrectionnel, le prince des Asturies contraignit son père d'abdiquer en sa faveur; Godoï, menacé par l'émeute, eut un œil crevé et faillit perdre la vie; mais Murat marchait sur Madrid. La trahison avait fait tomber au pouvoir des Français les citadelles de Pampelune, de Barcelone, de Figuières et de Saint-Sébastien. A peine le beau-frère de Napoléon fut-il entré dans Madrid, que Charles IV protesta en secret contre l'abdication qui lui avait été arrachée par la force. Le général français proposa au père et au fils, armés l'un contre l'autre, de s'en rapporter à l'arbitrage de Napoléon, et les deux princes consentirent à se rendre à

Bayonne. L'empereur, qui avait prévu le succès de ses actives démarches, se trouvait dans cette ville depuis le 15 avril. La famille royale d'Espagne y étant arrivée successivement, le prince des Asturies se présenta sous le titre de Ferdinand VII, que Napoléon refusa de lui reconnaître; sa politique lui faisait un devoir de ne point sanctionner le succès d'une révolte. L'empereur eut avec le roi et son fils de nombreuses conférences, pendant lesquelles il réussit à capter leur confiance; le résultat de ces entretiens fut de déterminer Ferdinand à renoncer à la couronne en faveur de son père, et ce dernier, à céder à Napoléon tous ses droits sur l'Espagne et sur les deux Amériques. Ce fut là le triomphe de la force aux prises avec la peur. Dès que l'empereur se vit nanti des deux abdications, il ne voulut point tenir compte des droits de l'Espagne et de la confiance des descendants du duc d'Anjou, et il donna, en toute souveraineté, le royaume espagnol et ses colonies à l'un de ses frères, le prince Joseph, déjà roi de Naples. Le vieux roi Charles IV fut envoyé à Compiègne; son fils, que l'Espagne appelait Ferdinand VII, fut conduit au château de Valençay, et ces deux résidences leur servirent à l'un et à l'autre de prisons.

Une junte d'Espagnols voués à la fortune et à la politique de Napoléon se réunit à Bayonne et acclama, pour la forme, au nom de l'Espagne, le roi Joseph. Il fallait pourvoir à la vacance du trône de Naples. L'empereur éleva à ce poste son beau-frère, le prince Murat, qui prit le nom de Joachim Ier, roi des Deux-Siciles (1808).

Or le peuple d'Espagne, ce grand peuple qui a chassé les Maures et qui porte dans son cœur les plus nobles sentiments de la vieille chevalerie, ne pouvait se résigner humblement à l'excès d'abaissement et d'opprobre que son gouvernement avait subi; il courut aux armes comme

Pélage, et pendant que l'Europe tout entière, de la Néva au Tage, de la Baltique à la mer Noire, tremblait au moindre signe de Napoléon, l'Espagne, abandonnée à elle-même, sans roi et sans armée, osa se lever et jeter le gant au formidable empereur. A peine l'usurpation française fut-elle connue dans la péninsule, que les populations poussèrent un cri de vengeance; elles jurèrent de ne déposer les armes que lorsque Ferdinand serait libre. Une junte suprême insurrectionnelle fut établie à Cadix, et communiqua l'impulsion de la résistance à d'autres juntes qui s'organisèrent dans toutes les provinces : il se forma des guerrillas qui se répandirent dans les bois et les montagnes, dressèrent des embûches à nos troupes, et s'élancèrent de ces hauteurs inaccessibles sur les détachements isolés.

Le 2 mai, Madrid se souleva inopinément, et plus de cinq cents Français furent égorgés dans les rues : Murat, qui commandait encore la garnison française de Madrid, fit tirer impitoyablement sur les insurgés, et la plupart de ceux qui furent pris les armes à la main furent condamnés à mort et fusillés. Le peuple de Madrid, loin de se soumettre, ne se montra que plus irrité : de ceux d'entre ses enfants qui avaient péri il fit des martyrs, et bientôt le sang amena du sang. Les autres villes s'insurgèrent, et, de représailles en représailles, la guerre prit un caractère de férocité digne des siècles de barbarie. Les Espagnols nous égorgeaient en haine de la servitude, et parce que l'audace, la violence et les sacriléges de nos soldats avaient soulevé tout ce que leur âme renfermait de colère; les Français vengeaient avec une impitoyable énergie leurs frères massacrés.

Cependant la résistance fut organisée; les juntes provinciales firent des efforts désespérés; nos troupes occupaient la Catalogne, l'Aragon, la Navarre; sur tous les points elles firent face à l'ennemi. Moncey, dans le royaume de Valence, illustra nos drapeaux par de nouvelles victoires. Ces succès balancèrent la perte de notre flotte, retirée à Cadix depuis la bataille de Trafalgar, et dont les insurgés espagnols parvinrent à se rendre maître; elle se composait de cinq vaisseaux de ligne, d'une frégate et de quatre mille marins. Nous cûmes à subir de plus tristes revers : l'insurrection avait gagné promptement la Galice et l'Andalousie, et le général Dupont se trouvait engagé dans le royaume de Cordoue, cerné par des forces considérables.

Entouré comme dans un vaste cercle de révoltes provinciales, le lieutenant de Napoléon se vit bientôt réduit aux extrémités les plus dures. En face d'une armée tout entière, il campait à trois quarts de lieue de Baylen, et n'avait sous ses ordres que neuf mille hommes mourant de soif, épuisés par la chaleur et les maladies, embarrassés par l'attirail de cinq cents voitures de bagages, et hors d'état de pouvoir soutenir une lutte vigoureuse. Après une courte bataille, qui coûta à la faible armée de Dupont deux mille hommes tués ou blessés, les Suisses qui servaient sous les ordres de ce général désertèrent. Trois fois Dupont, cherchant à se dégager, ordonna une charge générale à la baïonnette, trois fois cette tentative échoua. On ne pouvait rien attendre de plus de soldats qui tombaient de fatigue et succombaient sous le soleil plus encore que sous les coups de l'ennemi.

Dupont était le plus renommé des généraux de la grande-armée; il avait illustré son nom par des faits d'armes vraiment gigantesques, et surtout à Diernstein, dans la campagne d'Austerlitz. Quand il se vit réduit à quelques milliers de soldats et menacé par quarante mille Espagnols, hors d'état de soustraire à la mort sept à huit mille blessés ou malades, atteint lui-même de deux blessures douloureuses, et le corps aussi bien que l'âme épuisés par la fièvre, il reconnut que toute résistance était impossible, et il consentit à capituler en son nom et pour son armée. Par malheur pour lui, les Espagnols exigèrent qu'on fit poser les armes à la division Védel, forte de six mille hommes, qui se trouvait alors engagée dans les montagnes, et qui cependant faisait partie du corps de Dupont. Cette triste et fatale condition fut acceptée.

La désastreuse capitulation de Baylen était la seule tache qui eût encore flétri, depuis vingt ans, la gloire militaire de la France : nous n'eûmes plus à reprocher à l'Autriche la reddition d'Ulm et l'impéritie de Mack. Un article de cette déplorable convention stipulait que nos soldats seraient fouillés et qu'on leur enlèverait les dépouilles provenant du vol des églises et des propriétés particulières. Le corps d'armée tout entier, après avoir subi cette déshonorante recherche, fut déclaré prisonnier de guerre et relégué sur les pontons de Cadix. Dix batailles perdues eussent été moins fatales à l'empire.

Napoléon comprit l'importance de ce désastre. « C'est « une tache pour le nom français, s'écria-t-il ; il eût « mieux valu qu'ils fussent tous morts les armes à la « main ; nous les eussions vengés. On retrouve des sol- « dats, il n'y a que l'honneur qui ne se retrouve « point ! » Une haute cour impériale fut instituée pour juger les généraux Védel et Dupont ; mais elle n'eut à prononcer aucun jugement, et l'empereur, pour ne pas entretenir trop longtemps l'Europe et la France du désastre de ses armes, se contenta de faire détenir les généraux qui avaient subi la capitulation de Baylen ; l'honneur français réclamait une réparation plus sérieuse. Le maréchal Bessières, duc d'Istrie, vengea l'opprobre de Baylen sous les murs de Medina, où quatorze mille soldats français dispersèrent cinquante mille Espagnols.

Cependant Joseph Bonaparte avait paru à Madrid et y avait reçu les hommages d'un petit nombre d'Espagnols. Il était à peine installé dans sa capitale, que le corps d'armée espagnol commandé par La Romana, et qui, après avoir pris part au triomphe de Friedland, se trouvait en quelque sorte prisonnier sur les bords de la mer Baltique, réussit à s'embarquer sur des vaisseaux anglais et vint se joindre aux partisans de Ferdinand VII. Le 31 juillet 1808, une armée anglaise prit terre à trente lieues de Lisbonne, sous les ordres de sir Arthur Wellesley, connu depuis sous le nom de lord Wellington. Junot, qui commandait à peine à dix mille hommes, fut vaincu à Vimeiro et réduit à évacuer le Portugal; toutefois, en se retirant, il conclut à Cintra une capitulation honorable pour nos armes, et qui fit ressortir davantage le malheur de Baylen, en montrant quelles conditions les armées françaises avaient droit d'imposer à l'ennemi lorsqu'elles se résignaient à ne plus combattre. Le Portugal n'en fut par moins perdu en quelques jours et envahi par les Anglais.

Le 1er août 1808, Joseph Bonaparte, détrôné, pour ainsi dire, avant d'avoir régné, se vit contraint de fuir Madrid et de se retirer à Vittoria. Les forces françaises furent concentrées sur Burgos. Le peuple espagnol proclama de nouveau Ferdinand VII roi d'Espagne; et pendant que ce prince, d'ailleurs peu digne de ce dévouement, sollicitait, dans sa prison de Valençay, l'honneur d'être admis par alliance dans la famille de Napoléon, la nation généreuse qui proclamait ses droits méconnus, s'épuisait en sacrifices et confondait dans un même amour son indépendance, son prince et sa foi.

L'Europe observait avec attention les débuts de cette lutte héroïque; elle reconnaissait à quelques symptômes certains l'affaiblissement de la puissance impériale; elle faisait silencieusement des vœux pour le succès de cette cause espagnole, la vraie cause des rois et des peuples. Napoléon ne s'abusait pas sur ces dispositions malveillantes, mais il en gardait soigneusement le secret au fond de son cœur; il savait bien que si la victoire soumet les nations à la dure loi de la nécessité, elle n'établit entre le vainqueur et le vaincu que des amitiés douteuses et dont la durée est subordonnée aux vicissitudes de la fortune. Pouvait-il ajouter une grande foi aux promesses arrachées à la Russie par le canon de Friedland? N'avait-il pas à se méfier de l'alliance de cette Prusse tant de fois humiliée par ses armes, de cet empire d'Autriche que son épée avait amoindri et déchiré? Les princes de la Confédération du Rhin ne subissaient-ils pas à regret le joug de la France? Ses frères eux-mêmes, qu'il avait élevés au trône, ne songeaient-ils pas à l'abandonner, soit pour se soustraire à ses ordres impérieux, soit pour satisfaire aux besoins de leurs peuples? Voilà ce que Napoléon comprenait sans se faire illusion, et les revers dont ses armes avaient été affligées en Espagne l'avaient d'autant plus irrité, qu'il sentait bien que la victoire était la seule condition de son existence. Aussi, avant de se porter en Espagne et d'y relever par lui-même l'honneur de ses troupes, il sentit qu'il avait besoin d'obtenir des rois de l'Europe de nouveaux gages d'union, peu sincères peut-être, mais propres à éblouir ses ennemis et à donner le change à la France. Un congrès pacifique de souverains fut convoqué à Erfurth : l'empereur y tint comme une cour plénière de rois; il y reçut les hommages des souverains du Nord et de l'Allemagne; les acteurs du Théâtre-Français eurent l'ordre de partir pour Erfurth et d'y donner des représentations, auxquelles assistèrent les princes du continent ou leurs ambassadeurs. Comme on jouait la tragédie d'*OEdipe*, l'acteur qui remplissait le rôle de Philoctète ayant prononcé ce vers :

L'amitié d'un grand homme est un bienfait des dieux,

l'empereur Alexandre saisit la main de Napoléon et parut remercier le Ciel d'avoir réalisé pour lui cette maxime.

Cette émotion dramatique était peut-être feinte, et les sentiments qu'elle révélait devaient s'évanouir comme une illusion de théâtre. Tout ce que Napoléon obtint d'Alexandre fut qu'il s'unirait à lui pour demander au cabinet de Londres une paix qui fut refusée.

Le 26 octobre 1808, Napoléon ouvrait le corps législatif et annonçait à l'Europe que ses aigles ne tarderaient pas à planer sur les tours de Lisbonne; cette prophétie devait être plus tard démentie.

Dieu avait donné à Napoléon un corps infatigable comme son âme; le 4 novembre, l'empereur entrait en Espagne; le lendemain il était à Vittoria. La face des choses changea comme par enchantement; une armée espagnole fut dispersée près de Gamonal, en Estramadure; une autre armée fut détruite à Espinosa-de-los-Monteros, en Galice. Les insurgés d'Andalousie et d'Aragon furent écrasés à Tudela, et Napoléon, partout vainqueur, parut au pied des remparts de Madrid. Cette ville avait été dépavée et barricadée, les couvents et les maisons étaient crénelés et matelassés, tout annonçait les horreurs d'un siége; mais après un engagement de courte durée, les magistrats de Madrid vinrent implorer la clémence de Napoléon, et leur capitale fut occupée par nos troupes. Ainsi s'accomplissaient les ordres de Napoléon, lorsqu'au début de la campagne il avait adressé à sa grande-armée cette harangue : « Soldats,
« après avoir triomphé sur les bords du Danube et de la
« Vistule, vous avez traversé l'Allemagne à marches
« forcées; je vous fais aujourd'hui traverser la France
« sans vous donner un moment de repos. Soldats, j'ai
« besoin de vous; la présence hideuse du léopard souille
« les continents d'Espagne et de Portugal; qu'à votre
« aspect il fuie épouvanté. Portons nos aigles triom-
« phantes jusqu'aux colonnes d'Hercule; là aussi
« nous avons des outrages à venger. Soldats, vous avez

« surpassé la renommée des armées modernes ; mais
« avez-vous égalé la gloire des armées de Rome, qui,
« dans une même campagne triomphèrent sur le Rhin
« et sur l'Euphrate, en Illyrie et sur le Tage? Une
« longue paix, une prospérité durable, seront le prix
« de vos travaux. Un vrai Français ne peut, ne doit
« point prendre de repos jusqu'à ce que les mers soient
« ouvertes et affranchies. » Un des premiers actes de
l'empereur, après l'occupation de Madrid, fut d'abolir
l'inquisition et de réduire des deux tiers le nombre des
couvents.

Napoléon quitta Madrid pour marcher à la rencontre des Anglais, dont une armée avait envahi le territoire espagnol. Au seul bruit de son approche, le général Moore et ses alliés furent saisis de crainte et reculèrent de position en position. Cette retraite fut aussi funeste aux Anglais que la bataille qu'ils avaient voulu éviter ; elle leur fit perdre neuf mille hommes, dix mille chevaux, leur artillerie, leurs magasins et leur caisse militaire. La rapidité de leur fuite ne les sauva pas du danger dont les menaçait Napoléon ; ils étaient à peine arrivés au port de la Corogne, que les Français les atteignirent et leur livrèrent un combat meurtrier qui coûta la vie au général Moore et à deux mille cinq cents hommes. Les débris de l'armée anglaise parvinrent cependant à s'embarquer à la faveur de la nuit.

Pendant que ces événements se passaient au nord-ouest de la péninsule, le maréchal Lannes, à la tête d'une armée considérable, pressait le siége de Saragosse. Cette malheureuse cité opposa aux attaques des Français la résistance la plus héroïque, et qui rappelle le magnanime dévouement de ces villes de l'antiquité qui ne livraient aux conquérants du monde, aux soldats de Scipion ou de César, que des murailles détruites sur lesquelles il n'était plus besoin de passer la charrue, et des spectres hideux, seule population qui eût survécu à la faim. Fortifiée par le dévouement et l'exemple de ses moines qui parcouraient les rangs des assiégés un crucifix à la main, Saragosse, après avoir supporté huit mois d'attaque et vingt-huit jours de tranchée ouverte, résista encore pendant vingt-trois jours de rue en rue et de maison en maison; chaque habitation, chaque abbaye, chaque église était transformée en forteresse dont il fallait faire le siége, et qui ne cédait qu'à la mine et aux flammes. Cinquante-quatre mille Espagnols de tout âge et de tout sexe périrent victimes de ce magnanime dévouement. Il fallut plusieurs fois renouveler l'armée assiégeante, que la contagion décimait plus encore que les nombreuses guerrillas répandues dans la campagne. Lorsque le duc de Montebello se fut rendu maître de ce monceau de décombres, il traita avec humanité les débris de cette population infortunée, qu'une affreuse épidémie, plus redoutable encore que la guerre, continuait à diminuer. Plus de deux mille personnes périssaient chaque jour, et les hôpitaux, encombrés de malades et de morts, ressemblaient à d'impurs cimetières. Ce fut un des grands actes de ce duel de cinq ans durant lequel l'Espagne osa se mesurer avec Napoléon. Si les yeux de ce grand capitaine avaient pu s'ouvrir, ils auraient vu pâlir cette étoile à laquelle une croyance superstitieuse attachait la fortune de l'empereur; mais Napoléon ne vit là qu'un accident de la guerre.

Le roi Joseph était rentré à Madrid le 22 janvier 1809, et le lendemain Napoléon lui-même, rappelé vers le nord par les menaces de l'Autriche, avait reparu dans la capitale de son empire. Cependant l'Espagne tout entière était en feu, on retrouvait Saragosse dans chaque province, et partout où les accidents du terrain, un défilé, un pont, un torrent, un bois, permettaient de dresser une embuscade à l'armée française et de triompher soit par la ruse, soit par le nombre, de cette grande armée qu'on ne pouvait affronter en rase campagne. Les prisonniers étaient livrés à d'horribles supplices; sur toutes les routes on trouvait de malheureux Français égorgés ou noyés dans les citernes, et auxquels souvent, par un raffinement de cruauté dont les races du Midi peuvent seules donner l'exemple, on avait arraché le cœur et les entrailles : c'était une guerre sauvage, où tout ce qui portait une cocarde française était d'avance dévoué à la mort. Les *afrancesados* (c'est ainsi qu'on désignait les Espagnols partisans du roi Joseph) étaient surtout traités avec une rigueur sans pareille : on les traquait comme des bêtes fauves, et on les faisait mourir dans d'effroyables tourments. Quant à nos soldats faits prisonniers dans les combats, ce qu'ils pouvaient obtenir de plus heureux était d'être conduits sur des vaisseaux appelés pontons, où ils avaient à subir toutes les horreurs du désespoir, de la misère et de la faim. Tels étaient les obstacles que deux cent mille hommes, l'élite des troupes de l'empire, rencontrèrent sur la terre d'Espagne. Peut-être seraient-ils venus à bout de les surmonter si de funestes divisions ne s'étaient mises parmi les généraux. Ces hommes qui croyaient tous avoir des titres égaux au commandement suprême, et dont plusieurs avaient conquis des royaumes, ne voulaient accepter d'autre suprématie que celle de Napoléon. Au lieu de se concerter et de s'entendre, comme l'empereur le leur avait prescrit, ils agissaient au hasard, au gré de leur inspiration particulière, sans ensemble et sans discipline. Cet état de choses ne pouvait avoir que de funestes résultats; sir Arthur Wellesley le mit à profit pour les intérêts de l'Espagne et de l'Angleterre. Vainement Gouvion-Saint-Cyr remportait-il une victoire non loin de Tarragone; vainement Sébastiani était-il victorieux à Ciudad-Real, Victor à Medelin, le maréchal Soult à Oporto, où périrent vingt mille Portugais, ces convulsions héroïques du courage français ne pouvaient que retarder la catastrophe dont nos aigles étaient menacées, et accroître la haine en même temps que le désespoir des Espagnols. Le 28 juillet 1809, le roi Joseph et le maréchal Victor, qui commandaient en personne, perdirent contre sir Arthur Wellesley la bataille de Talavera, qui fut chaudement disputée. Déjà le Portugal avait été évacué par l'armée française; les victoires d'Almonacid, d'Ocana, d'Alba de la Tormès, la prise de Tolède et la capitulation de Girone terminèrent cependant avec honneur pour nos troupes cette campagne de 1809. La guerre fut un peu ralentie par l'hiver, et elle eût été poussée avec plus d'activité et avec plus de bonheur pour la cause ennemie, si la division ne s'était mise entre les Anglais et les Espagnols. Ces derniers soutinrent pendant quelque temps à eux seuls le fardeau de la lutte, et leurs alliés se replièrent sur le Portugal.

Des événements non moins graves se passaient sur les bords du Danube. L'empereur d'Autriche n'avait point oublié les humiliations de Campo-Formio, de Lunéville et de Presbourg. Plus d'une fois, pendant les campagnes de Prusse et de Pologne, lorsque la victoire avait paru hésiter à suivre les drapeaux de Napoléon, les armées autrichiennes avaient fait des mouvements dont l'empereur des Français entrevit toujours le véritable caractère.

L'empereur d'Autriche était d'ailleurs entraîné vers la guerre par le vœu et le cri de ses peuples, et l'Allemagne contraignait elle-même ses souverains à tirer l'épée contre Napoléon. L'Allemagne n'était point sourde au bruit de la résistance des Espagnols; les merveilleux récits des luttes de Saragosse lui dictaient son devoir. La Prusse, il est vrai, était trop épuisée pour entreprendre le moindre effort; elle manquait de soldats et d'armes, elle parvenait à peine à payer à la France les énormes contributions qu'on avait exigées d'elle à Tilsitt; mais, si opprimée, si impuissante qu'elle fût, elle n'en conservait pas moins le sentiment de sa nationalité et l'espoir de redevenir libre. Le drapeau étranger qui flottait sur les places fortes, était comme une bannière de deuil maudite par tous les cœurs allemands. Aussi, malgré la terreur de la cour et le silence des autorités, il se faisait dans ce malheureux pays un travail sourd de révolte et de délivrance. Dans les universités la jeunesse acclamait avec enthousiasme ces noms chéris de *Teutonia*, de *Germania*, que les professeurs faisaient retentir. Un hardi patriote, le professeur Arndt, appelait tous les peuples de la famille allemande à se montrer solidaires les uns des autres. La génération nouvelle grandissait et s'exaltait, et de mystérieuses associations se formaient pour affranchir la patrie; la Prusse se couvrait de sociétés secrètes, qui empruntaient aux traditions du moyen âge leur organisation et leurs symboles; l'association de la Vertu, le *Tugend-Bund*, étendait ses ramifications en Prusse, en Saxe, en Westphalie, en Thuringe et partout où frémissaient des cœurs allemands sous le joug de la France. Et cependant l'heure du réveil de l'Allemagne n'était pas encore venue; les gouvernements, captifs ou vassaux, ne pouvaient seconder le vœu des peuples; l'or, les armées, les arsenaux, les alliances, tout manquait : l'Autriche seule, par exception, était en mesure de tirer l'épée contre Napoléon, et dans ce but elle avait mis sur pied des forces immenses.

Napoléon comprenait sans peine que le seul moyen de conserver la paix avec l'Autriche consistait à vaincre sans cesse les autres puissances coalisées contre sa couronne; mais il dissimulait ce qu'il pensait de cette amitié douteuse et malveillante, parce que son grand principe était de n'avoir jamais affaire qu'à un seul ennemi. Lorsque le cabinet de Vienne eut vu l'élite de nos troupes occupée en Espagne à une guerre sans résultat, il crut le moment favorable pour opérer une diversion sur nos frontières de l'est, et après avoir organisé aussi secrètement que possible une armée de quatre cent mille hommes, commandée par l'archiduc Charles, il fit envahir le territoire de la Confédération du Rhin.

Napoléon avait pour coutume de déjouer par l'impétuosité de ses plans les calculs et les prévisions de ses ennemis. C'était le 8 avril 1809 que l'empereur d'Autriche avait pris l'offensive sur tous les points ; le 16 du même mois, Napoléon, revenu des Pyrénées, se trouvait à Dillingen, auprès du roi de Bavière, déjà chassé de sa capitale et réduit à solliciter l'appui de la France. « Soldats, dit Napoléon à ses troupes, le territoire de
« la Confédération a été violé ; le général autrichien
« veut que nous fuyions à l'aspect de ses armes et que
« nous lui abandonnions nos alliés ; j'arrive avec la
« rapidité de l'éclair. Soldats ! j'étais entouré de vous
« lorsque le souverain de l'Autriche vint à mon bivouac
« en Moravie ; vous l'avez entendu implorer ma clémence
« et me jurer une amitié éternelle. Vainqueurs dans
« trois guerres, l'Autriche a dû tout à notre générosité ;
« trois fois elle a été parjure ! Nos succès passés nous
« sont un sûr garant de la victoire qui nous attend.
« Marchons donc, et qu'à notre aspect l'ennemi recon-
« naisse son vainqueur ! »

Dès les premiers chocs la victoire se montra fidèle aux Français. Le 19 avril, le combat de Thann ouvrit glorieusement la campagne ; le lendemain Napoléon, à la tête des Wurtembergeois et des Bavarois, jaloux de combattre sous ses ordres, battait séparément deux armées ennemies à Abensberg ; le surlendemain ses aigles triomphaient à Landshut ; le 22, à Eckmülh ; cent dix mille Autrichiens, attaqués sur tous les points, tournés

par leur gauche, et successivement chassés de leurs positions, fuyaient dans la plus épouvantable déroute devant cinquante mille combattants, et abandonnaient à Napoléon vingt mille prisonniers et leur artillerie. Le 23, la victoire de Ratisbonne, due aux combinaisons de l'empereur, rouvrait au roi de Bavière les portes de sa capitale. Pendant l'action, Napoléon fut blessé au pied d'une balle amortie qui lui fit une forte contusion. Le lendemain, il passait en revue ses troupes et leur distribuait des récompenses : « Soldats, leur disait-il encore, l'en-
« nemi, enivré par un cabinet parjure, semblait ne plus
« conserver un souvenir de vous; son réveil a été prompt,
« vous lui avez apparu plus terribles que jamais. Na-
« guère il a traversé l'Inn et envahi le territoire de nos
« alliés, naguère il promettait de porter ses armes dans
« notre patrie; aujourd'hui, défait, épouvanté, il fuit
« en désordre. Déjà mon avant-garde a passé l'Inn;
« avant un mois nous serons à Vienne. »

Il tint parole, et le 10 mai, après une série de combats glorieux pour la grande-armée, l'empereur campa sous les murs de Vienne. La population, exaspérée par les revers de l'Autriche, voulut défendre cette capitale; l'archiduc Maximilien, qui dirigeait sa résistance, fit serment de s'ensevelir sous ses ruines; mais l'empereur, au milieu de la nuit, fit bombarder la ville et y jeta deux mille obus qui de toutes parts y allumèrent l'incendie. Un officier autrichien vint alors annoncer à Napoléon que la jeune archiduchesse Marie-Louise, retenue à Vienne par une indisposition fort grave, se trouvait exposée au feu des assiégeants : aussitôt l'empereur donna une autre direction aux batteries. Cependant l'archiduc, n'espérant plus sauver la capitale, se hâta de l'abandonner à la discrétion du vainqueur, et le 13 mai la grande-armée et son chef entrèrent dans Vienne. Napoléon pouvait déjà remarquer que la guerre avait pris une face nouvelle.

L'empereur ne luttait plus contre les cours, mais bien contre les peuples de l'Europe. Des soulèvements éclataient en Westphalie contre le roi Jérôme ; une insurrection soulevait le Tyrol ; les paysans du Wurtemberg se révoltaient contre leur roi, trop fidèle à Napoléon ; l'intrépide major Schill, chef de partisans prussiens, faisait la guerre pour son propre compte à travers la Prusse et la Poméranie ; un prince de la maison de Brunswick attaquait notre allié le roi de Saxe, et ses entreprises soulevaient de vives sympathies. Partout, il est vrai, les soldats de Napoléon faisaient face et écrasaient leurs ennemis à la faveur de la discipline et du nombre ; mais cette compression violente coûtait à l'empereur un sang précieux et lui inspirait de justes inquiétudes pour l'avenir.

Napoléon prit à peine trois jours de repos au palais de Schœnbrunn ; dès le 19 mai un combat meurtrier l'avait rendu maître de l'île Lobau, dont l'occupation assurait les communications de son armée, et lui fournissait un point d'appui pour franchir le Danube en face de l'armée autrichienne. Deux jours après, comme par enchantement, trois ponts formant ensemble un prolongement de mille mètres avaient été jetés sur le fleuve, et l'armée s'y précipita pour aborder l'ennemi. Nos troupes s'élevaient à peine au tiers de celles que commandait l'archiduc Charles. La journée du 21, pendant laquelle les maréchaux Lannes et Masséna déployèrent un courage admirable, fut employée à paralyser, par une résistance meurtrière, les efforts de l'armée autrichienne. Le lendemain, nos soldats ayant reçu des renforts reprirent l'offensive à Essling. Masséna, Lannes, Bessières, dociles aux ordres de l'empereur, réussirent à percer le centre de l'ennemi. La victoire était certaine, lorsqu'un événement dérangea les projets de Napoléon. Le prince Charles, comptant sur la crue du Danube, avait fait jeter dans le fleuve des masses énormes d'arbres et de poutres. Le Danube ne trompa point ses espérances, et les trois ponts établis par l'empereur furent emportés par les eaux. L'armée française, opposée à un ennemi supérieur en nombre, se trouvait encore séparée de sa cavalerie, de son parc de réserve et du corps de Davout. Napoléon comprit alors l'imminence du danger; il ordonna au duc de Montebello de ralentir son mouvement et de se replier en arrière. L'ennemi, qui déjà prenait la fuite, revint alors à la charge, et, pendant dix heures d'efforts inouïs, essaya, mais en vain, de culbuter l'armée française. Le dévouement de Masséna répondit à la confiance de Napoléon et à la grandeur du péril. Le village d'Essling fut pris et repris huit fois; l'ennemi tira quarante mille coups de canon, tandis que les munitions manquèrent à nos troupes; de part et d'autre on fit des pertes énormes, mais l'empereur eut à déplorer la mort d'un de ces hommes qui, à eux seuls, pèsent autant qu'une armée dans la balance de l'histoire : le maréchal Lannes, duc de Montebello, fut renversé par un boulet qui lui fracassa les deux jambes. Comme on l'emportait sur un brancard, l'empereur accourut, versant des larmes, et, serrant dans ses bras son intrépide lieutenant, il lui dit : « Lannes, me reconnais-tu? c'est l'empereur, c'est Bonaparte, c'est ton ami... » Il n'en obtint que des mots entrecoupés. Quoi qu'il en soit, Napoléon paya de sa personne, à la fatale journée d'Essling, comme l'eût fait un simple soldat. Au plus fort du danger, le général Walther lui cria : « Sire, retirez-vous, ou je vous fais enlever par mes grenadiers. » Cependant les eaux du Danube grossissaient toujours, et les efforts qu'on tentait pour rétablir les ponts étaient déjoués par la violence du courant et par les amas d'arbres et de radeaux chargés de pierres que l'ennemi abandonnait au fleuve. Douze mille blessés français se pressaient sur la rive, attendant des secours qu'on ne pouvait leur donner. Nous avions perdu notre grosse cavalerie, nos vaillants carabiniers et l'élite des combattants; ce fut une nuit terrible. Napoléon, monté sur un frêle bateau, exposé à la fureur des vents et du fleuve, parvint à regagner l'île Lobau; les communications avec les deux rives furent momentanément rétablies, et l'armée se retira dans l'île, entraînant avec elle ses blessés, dont la plupart périrent faute de secours. Tel fut le désastre d'Essling, qu'on présenta au peuple de Paris comme une victoire; mais l'opinion ne prit point le change.

Tandis que ces événements s'accomplissaient non loin de Vienne, Poniatowski défendait la Pologne contre l'archiduc Ferdinand; et le prince Eugène, vice-roi d'Italie, d'abord repoussé par les Autrichiens, revenait à la charge et célébrait par la victoire de Raab le double anniversaire de Marengo et de Friedland. Réuni au maréchal Marmont, il amena à Napoléon de puissants renforts, et l'empereur se vit bientôt en état de reprendre l'offensive. Par ses ordres, des travaux gigantesques furent entrepris et menés à terme en moins de quarante jours. Le Danube fut de nouveau couvert de ponts dont la solidité bravait le courant; l'île Lobau fut fortifiée par toutes les ressources du génie militaire. Enfin, le 4 juillet, la grande armée franchit de nouveau le fleuve et se déploya dans la vaste plaine que l'archiduc avait hérissée de redoutes et de palissades. Le lendemain, elle obtint à Enzersdorff des succès qui en présageaient de plus assurés; le 6 juillet, elle livrait la bataille sanglante de Wagram, qui décidait du sort de la monarchie autrichienne. Quatre cent mille hommes et six cents pièces de canon lancèrent la mort, de part et d'autre, pendant douze heures. La victoire fut chaudement disputée et faillit plus d'une fois échapper aux aigles françaises. Il y eut un moment où l'empereur, voyant une partie de son armée détruite et l'autre ébranlée, parut chercher la mort au milieu d'un effroyable déluge de boulets dirigés contre lui : il fut épargné. En ce moment, comme par l'effet d'une illumination soudaine, il ordonna à Macdonald d'attaquer le centre de l'ennemi, et fit soutenir ce mouvement décisif par une formidable batterie de cent pièces de canon : alors la victoire reparut sous nos drapeaux pour leur demeurer fidèle jusqu'à la fin du combat. L'archiduc, écrasé de front par Macdonald et par Masséna, débordé par Davout et Oudinot, consentit enfin à battre en retraite. Ce fut un combat de géants, une immense destruction d'hommes. La bataille de Wagram valut aux généraux Oudinot et Macdonald le bâton de maréchal de l'empire, et à Marmont, créé maréchal sur le champ de bataille de Znaïm, le titre de duc de Raguse. L'archiduc Charles, quoique vaincu, avait réussi à opérer une savante retraite et se trouvait en état de poursuivre les hostilités; mais, après tant de pertes éprouvées dans les rangs opposés, on sentait le besoin de la paix. Le 11 juillet, l'Autriche demanda et obtint un armistice, et Napoléon retourna à Schœnbrunn, d'où il pressa le résultat des négociations ouvertes entre les deux cours. Il avait senti que la guerre n'était plus pour lui, comme naguère, un jeu facile. Ses ennemis avaient grandi en résolution et en tactique; le désespoir leur donnait des forces, les défaites leur servaient de leçons. D'ailleurs il n'était plus temps pour lui de se dissimuler la haine que son nom inspirait à l'Allemagne; ce sentiment se révélait par des actes du fanatisme le plus dangereux.

 Un jour que l'empereur passait la revue de sa garde, un jeune étranger d'une figure douce et belle se présenta à lui comme pour lui remettre un placet; on l'avertit de choisir un autre moment, et, comme il insistait, on s'aperçut qu'il était armé d'un couteau. Napoléon, après la revue, ordonna que l'assassin lui fût amené. « D'où êtes-vous, lui dit-il, et depuis quand êtes-vous à Vienne?

— Je suis d'Erfurth, répondit le jeune enthousiaste, et j'habite Vienne depuis deux mois. — Que me vouliez-vous? — Vous demander la paix. — Pensiez-vous que j'eusse voulu écouter un homme sans caractère et sans mission? — En ce cas, je vous aurais poignardé. — Quel mal vous ai-je fait? — Vous opprimez ma patrie et le monde entier; si vous ne faites point la paix, votre mort est nécessaire au bonheur de l'humanité; en vous tuant, j'aurais fait la plus belle action qu'un homme d'honneur puisse entreprendre... — Est-ce la religion qui a pu vous déterminer? — Non; mon père, ministre luthérien, ignore mon projet; je ne l'ai communiqué à personne, je n'ai reçu de conseil de qui que ce soit; seul, depuis deux ans, je médite votre changement ou votre mort... — Êtes-vous franc-maçon, illuminé? — Non. — Vous connaissez l'histoire de Brutus? — Il y a eu deux Romains de ce nom; le dernier est mort pour la liberté. — Avez-vous eu connaissance de la conspiration de Moreau et de Pichegru? — Les papiers m'en ont instruit. — Que pensez-vous de ces hommes? — Ils ne travaillaient que pour eux et craignaient de mourir. — On a trouvé sur vous un portrait; quelle est cette femme? — Une jeune personne à qui je devais m'unir, la fille adoptive de mon père. — Quoi! votre cœur est ouvert à des sentiments si doux, et vous n'avez pas craint de perdre les êtres que vous aimez? — J'ai cédé à une voix plus forte que celle de la tendresse. — Vous avez une tête exaltée; si je vous pardonnais, seriez-vous fâché de votre crime? — Je ne veux pas de pardon; j'éprouve le plus vif regret de n'avoir pu réussir, et je ne vous en tuerais pas moins. »

Napoléon demeura stupéfait de ce fanatisme; il donna l'ordre d'emmener le prisonnier. Quand il fut sorti : « Voilà, dit l'empereur, les résultats de cet illuminisme qui infecte l'Allemagne; mais on ne détruit pas une secte à coups de canon. » Quoi qu'il en soit, il voulait faire grâce au jeune exalté; mais l'énergique assurance de cet homme ne se démentit pas, bien qu'il fût demeuré quatre jours sans prendre de nourriture. Ramené à Vienne, l'assassin fut traduit devant un conseil de guerre et condamné à être passé par les armes. Sur le lieu du supplice il s'écria d'une voix forte : « Vive la liberté! vive l'Allemagne! mort à son tyran! » et il tomba. Ce malheureux se nommait Stabs.

La tentative du Mucius Scévola allemand eut une influence marquée sur les concessions que fit l'empereur : Napoléon craignit que Stabs n'eût, comme l'assassin de Porsenna, des imitateurs parmi les vengeurs de l'Allemagne. Des conférences avaient été ouvertes à Raab; elles durèrent plusieurs mois, pendant lesquels les hostilités furent plus d'une fois reprises. A la fin, l'habile ministre de Napoléon, M. de Champagny, termina les négociations et conclut avec le prince de Lichtenstein un traité de paix que les deux puissances ratifièrent. Par ce traité l'Autriche perdit près de trois millions d'habitants; elle céda la Galicie avec les provinces illyriennes, le pays de Salzbourg et quelques autres portions de ses États.

Dans l'intervalle de l'armistice à la paix, qui ne fut signée que le 14 octobre, l'Angleterre, déterminée à faire des diversions en faveur de l'Autriche, tenta une expédition dans les Abruzzes et la Calabre, alors en insurrection. Joachim Ier repoussa l'ennemi loin des rivages que l'empereur avait confiés à son courage. Dans le même temps l'Angleterre tenta de s'emparer de Flessingue, où dix vaisseaux de ligne étaient déjà réunis, de ruiner les chantiers d'Anvers, où l'on construisait vingt autres vaisseaux de ligne, et de rendre la navigation de l'Escaut à jamais impraticable. Cette expédition, qui tourna contre ses auteurs, parut débuter heureusement pour nos ennemis : Flessingue et l'île de Walcheren tomhèrent en leur pouvoir. Fouché, duc d'Otrante, alors ministre de la police générale, suppléa, par l'activité de ses mesures, à l'absence de l'empereur; il mobilisa les gardes nationales de l'empire, et cette mesure, jointe aux efforts du maréchal Bernadotte, fit échouer les plans de l'ennemi. Les Anglais évacuèrent Flessingue, après avoir perdu douze mille hommes, morts de la fièvre ou détruits par nos armes.

Mais l'Italie était le théâtre des plus douloureux événements.

Le 17 mai 1809, Napoléon avait rendu de son camp impérial de Vienne le trop fameux décret qui réunissait les États de l'Église à l'empire français. La ville de Rome était déclarée ville impériale et libre. Les terres et les domaines du pape étaient augmentés jusqu'à concurrence d'un revenu net de deux millions. Une *consulte* devait prendre possession des États pontificaux et y organiser le régime constitutionnel. Pour toute réponse, le pape prépara une bulle d'excommunication *contre les auteurs ou complices des attentats dirigés contre le saint-siège* (1).

Le général Miollis, qui commandait à Rome les troupes de l'empereur, fit signifier au cardinal Pacca que le gouvernement allait être changé, et peu d'heures après, le 10 juin, au bruit de l'artillerie du château Saint-Ange, le pavillon pontifical fut descendu, et l'on éleva le pavillon français : en même temps le décret de réunion fut publié à son de trompe dans la ville éternelle. La nuit suivante, la bulle d'excommunication lancée contre l'empereur fut placardée sur les murs de Rome par les soins des cardinaux, et arrachée par la police française. De part et d'autre on passa les jours suivants à s'observer. Enfin le 6 juillet, le jour même où Napoléon combattait à Wagram,

---

(1) Ces expressions étaient celles de la bulle d'excommunication : le pape n'avait pas voulu nommer l'empereur.

le général Miollis donna ordre au général Radet d'enlever le pape et de l'éloigner de Rome.

Pie VII s'était retiré au fond du Quirinal, et avait fait fermer les portes de ce palais. Un attroupement composé de la lie des faubourgs donna l'assaut aux murailles de l'édifice. Les portes furent enfoncées à coups de hache; et les soldats de Miollis, ayant à leur tête le général Radet, pénétrèrent dans les appartements. La garde suisse, sommée de mettre bas les armes, obéit sans résistance, et Radet, suivi de sa troupe, se trouva en face du saint-père. Le vénérable pontife était entouré de ses cardinaux et d'un petit nombre de serviteurs fidèles. Pendant quelques minutes un profond silence régna; à la fin, le général français, la figure pâle, la voix tremblante et pouvant à peine trouver quelques paroles, dit au pape qu'il avait à remplir une mission pénible, mais qu'ayant juré fidélité à l'empereur, il ne pouvait se dispenser d'exécuter son ordre (1); qu'en conséquence il le sommait de renoncer à la souveraineté temporelle de Rome. Le pape répondit avec dignité et assurance : « Si vous avez cru devoir exécuter de tels ordres de l'empereur parce que vous lui avez fait serment de fidélité et d'obéissance, pensez de quelle manière nous devons, nous, soutenir les droits du saint-siége, auquel nous sommes lié par tant de serments. *Nous ne devons pas, nous ne pouvons pas, nous ne voulons pas...* » Quelques moments après, le pape demanda s'il fallait qu'il partît seul, et Radet lui accorda d'emmener avec lui le cardinal Pacca. Bientôt le pape et le cardinal, environnés de gendarmes, de sbires et de rebelles, marchant avec peine sur les débris des portes jetées à terre, furent conduits à la principale issue de Monte-Cavallo, où se trouvait prête la voiture du général Radet. Sur la place étaient rangées en bataille des

---

(1) Ce n'était point l'empereur qui avait ordonné d'enlever le pape; mais le général Miollis ne fut point désavoué.

troupes napolitaines. Le pape les bénit, ainsi que la ville de Rome, puis monta dans la voiture, avec le cardinal Pacca; un gendarme ferma les portières à clef, et l'escorte prit la route du nord, par la porte du Peuple. Le pape n'emportait pour tout bien qu'une petite pièce de monnaie valant à peine un franc, et n'avait d'autres habits que ceux qui couvraient son corps, se conformant à la lettre à ce divin précepte : « Vous ne porterez rien en chemin, ni pain, ni deux tuniques, ni argent. » Et le soir même, des mains hardies inscrivaient sur les murs de Rome cette apostrophe sublime du Dante : « Je vois le
« Christ captif en son vicaire; je le vois encore une fois
« moqué; je le vois encore abreuvé de vinaigre et de
« fiel! »

A quatre heures du matin (huit heures d'Italie), on partit de Rome pour la Toscane; la stupeur régnait sur le visage du peuple. A Monterosi, beaucoup de femmes, ayant reconnu le saint-père dans un carrosse entouré de gendarmes le sabre nu, et le voyant transporté comme un prisonnier, imitèrent la tendre compassion des femmes de Jérusalem, et commencèrent à se frapper la poitrine en versant des larmes. Le général Radet, redoutant ces démonstrations pieuses, fit baisser les rideaux de la voiture, en dépit d'une chaleur étouffante. A Florence, Élisa Bacciochi, sœur de Napoléon et grande-duchesse de Toscane, envoya complimenter le pape et lui fit offrir ses services. A Alexandrie, le peuple parut vouloir se soulever en faveur de l'auguste captif; mais Pie VII l'engagea à se résigner comme lui. Partout les populations se livraient aux marques les plus certaines d'affliction et de deuil; c'était à qui s'approcherait du saint-père pour baiser ses mains, le consoler et le plaindre. Comme le pieux pontife approchait de Grenoble, la garnison de Saragosse, prisonnière dans cette ville, obtint la permission d'aller au-devant de lui, et se prosterna tout entière pour recevoir sa bénédiction. La population de Grenoble avait suivi ce mouvement et s'était partout agenouillée sur le passage du pape. C'était là qu'une résidence avait été assignée au saint-père. A peine y était-il arrivé, que le cardinal Fesch, oncle de l'empereur et archevêque de Lyon, lui envoya ses grands vicaires et des traites pour cent mille francs.

Ces généreuses protestations qui émanaient du peuple et de la famille même de Napoléon, n'eurent point pour résultat d'éclairer l'empereur, et de le rappeler à une politique plus conforme aux vœux et aux intérêts du peuple chrétien. Cependant le pape reçut l'avis de se préparer à partir pour Valence, puis pour Avignon, et enfin pour Nice et Savone. C'est dans cette dernière ville, voisine de Gênes, qu'il lui fut permis de résider : là aussi il eut à souffrir de douloureuses tribulations, qu'adoucirent les respects et les pieuses sympathies des fidèles.

CHAPITRE VI

NAPOLÉON LÉGISLATEUR. — GRANDEURS DE LA PAIX.

L'Autriche subissait la dure loi de la guerre ; elle avait été morcelée ; la Prusse, encore meurtrie de sa chute d'Iéna, dépouillée du tiers de ses provinces, ruinée et dévastée, rongeait son frein en silence et attendait une heure plus propice pour secouer le joug. La Confédération du Rhin se partageait en princes et en peuples : les premiers dociles au caprice de Napoléon et fidèles à sa grandeur, tant qu'il en rejaillissait sur eux quelques rayons ; les autres nourrissant à l'abri du chaume, dans les universités, dans les sociétés secrètes, un dernier espoir de vengeance ; l'Espagne était un immense champ de bataille, un vaste cimetière où l'on s'égorgeait entre des tombes et sur des croix brisées ; le Portugal servait de camp retranché à l'Angleterre ; la Sardaigne et la Sicile étaient des foyers d'intrigues contre la France ; l'Italie, agitée par les passions les plus diverses, était emportée par la France comme un satellite dans l'espace ; la Turquie, grâce à une révolution de palais, se montrait favorable à la politique anglaise ; la Suisse était un grand fief impérial; la Hollande une proie déjà convoitée; le Danemark un allié timide sollicitant les bienfaits d'une neutralité impossible; la Suède s'isolait du mouvement européen et redoutait pour son avenir le système continental imaginé par Napoléon; la Pologne attendait une régénération que la politique devait lui refuser; la Russie, humiliée à Tilsitt, pleine du sentiment de sa force et de son orgueil, s'étonnait de l'indifférence de son chef et de ses hésitations à rompre la paix : pendant la dernière guerre d'Allemagne, elle avait attendu une occasion d'intervenir et de porter à Napoléon le coup de grâce; la victoire de Wagram l'avait contenue. Pour l'Angleterre, elle était plus que jamais debout et armée : épuisée de sacrifices, elle avait recours aux emprunts, elle exagérait les ressources du crédit; souveraine sans contrôle de l'empire des mers, elle était un infatigable levier employé sans relâche à soulever l'une après l'autre toutes les nations contre la France.

Cependant Napoléon, parvenu aux extrémités de la grandeur humaine, n'avait point d'enfant à qui léguer sa double couronne et les quatre-vingts millions de sujets ou de vassaux que la victoire avait rangés sous ses lois. Depuis longtemps cette pensée le préoccupait; mais elle finit par le dominer à ce point, qu'il conçut le dessein de rompre le lien qui l'unissait à Joséphine, et de contracter une nouvelle alliance.

Joséphine était alors âgée de quarante-cinq ans, et une superstition populaire la considérait comme le bon génie de l'empereur. C'était une femme gracieuse, aux manières affables, et qui, sous des apparences vives et légères, cachait un cœur vraiment bon et dévoué. Elle était aimée de la nation; on savait qu'aucune infortune ne s'adressait à elle sans être secourue; on se plaisait à lui attribuer tous les actes de l'empereur qui avaient porté le caractère de la clémence et de la pitié.

Depuis quelques années, Joséphine pressentait le coup qui allait la frapper; mais Napoléon, qui avait conservé pour elle la plus douce affection, hésitait sans cesse à lui faire part de sa résolution fatale. Vers la fin du mois de novembre 1809, il se détermina à lui dire quelques mots qui révélèrent à Joséphine l'étendue de son malheur. Elle ne répondit que par ses larmes, et bientôt après elle s'évanouit. Quand le premier moment de douleur fut passé, on manda le prince vice-roi d'Italie, et ce fut à Eugène qu'appartint le devoir de disposer sa mère à se résigner. Joséphine accepta donc la nécessité du sacrifice. Le 15 décembre, en présence de l'archichancelier Cambacérès et de tous les princes et princesses de la famille impériale, Napoléon et Joséphine déclarèrent, celle-ci d'une voix émue jusqu'aux larmes, leur volonté de renoncer à une union qui existait depuis quinze ans. « Je me plais, dit la malheureuse impératrice, à donner
« à notre auguste et cher époux la plus grande preuve
« de dévouement et d'attachement qui ait jamais été
« donnée sur la terre; je tiens tout de ses bontés; c'est
« sa main qui m'a couronnée, et, du haut de ce trône,
« je n'ai reçu que des témoignages d'affection et d'amour
« du peuple français. Je crois reconnaître tous ces senti-
« ments en consentant à la dissolution d'un mariage qui
« désormais est un obstacle au bien de la France, qui la
« prive du bonheur d'être un jour gouvernée par les des-
« cendants d'un grand homme, évidemment suscité par
« la Providence pour effacer les maux d'une terrible
« révolution, et pour rétablir l'autel, le trône et l'ordre
« social... » Deux jours après, le sénat prononça le divorce; mais, pour la première fois, une minorité imposante protesta dans cette assemblée contre la volonté du maître. De son côté aussi, l'officialité diocésaine de Paris déclara le mariage nul, parce qu'il n'avait point été contracté, selon le vœu du concile de

Trente, en présence du curé ou du vicaire de l'un des époux, assisté de deux témoins. Le jugement condamnait en outre Napoléon à une amende de six francs envers les pauvres ; mais il en fut relevé par l'officialité métropolitaine, qui confirma le jugement hors ce point : l'intervention du souverain pontife ne fut pas réclamée ; mais le pape, de son propre mouvement, et pour maintenir une seconde fois ce principe sacré : « L'homme ne doit point séparer ce que Dieu a uni, » déclara irrégulière la sentence de l'officialité de Paris et la condamna. Cette circonstance est grave, et sert à établir que tout nouveau mariage contracté par Napoléon du vivant de Joséphine était nul au point de vue de l'Église. Joséphine, à qui le titre d'impératrice fut conservé, se retira au château de Navarre, dans le département de l'Eure, puis à la Malmaison, séjour qu'elle avait si longtemps embelli ; elle emporta avec elle les regrets publics et la reconnaissance populaire ; Napoléon lui-même garda un sincère attachement à cette épouse répudiée : ainsi que nous venons de le dire, une idée superstitieuse attachait la fortune de l'empereur à celle de Joséphine, et les événements qui s'accomplirent plus tard réalisèrent en quelque sorte cette sinistre inquiétude de l'empereur et du peuple.

Napoléon jeta les yeux sur la grande-duchesse de Russie, sœur de l'empereur Alexandre ; mais cette princesse professait la religion grecque, et ce fut un sujet de difficultés dont la solution réclamait du temps. Impatient d'en finir, Napoléon fit demander la main de l'archiduchesse Marie-Louise, fille de l'empereur d'Autriche, et ce dernier prince consentit à cette union. Un sentiment vague, une prévision indéterminée, mais assez générale, voyait une source de malheurs pour la France dans l'alliance de son chef avec la maison d'Autriche, et ce mariage donnait lieu à des rapprochements avec la destinée de l'infortunée Marie-Antoinette.

Napoléon fit partir sa sœur, la reine de Naples, pour aller jusqu'à Braunau, à la rencontre de la nouvelle impératrice : là, la fille de l'empereur d'Autriche quitta tous ses vêtements étrangers, et fut complétement habillée d'objets sortis des manufactures françaises : l'étiquette convenue le prescrivait ainsi. La princesse traversa ensuite Munich, Augsbourg, Stuttgard, Carlsruhe et Strasbourg. Elle fut reçue dans les cours étrangères avec un très-grand éclat, et de ce côté du Rhin avec une sorte d'enthousiasme : à Strasbourg, elle trouva le premier page de l'empereur qui lui apportait une lettre, les fleurs les plus rares et des faisans de sa chasse ; toute sa route jusqu'à Compiègne fut signalée par les hommages des populations. Le programme que Napoléon avait rédigé pour la circonstance de leur commune entrevue réglait ainsi le cérémonial : « Lorsque LL. MM. se ren-
« contreront dans la tente du milieu, *l'impératrice s'in-*
« *clinera pour se mettre à genoux*, et l'empereur la relè-
« vera. » Mais l'impatience de Napoléon ne laissa pas la fille des Césars subir cette humiliation ; Napoléon s'était échappé furtivement du palais de Compiègne, enveloppé dans sa redingote grise, et accompagné seulement du roi de Naples, Murat ; tous deux étaient montés dans une calèche sans armoiries, conduite par des gens sans livrées. Lorsqu'il rencontra l'impératrice au relais de poste de Courcelles, il se précipita vers la portière, l'ouvrit lui-même, et monta dans la voiture. La reine de Naples, voyant l'étonnement de Marie-Louise d'Autriche, lui dit : « Madame, c'est l'empereur. » Et il revint avec elle et sa sœur jusqu'à Compiègne. Le mariage civil eut lieu le 1er avril, à Saint-Cloud ; le lendemain les deux époux reçurent la bénédiction nuptiale du grand aumônier de France, le cardinal Fesch. On avait disposé en chapelle une salle de la galerie du Louvre, avec des tribunes pour les rois, les autres souverains et les am-

bassadeurs. Les cardinaux résidant à Paris, où ils avaient été tous appelés, se trouvaient au nombre de vingt-six; ils assistèrent tous à la cérémonie du mariage civil à Saint-Cloud. Mais il n'en fut pas ainsi à la cérémonie religieuse, dans la salle du Louvre : treize d'entre eux, considérant que le pape, alors prisonnier à Savone, n'avait pas approuvé le divorce, crurent devoir s'abstenir de consacrer par leur présence le mariage du persécuteur de l'Église. Leur absence irrita beaucoup Napoléon : il déclara que ces treize cardinaux quitteraient la pourpre et ne pourraient s'habiller qu'en noir, puis il les exila dans quelques villes de l'intérieur. Trois mois après, un affreux événement rappela aux Parisiens et à la France entière le grand désastre qui avait si fatalement inauguré le mariage de Louis XVI et de Marie-Antoinette. Le prince de Schwartzenberg, donnant un bal à Marie-Louise, avait fait construire pour cette fête une immense salle de bois dans les jardins de l'ambassade d'Autriche; au milieu du bal, le feu prit à la gaze de quelques rideaux, et l'incendie se communiqua avec une effroyable rapidité au reste de la salle. Au plus fort du tumulte et de l'épouvante, Marie-Louise, conservant un calme remarquable, vint s'asseoir sur son trône, et Napoléon, s'étant élancé, la saisit dans ses bras et l'emporta à travers les flammes; il revint ensuite travailler à éteindre l'incendie; mais tous les secours furent inutiles : la foule, qui se pressait et s'étouffait elle-même par ses propres efforts, contribuait à l'horreur de cette scène; le parquet de la salle ne put résister aux secousses, il s'entr'ouvrit, et de nombreuses victimes furent écrasées ou dévorées par le feu. La princesse de Schwartzenberg périt victime de l'amour maternel. Les témoins de cet événement prédirent une issue funeste à la nouvelle union que la France contractait avec la maison d'Autriche.

Quelques jours après son mariage, Napoléon partit avec l'impératrice pour aller visiter quelques villes de son vaste empire; ils séjournèrent successivement à Anvers, à Bruxelles, dans la Belgique, dans la Zélande et dans l'île de Walcheren; là, il se fit céder par son frère Louis Bonaparte le Brabant hollandais et une partie de la Gueldre. Peu de temps après avoir puni par cette exigence la résistance que son frère mettait à se conformer au système continental, il réunit ce royaume à l'empire français. Ce nouvel envahissement honora le roi dépossédé. Louis Bonaparte était un homme doux et honnête; en acceptant la couronne que l'ambition de son frère lui avait imposée, il s'était sérieusement dévoué à la mission de faire le bonheur de la Hollande. Témoin des affreux sacrifices que le système continental imposait à ses peuples, et voyant chaque jour dépérir la prospérité manufacturière et commerciale du pays dont il était roi, il avait voulu alléger le fardeau si lourd de la misère publique; aussi avait-il toléré dans plusieurs circonstances le commerce clandestin des marchands hollandais avec l'Angleterre; mais cette concession contrariait vivement la politique de Napoléon. De toutes les contrées de l'Europe la Hollande était celle qu'il importait le plus de soumettre au système continental, à cause de ses innombrables affluents et de la diversité de ses relations commerciales. Napoléon, voyant ses espérances trompées par les généreux scrupules de son frère, envoya dans le royaume de Hollande une armée de vingt mille hommes destinée à y assurer le blocus des ports; le roi Louis, ne pouvant plus désormais soustraire ses peuples à la domination impériale, abdiqua la couronne en faveur de son fils, et quitta secrètement la Hollande Napoléon refusa de valider cette abdication, mais il agrandit son empire en confisquant les États de son frère. Le 22 juillet 1810, le *Moniteur* publia les étranges paroles que Napoléon

adressait au jeune héritier dépossédé de la Hollande :
« Venez, mon fils, je serai votre père, vous n'y perdrez
« rien. La conduite de votre père afflige mon cœur, sa
« maladie seule peut l'expliquer. Quand vous serez
« grand, vous paierez sa dette et la vôtre. N'oubliez
« jamais, dans quelque position que vous placent ma
« politique et l'intérêt de mon empire, que vos premiers
« devoirs sont envers moi, vos seconds envers la France ;
« *tous vos autres devoirs*, même ceux envers les peuples
« que je pourrais vous confier, *ne viennent qu'après.* »
Déclaration orgueilleuse, qui révélait à l'Europe la déchéance des peuples et l'abaissement des rois. Le 3 mai 1810, la Bavière fut obligée de céder à Napoléon la partie méridionale du Tyrol, qui fut ajoutée au royaume d'Italie ; le 12 novembre, un canton suisse, le Valais, fut incorporé à la France et forma le département du Simplon ; le 13 décembre, Hambourg, les villes hanséatiques, le Lawenbourg, le pays situé entre l'Elbe et le Weser, furent déclarés territoire de l'empire, et formèrent avec la Hollande onze départements français. Un décret donna à Amsterdam le rang de troisième ville de l'empire ; Rome était la seconde. Ces agrandissements successifs ne permettaient plus au monde d'ignorer que désormais, avec Napoléon, il n'y avait aucune sécurité pour les nationalités étrangères.

Gustave-Adolphe IV avait cessé de régner sur la Suède. Ce roi, qui avait osé tirer l'épée dans l'assemblée des états, s'était vu contraint d'abdiquer à la suite d'une conjuration ; son oncle, le duc de Sudermanie, lui avait succédé sous le nom de Charles XIII, par le vœu de la diète. Ce nouveau roi n'avait d'autre héritier que le prince d'Augustenbourg, son neveu et son fils adoptif ; le 18 mai 1810, ce prince, étant à cheval au milieu des officiers de sa suite, fut frappé d'une apoplexie à laquelle il succomba ; d'autres disent qu'il fut empoisonné. Cet événement inattendu nécessita la convocation d'une nouvelle diète pour élire l'héritier du trône. Il fallait à ce poste éminent un homme d'État et un homme de guerre capable de maintenir au dehors l'indépendance de la Suède, et au dedans l'ordre ébranlé par les révolutions; ce fut alors qu'un parti détermina les suffrages en faveur du maréchal Bernadotte, prince de Ponte-Corvo et l'un des lieutenants de Napoléon. Bernadotte, au 18 brumaire, était à Paris ministre de la guerre, et avait vu avec déplaisir le renversement de la république opéré par Bonaparte. Ces deux hommes s'aimaient peu et se défiaient l'un de l'autre; le choix de la diète fut désagréable et pénible à Napoléon. L'empereur sentit qu'il n'aurait jamais dans le nouveau roi de Suède qu'un allié douteux, ou même un ennemi formé à l'art de la guerre dans les luttes de la révolution et de l'empire; il n'osa pas cependant, bien qu'il en eût conçu le projet, s'opposer au départ de Bernadotte. L'élévation de ce général, né dans une condition obscure, encouragea encore les espérances du soldat. L'armée en était venue à considérer le titre de roi comme le grade le plus élevé de la carrière militaire; elle disait de ces heureux favoris de Napoléon: *Il a passé roi*, comme elle aurait dit: Il a passé maréchal.

Le colosse avait atteint le plus haut point de sa grandeur. Le nouvel empire d'Occident, soumis à la puissance de Napoléon, était borné au nord par le Danemark, au midi par la mer de Sicile et de Grèce, à l'orient par la Pologne, l'Autriche et la Turquie d'Europe; les autres contrées obéissaient à l'empereur, soit qu'elles fussent incorporées à la France, soit qu'elles eussent pour rois des frères de Napoléon, ses premiers sujets, soit qu'elles fussent enclavées dans la Confédération du Rhin. La France était formée de quatre nations diverses; on parlait quatre langues dans l'étendue de l'empire ; il y avait un département des Bouches-de-l'Elbe et un département du Trasymène ; nos proconsuls gouvernaient l'Épire et l'Illyrie ; Dantzick était une possession française, d'où nous pouvions aspirer à dominer plus tard la mer Baltique ; les rois et les princes souverains de l'Europe se pressaient aux Tuileries et y attendaient le lever de Napoléon. Du cercle polaire jusqu'au détroit de Charybde et de Scylla, et à l'exception de l'Espagne, que tourmentait la guerre, toutes les côtes de la Méditerranée et de l'Océan étaient fermées aux vaisseaux anglais.

Au dedans, tout ce qui restait de vestiges de la démocratie républicaine avait été successivement effacé de nos lois, et, pour ainsi dire, de nos mœurs. Le sénat n'était qu'un grand conseil disposé à revêtir de la sanction légale toutes les volontés de Napoléon : un très-petit nombre de membres de cette assemblée constituaient à eux seuls une opposition évidemment impuissante. Quant au corps législatif, qui n'émanait ni du suffrage universel, ni même de l'élection directe, il se trouvait hors d'état de représenter la France et faire contre-poids à la dictature impériale. On a vu plus haut que le tribunat avait cessé d'exister.

La révolution de 1789 avait débuté par détruire une Bastille ; mais le gouvernement impérial, contraint de lutter contre des ennemis persévérants et habiles, et ne voulant pas immiscer les tribunaux et l'opinion dans le secret de ses inquiétudes, avait réclamé et obtenu du sénat un acte législatif qui établissait huit prisons d'État. Ce furent les châteaux de Saumur, de Ham, d'If, de Landskrown, de Pierre-Châtel, de Fénestrelle, de Campiano et de Vincennes. La détention avait lieu sur l'ordre du conseil privé et après le rapport du ministre de la justice et du ministre de la police générale. Lorsqu'il s'agissait de personnages recommandables par leur position sociale, et que le gouvernement considérait comme dangereux à Paris, on procédait moins régulièrement, et l'on se bornait à une mesure d'internement ou d'exil notifiée par le ministre de la police. Ainsi furent éloignées de la capitale et envoyées dans les départements de l'est, Mmes de Chevreuse, de Staël, de Balbi et Récamier; une pareille décision atteignit Benjamin Constant. C'était ainsi que l'empereur cherchait à répondre à ce qu'il appelait « la guerre des salons. » Mais, loin de diminuer cette opposition sourde et redoutable, il ne faisait que l'irriter davantage et créer à son gouvernement de plus puissants ennemis.

Le moment nous semble venu de considérer en Napoléon le législateur et l'organisateur, et de le suivre dans ses lois, dans son gouvernement, et dans sa cour.

Un seul corps politique avait conservé une organisation puissante et justement respectée, c'était le conseil d'État. Cette réunion, composée des hommes qui avaient le plus marqué dans les diverses assemblées législatives, dans la magistrature et l'administration, garda le privilége d'élaborer les lois et les grands décrets impériaux. Napoléon, chaque fois que les circonstances le lui permettaient, présidait ce conseil et prenait part à ses délibérations. Là seulement il permettait qu'on résistât à sa volonté suprême, et qu'on opposât aux impatiences de son imagination déréglée les froides limites de la raison ou de l'expérience. Chaque conseiller d'État conservait le droit de combattre les propositions de l'empereur, ou de réduire au néant ses théories. Parfois des éclairs de lumière jaillissaient des paroles de Napoléon; mais, quoiqu'il donnât souvent occasion d'admirer sa pénétration, sa profonde intelligence et ses idées, son rôle se bornait surtout à encourager la pensée et les labeurs des autres, à les mettre en fermentation, à les forcer de produire. Ses conceptions personnelles étaient parfois d'une application impossible; alors il était au moral comme un géant, dont la taille dépassait celle des autres hommes, et dont par cela même les élans demeuraient sans résultats pratiques. Il était l'esclave de son génie aventureux; quand il avait adopté une idée, cette idée prenait des ailes et l'emportait dans l'espace, à travers les sphères. On l'écoutait avec curiosité, bien que le talent de la parole lui manquât, mais parce que tout ce qui sortait de sa bouche, même les conceptions bizarres, prenait, en passant par lui, une teinte poétique assez étrange pour commander impérieusement l'attention.

L'empereur, au conseil d'État, siégeait sur une estrade un peu élevée: à sa droite était l'archichancelier, à sa gauche l'architrésorier. On s'assemblait deux fois par semaine, et les séances, commencées à onze heures du matin, se prolongeaient quelquefois jusqu'à neuf heures du soir; quand tous les membres du conseil étaient épuisés de fatigue, l'empereur montrait encore une grande abondance de verve. Chacun pouvait prendre la parole; on parlait de sa place et assis; on ne pouvait pas lire, il fallait improviser. Quand Napoléon jugeait la discussion suffisamment éclaircie, il la résumait; puis il concluait et mettait aux voix: l'ardeur, s'animant par degrés, devenait parfois extrême, et souvent les discussions se prolongeaient outre mesure lorsque l'empereur se laissait aller à des distractions; alors, d'ordinaire, il promenait sur la salle un œil incertain, ou mutilait le bras de son fauteuil à coups de canif. Quelquefois aussi, lorsqu'il venait au conseil précisément après avoir mangé et souvent après de grandes fatigues du matin, il posait son bras sur la table, et, penchant la tête, se laissait aller au sommeil. La discussion n'en continuait pas moins, et l'empereur, à son réveil, la reprenait au point où elle se trouvait.

On sentait, au surplus, qu'il ne fallait pas toujours abuser de la tolérance avec laquelle Napoléon supportait la contradiction. Après une séance dans laquelle un de ses interlocuteurs avait chaudement soutenu une opinion contraire à la sienne, il lui dit à demi-voix : « Comment « avez-vous pu parler avec cette opiniâtreté? Je me suis « surpris portant la main à la tempe, et c'est un signe « terrible : prenez-y garde! »

Le conseil d'État était non-seulement un corps politique, mais chacun des membres qui le composaient pouvait être revêtu d'une autorité spéciale. L'empereur envoyait les conseillers d'État en mission dans les provinces les plus reculées, imitant ainsi Charlemagne dans l'institution de ses *missi dominici*. Les instructions que leur donnait Napoléon étaient vastes et pour ainsi dire sans limites : ils devaient examiner toutes les branches du service, constater l'état des caisses des hauts employés des finances, s'entendre avec les généraux et les inspecteurs aux revues pour le service militaire, avec tous les agents principaux des perceptions directes ou indirectes pour les revenus de l'État, et enfin avec les préfets et les ingénieurs des ponts et chaussées pour bien apprécier les réparations urgentes qu'exigeaient les routes et les canaux, les besoins et les améliorations que réclamaient les localités départementales. Ces conseillers en mission devaient aussi interroger l'opinion des lieux qu'ils visitaient sur la politique du gouvernement, de telle sorte que de leurs assertions rapprochées et comparées il résultait pour Napoléon un ensemble de documents qui lui montraient la France, tant sous les rapports politiques et moraux que sous celui des parties matérielles de l'administration.

L'institution du conseil d'État avait été en quelque sorte glissée dans les mœurs et dans les lois. Dans l'origine, cette assemblée ne devait avoir pour attribution que de résoudre les difficultés administratives : elle fut peu à peu investie d'une grande puissance, à mesure que se développa, au-dessus d'elle, la dictature impériale. Le conseil d'État devint juge en matière de contributions, de travaux publics; il fut chargé de juger les conflits, les appels comme d'abus, les atteintes à la liberté des cultes, la police du roulage, la navigation intérieure, les contestations sur les biens communaux, les contraventions relatives à la voirie, les affaires de haute police administrative, la comptabilité nationale et les décisions du conseil des prises. On lui donna juridiction sur les décisions des évêques, sur l'Université, sur les dotations de la couronne. L'empereur créa des auditeurs au conseil d'État, dont le nombre fut porté à trois cent cinquante. Ce fut comme une pépinière d'hommes instruits et éclairés, formés à l'école des grandes affaires politiques, et qui devaient conserver pour les successeurs de Napoléon la tradition du droit et la jurisprudence administrative. Plus tard, l'empereur crut reconnaître la nécessité d'établir un degré intermédiaire entre les fonctions d'auditeur et celles de conseiller d'État, et il institua les maîtres des requêtes.

C'est dans le sein du conseil d'État que furent agitées toutes les grandes questions d'ordre intérieur et d'administration publique. On y élabora patiemment les codes de l'empire : il est tel projet de loi, le décret sur l'Université entre autres, qui fut revu vingt fois et subit toujours de nouvelles épreuves ou de nouveaux amendements. C'est à la suite de ces discussions savantes et approfondies que les lois arrivaient au corps législatif; cette assemblée, érigée en grand jury, les consacrait ou les repoussait par un vote silencieux.

Comme législateur, Napoléon n'inventa point, mais coordonna les règles du droit civil et du droit criminel. Ainsi qu'on l'a vu plus haut, au code publié sous le consulat, et qui contenait les dispositions relatives à la personne, à la famille et à la propriété, d'autres codes succédèrent sous l'empire : ce furent le code de commerce, dont une expérience de trente ans a démontré les défectuosités, mais qui n'en est pas moins, sous de nombreux rapports, un modèle de clarté et de précision; le code de procédure civile, qui laisse subsister dans nos coutumes une série de formalités gênantes et fiscales dont la chicane profite seule au détriment des parties en litige; le code d'instruction criminelle, qui, gravement modifié de nos jours, établissait alors des juridictions exceptionnelles; le code pénal, enfin, assemblage de dispositions rigoureuses, et qui a été depuis lors l'objet d'une révision attentive dont les auteurs ont peut-être dépassé le but. L'analyse de ces travaux législatifs dépasserait les limites que nous nous sommes imposées; nous nous bornerons à remarquer que les codes impériaux avaient été rédigés par des hommes suffisamment versés dans la science du droit, mais généralement hostiles aux idées religieuses. L'état civil des personnes fut tenu en dehors de l'Église; la naissance et les funérailles des citoyens furent l'objet de règles de pure police, dont les ordonnateurs oublièrent volontiers que la religion doit présider à l'origine comme au dernier acte de la vie humaine; le mariage, considéré comme un contrat exclusivement civil, fut expressément classé parmi les actes que la puissance séculière doit seule régler et consacrer; il fut stipulé qu'il était légal et valide par le seul fait de l'intervention du magistrat, et que la bénédiction religieuse ne devrait, dans tous les cas, que suivre et jamais précéder l'union contractée devant l'autorité municipale; le divorce fut maintenu, et néanmoins soumis à des conditions qui le rendaient plus difficile et plus rare; la puissance paternelle fut considérablement amoindrie et diminuée, et le lien de la famille fut à la fois détendu et relâché. Quant au régime hypothécaire, les règles qui le constituèrent, et qui subsistent encore, furent aussi gênantes par la multitude des formalités stériles que peu propres à garantir la propriété foncière et agricole des envahissements calculés de l'expropriation et de l'usure.

Napoléon avait trouvé dans les institutions révolutionnaires de la Convention et de la Constituante le double principe de l'unité du pouvoir et de la centralisation administrative; son génie habitué au commandement militaire devait s'accommoder d'un système gouvernemental simple et régulier, qui gradue les attributions et la responsabilité de chacun, et fait rayonner sans relâche la lumière et la vie du centre à tous les points de la circonférence. Il conçut l'idée de faire manœuvrer un vaste empire comme un régiment, et de ne souffrir aucun retardement, aucun obstacle, aucune temporisation lorsqu'il avait commandé. Ce fut ce prodigieux instinct de hiérarchie et d'ordre qui le mit en état de régénérer une grande nation dont toutes les forces s'étaient éparpillées dans l'individualisme républicain ou dans l'anarchie. La société était ébranlée, il entreprit de lui rendre la vigueur; il avait tout à faire pour organiser et constituer; le bonheur qu'il eut de relever les autels renversés par la tourmente témoigne que, dans ses vues, la force du sabre ne fut pas le seul élément de son élévation, et qu'il parut vouloir installer son trône sur une base immuable; mais il existait d'autres ruines à relever; après dix ans de secousses épouvantables endurées par le pays, il s'était trouvé, au 18 brumaire, en face de bourreaux et de victimes, et non en présence d'une société normale; on se fuyait, on se craignait. Il y avait bien çà et là des parvenus ridicules lorsqu'ils n'étaient pas atroces; des généraux sortis naguère de l'atelier; des savants et des artistes encore meurtris ou tachés par la révolution; des jeunes filles élevées dans l'exil ou à la porte des clubs; des femmes devenues tristement célèbres, au déclin de la monarchie ou sous le Directoire, par l'éclat de leurs fautes ou de leurs scandales : mais tout cela formait un tout sans cohésion et sans autre sentiment réciproque que la jalousie, la vengeance ou la haine. Napoléon ne recula pas devant la tâche difficile de rassembler ces éléments disparates pour en faire une société, et l'énergie de son ascendant fut si grande, qu'il atteignit son but. Il voulut forcer ce monde si étrangement divers à se concerter, à se voir, à se réformer, et il y réussit : les salons se rouvrirent, la gaieté revint; la décence même, quand elle ne put pas être replacée au fond des choses, parut au moins à la surface.

Napoléon avait créé une nouvelle noblesse, et la victoire avait vieilli ces illustrations de la cour impériale; d'anciens montagnards, des terroristes exaltés, des régicides s'étaient empressés de cacher leurs antécédents républicains sous les titres fastueux de barons et de comtes dont les affublait l'empereur; des hommes du plus haut lignage, dont les ancêtres avaient pris part aux croisades et décerné la couronne à Hugues Capet, venaient à leur tour solliciter les grâces de l'empereur et recevoir la clef de chambellan. Lui-même hâtait, dans les loisirs de la paix, cette fusion qu'il avait commencée sur les champs de bataille; il mêlait les grandes races aux jeunes familles de sa création, le vieux blason des pairs de Charles VII au blason, plus ou moins écartelé, de ses compagnons d'armes; il avait établi les majorats, et si, par respect pour le territoire français, il ne lui avait demandé aucune parcelle pour en former des fiefs, son royaume d'Italie et les portions allemandes de son empire lui fournissaient des principautés, des duchés, des comtés et des baronnies, qui d'ailleurs, à l'encontre de ce qui se passait sous l'ancienne monarchie, ne constituaient aux titulaires que de simples revenus, et ne leur attribuaient aucune juridiction et aucun droit de suzeraineté. C'était la noblesse de Charlemagne réduite par

Richelieu et Louis XIV aux seules vanités des gens de cour.

Il avait donc, comme les rois des deux premières races, ses douze pairs et ses leudes bénéficiaires ; les premiers étaient ses maréchaux ; les autres, ses hauts fonctionnaires Par un instinct de domination exclusive qu'il eût été plus digne de son génie de surmonter, il réduisait ses ministres à n'être que de simples commis, assez dépourvus d'influence et subordonnés dans le travail à un ministre intermédiaire placé plus près de sa personne : ce fut longtemps M. Maret, duc de Bassano. Au-dessous des ministres et dans l'ordre de la puissance politique, sinon des préséances, venaient les préfets des départements, la plus forte de ses conceptions administratives : « Les préfets, a-t-il dit lui-même, avec toute
« l'autorité et les ressources locales dont ils se trouvaient
« investis, étaient eux-mêmes *des empereurs au petit*
« *pied*; et comme ils n'avaient de force que par l'impul-
« sion première dont ils n'étaient que les organes, que
« toute leur influence ne dérivait que de leur emploi, du
« moment qu'ils n'en avaient point de personnelle, qu'ils
« ne tenaient nullement au sol par eux administré, ils
« avaient tous les avantages des anciens grands agents
« absolus sans en avoir les inconvénients. » Il dit encore:
« Il avait bien fallu créer toute cette puissance ; je me
« trouvais dictateur ; la force des circonstances le voulait
« ainsi : il fallait donc que tous les filaments, issus de
« moi, fussent en harmonie avec la cause première, sous
« peine de manquer de résultat. Le réseau gouvernant
« dont je couvris le sol requérait une furieuse tension,
« une prodigieuse force d'élasticité, si l'on voulait faire
« rebondir au loin les terribles coups qu'on nous ajustait
« sans cesse (1). »

(1) *Mémorial de Sainte-Hélène.*

Un ordre émané de l'empereur descendait avec une incroyable rapidité du souverain aux préfets, des préfets aux sous-préfets, de ceux-ci aux maires, et de ces derniers aux plus obscurs agents; l'immense empire se trouvait donc enveloppé et enfermé dans la main de Napoléon: combinaison d'une simplicité admirable et qui fournissait aux gouvernants; en temps de guerre, de merveilleuses ressources; en temps de paix, il devait en résulter des inconvénients bien graves. Peut-être est-il vrai de dire que, pour lui, l'excès de centralisation ne fut point un système définitif et pour toujours arrêté, mais seulement un moyen de gouverner et d'organiser.

L'empereur, obéissant à une pensée de régularité et d'ordre, avait su établir un système fiscal fort simple. Le ministre du trésor concentrait toutes les ressources et contrôlait toutes les dépenses de l'empire. L'économie fut introduite dans toutes les branches du service. Les forêts et les douanes, précédemment régies par les administrations collectives, furent soumises à des directions générales. Le même régime fut appliqué à l'enregistrement. Le crédit public commença à revivre; la banque de France fut créée et favorisée; une loi imposa aux receveurs généraux et particuliers, aux agents de change et aux notaires l'obligation de fournir des cautionnements; la caisse d'amortissement fut fondée; le droit de passe et de taxe sur les routes fut supprimé et remplacé par l'établissement d'octrois municipaux; la propriété foncière fut puissamment favorisée. Les changements politiques survenus depuis 1789 ayant créé environ dix millions de propriétaires territoriaux, il était indispensable d'assurer leurs droits et de fortifier leurs garanties; Napoléon fit commencer l'importante opération du cadastre, qui se poursuit encore; il régla la propriété des mines, et créa pour ce service un corps d'ingénieurs. Comme il attachait une grande gloire à l'extinction de la mendicité, il poursuivit la solution de ce problème, et créa de nombreux dépôts destinés à servir de refuge aux pauvres; il institua la Société maternelle, reconnut l'institution des Sœurs de la Charité, et rendit aux hospices les biens que la république leur avait enlevés. Six maisons destinées à recevoir les orphelines de la Légion d'honneur furent successivement établies, et de nouvelles succursales furent ajoutées à l'hôtel des Invalides; l'agriculture fut constamment améliorée et encouragée; une chaire d'économie rurale fut créée à l'école d'Alfort; mais la guerre, en arrachant l'élite de la population à la charrue, paralysait ces louables intentions.

L'industrie fut plus heureuse : l'école des Arts et Métiers de Châlons fut établie; les sciences concoururent aux progrès de l'art manufacturier; la chimie et la mécanique furent employées à perfectionner toutes les branches de l'économie industrielle; des manufactures de coton furent introduites, et leurs produits remplacèrent pour nous les tissus étrangers; l'espèce ovine connue sous le nom de mérinos fut élevée et répandue dans tout l'empire; pour se soustraire au blocus dont l'Angleterre frappait nos provenances coloniales, on imagina de suppléer au café par la chicorée, à l'indigo par le pastel, aux soudes étrangères par des soudes artificielles; la garance fut substituée à la cochenille, le sucre de betteraves au sucre exotique; les soieries de Lyon, de Tours et de Turin furent protégées; des prix élevés encouragèrent noblement toutes les inventions utiles. Mais, chose étrange et qui a le droit de surprendre, Napoléon repoussa comme une théorie sans réalisation possible l'application de la vapeur à la navigation. Ce fut, dit-on, en 1802 que le célèbre Fulton lui soumit ses idées et les vit repousser comme autant de rêves.

Par deux décrets qui se complétaient l'un par l'autre, et qui portent les dates de 1806 et de 1811, Napoléon

organisa l'Université impériale; mais le système qu'il imposa à l'instruction porta l'empreinte de cette volonté exclusive qui présidait à tous les actes de son règne. L'Université était régie et gouvernée par un grand maître nommé par l'empereur et révocable à volonté. Au-dessous du grand maître il y avait un conseil de l'Université, des conseils académiques, des inspecteurs et des professeurs; la hiérarchie de cette organisation enseignante comprenait dix-neuf degrés, qu'il fallait successivement franchir. « Il n'y aurait pas d'état politique fixe, disait-
« il au conseil d'État, s'il n'y a pas un corps enseignant
« avec des principes fixes. Tant qu'on n'apprendra pas
« dès l'enfance s'il faut être républicain ou monar-
« chique, catholique ou irréligieux, l'État ne formera
« pas une nation; il reposera sur des bases incertaines et
« vagues, il sera constamment exposé aux désordres et
« aux changements. » Dans une autre circonstance il s'exprimait ainsi : « ... Je désire qu'il y ait un corps
« d'instruction publique qui soit la pépinière des pro-
« fesseurs, des recteurs et des maîtres d'études, et qu'on
« leur donne de grands motifs d'émulation; il faut que
« les jeunes gens aient la perspective d'un grade à l'autre
« jusqu'aux dernières places de l'État. Les pieds de ce
« grand corps seront dans les bancs des colléges, et la
« tête dans le sénat... Je sens que les Jésuites ont laissé,
« sous le rapport de l'enseignement, un très-grand vide;
« je ne veux pas les rétablir, mais je me crois obligé
« d'organiser l'éducation de la génération nouvelle de
« manière à pouvoir surveiller ses opinions politiques et
« morales... Mon but principal, dans l'établissement
« d'un corps enseignant, est d'avoir un moyen de diriger
« les opinions politiques et morales; cette institution
« sera une garantie contre le rétablissement des moines...
« Quant à moi, j'aimerais mieux confier l'éducation
« publique à un ordre religieux que de la laisser telle

« qu'elle est... C'est une chose digne de remarque que
« l'instruction, à sa naissance, a toujours été accom-
« pagnée d'idées religieuses. On prétend que les écoles
« primaires tenues par les Frères ignorantins pourraient
« introduire dans l'Université un esprit dangereux ; on
« propose de les laisser en dehors de la juridiction... Je
« ne conçois pas l'esprit de fanatisme dont quelques
« personnes sont animées contre les Frères ignorantins,
« c'est un véritable préjugé ; partout on me demande leur
« rétablissement ; ce cri général démontre assez leur
« utilité. Quant aux écoles protestantes, elles subiront le
« sort commun, on les détachera de la juridiction reli-
« gieuse pour les faire entrer dans le corps civil. La
« moindre chose qui puisse être demandée par les catho-
« liques, c'est sans doute l'égalité ; car trente millions
« d'hommes méritent autant de considération qu'un
« million. »

Telle était la pensée de l'empereur sur l'instruction publique. On peut dire cependant qu'il entrevoyait la vérité, mais que les nécessités du rétablissement de l'ordre exagéraient chez lui le besoin de l'unité et le sentiment du pouvoir.

Cependant, grâce à d'autres dispositions qui intervinrent successivement, l'école normale, projetée par la Convention, fut définitivement réglée ; un décret remit en activité et transféra à la *villa Medici* l'école française des Beaux-Arts de Rome ; on y envoya quinze élèves. La littérature et les arts reçurent de notables encouragements ; néanmoins l'empereur n'aimait pas les gens de lettres ; il disait d'ailleurs qu'il n'y avait point pour elles d'autres encouragements que les places de l'Institut, parce qu'elles donnaient aux poëtes un caractère dans l'État. Mais les lettres sont indépendantes et capricieuses ; on ne parvient point à les discipliner, alors même qu'on surcharge de faveurs de cour ceux qui les cultivent.

Napoléon aimait les grands monuments et les travaux gigantesques. Son imagination orientale s'était encore exaltée au spectacle des Pyramides, et il eût désiré, comme les Pharaons, laisser aux siècles à venir de pareils témoignages de sa puissance. Sa pensée enfantait donc sans relâche des édifices et des créations dont l'accomplissement dépassait souvent la limite du possible. Si la guerre n'eût point absorbé les plus précieuses ressources de son génie, il eût renouvelé la face de la France. Il avait relevé les ruines de Lyon, et construit à Anvers de formidables arsenaux maritimes; l'immense digue de Cherbourg avait été réparée et continuée, et ce même point de nos côtes avait vu creuser dans le roc vif un large bassin capable d'abriter de grandes flottes; Boulogne, Wimereux, Ambleteuse, Étaples, le Havre, Dieppe, Calais, Gravelines, Dunkerque et d'autres ports avaient reçu de notables agrandissements; les arsenaux de la Meuse, ceux de Rotterdam et d'Helvoet-Sluys furent réparés à leur tour; la navigation du Zuyderzée et le port d'Amsterdam eurent leur part de ces améliorations créatrices; de grands travaux furent commencés aux embouchures du Weser, de l'Ems et de l'Elbe; un arsenal maritime fut construit à Gênes; le port de Venise et celui de la Spezzia furent fortifiés et agrandis; Corfou, grâce à de pareils ouvrages, devint pour nous la clef de la Grèce; le desséchement des marais Pontins fut projeté et entrepris; trente et un millions furent dépensés pour les ponts et chaussées, cinquante-quatre millions pour les canaux, quatorze pour les desséchements, deux cent soixante-dix-sept pour les routes de Paris à Mayence, à Amsterdam, à Hambourg, à Bayonne, pour les entreprises gigantesques du mont Genèvre et de la Corniche; plus de cent millions furent appliqués à des vues d'utilité publique; des ponts furent jetés sur la Sesia, sur la Scrivia, sur la Saône, sur la Loire, sur le Pô; les digues de l'Escaut et du Pô furent réparées; le canal de Saint-Quentin acheva de réunir le Rhône à l'Escaut, Anvers à Marseille; le canal de Mons à Condé assura un débouché aux houillères du département de Jemmapes; les canaux du Rhône au Rhin, de la Saône à la Loire furent continués à grands frais; la capitale manquait d'eau circulant dans ses divers quartiers, de halles, de marchés, de moyens d'ordre et de police pour les principaux besoins de sa consommation : alors on creusa le canal de l'Ourcq, qui conduit à Paris les eaux de trois rivières; on éleva des halles; on construisit des abattoirs, on assainit les rues et les places publiques; les églises de Sainte-Geneviève et de Saint-Denis, le palais de l'archevêché et la métropole furent restaurés; de vastes quais furent, pour ainsi dire, étendus sur les deux rives de la Seine; on prit soin de bâtir des greniers d'abondance et de réserve; on ouvrit de nouveaux musées qui renfermèrent les dépouilles artistiques enlevées aux nations vaincues, et que la victoire devait plus tard nous ravir : époque d'impérissable souvenir, où Paris se peuplait de chefs-d'œuvre, où des rues entières, les plus belles dont la capitale puisse s'enorgueillir, naissaient comme par enchantement; les palais, les lycées, les marchés, remplaçaient partout des établissements incommodes ou insalubres; la Seine se couvrait de ponts hardis; on commençait les travaux de l'Arc-de-Triomphe et de la Madeleine; on élevait la Bourse, on construisait des prisons; la flèche des Invalides reparaissait dans les airs brillante d'or comme sous le règne du grand roi; on déblayait l'immense vide du Carrousel, on restaurait le Louvre, les Tuileries, Versailles, Saint-Denis, Fontainebleau, Compiègne, toutes les vieilles résidences royales; sur la place Vendôme une colonne de bronze, digne rivale de la colonne Trajane, portait dans les nues la statue de l'empereur, et déroulait en spirale l'histoire de la campagne d'Austerlitz gravée en caractères ineffaçables, écrite en relief avec les canons conquis sur les ennemis de la France. Chaque partie de l'empire ressentait l'influence de ce génie réparateur; Bordeaux, Bayonne, Turin, Ajaccio, Alexandrie, Milan, Aix-la-Chapelle, Bruges, Ostende, Brest, Orléans et beaucoup d'autres cités non moins puissantes, lui devaient un développement nouveau, des embellissements, des créations utiles. Au milieu des sables du Poitou et sur le théâtre de cette Vendée qu'il avait pacifiée, l'empereur élevait la ville à qui de nos jours on avait donné le nom de Bourbon-Vendée, et qui depuis a repris le nom de son glorieux fondateur. Il encourageait l'industrie; partout où il passait, on le voyait jeter des ponts, ouvrir des routes, percer le flanc des montagnes et abaisser les barrières que la nature a mises entre les nations occidentales ; à l'exemple des souverains pontifes, il travaillait à restaurer et à désencombrer Rome, et pendant que cette entreprise se poursuivait par ses ordres, pendant que le Rhin, le Weser et l'Elbe, devenus fleuves français, nous rattachaient par tous les points le nord et l'Allemagne, la France et l'Italie, comme deux sœurs, étendaient d'un pays à l'autre des mains amies qui se rencontraient dans les Alpes, sur les sommets du mont Cenis et du Simplon : et toujours avide d'imiter Charlemagne, Napoléon s'attachait de préférence à vivifier les portions les plus éloignées de son empire, comme s'il eût été pressé du besoin de faire oublier à ses nouveaux sujets les désastres et les humiliations de la conquête (1).

Voilà par quels travaux, par quelles puissantes traces de son passage, Napoléon voulut perpétuer sa mémoire

---

(1) En traçant cette esquisse des grandes conceptions de l'empereur, nous avons eu plusieurs fois recours au livre qui a pour titre : *Les Idées Napoléoniennes*, ouvrage éminent, composé dans l'exil par le prince à qui la Providence a donné la double et sublime mission de sauver la France et de la gouverner. Nous avons nommé l'empereur Napoléon III, aujourd'hui régnant.

dans l'esprit des peuples; sa passion pour les monuments parut égaler sa passion pour la guerre; mais comme il dédaignait tout ce qui est petit et mesquin, il préférait les grandes constructions, de même qu'il aimait les grandes batailles. Rien ne lui paraissait trop beau, trop majestueux pour embellir la capitale d'un pays dont il voulait faire le premier pays du monde, et nulle conquête n'était pour lui une œuvre achevée, tant qu'il y manquait le monument destiné à en transmettre le souvenir aux races futures.

CHAPITRE VII

NAPOLÉON ET SA COUR. — MOUVEMENT INTELLECTUEL
ET LITTÉRAIRE.

Ce n'est point abaisser la majesté de l'histoire que de la faire descendre aux détails privés lorsqu'ils servent à caractériser un homme célèbre et une époque fameuse.

Napoléon était de moyenne taille; sa tête était grosse, son front large et élevé, ses yeux bleu-clair, ses cheveux châtain-noir, ses sourcils de couleur pareille, mais les cils de ses paupières plus pâles; son regard était rapide comme l'éclair, doux ou sévère, terrible ou caressant, selon les pensées intérieures qui agitaient son âme; il avait le nez bien fait, la forme de la bouche gracieuse et d'une extrême mobilité; ses mains, un peu petites, étaient néanmoins remarquablement belles et blanches; il avait le pied un peu grêle; ses jambes étaient assez courtes, et sa démarche quelquefois embarrassée; il était moins bien à pied qu'à cheval; en se promenant, soit dans ses appartements, soit dans ses jardins, il marchait un peu courbé, les mains croisées derrière le dos, et faisant assez fréquemment un mouvement de l'épaule droite peu gracieux ; sa voix était digne, quoique accentuée ; il écrivait d'une façon illisible.

Dans son enfance et dans sa jeunesse, son visage était celui d'un adolescent italien; plus tard, au siége de Toulon, il fut atteint d'une maladie cutanée fort maligne, et dont il ne guérit jamais entièrement : il fut d'ailleurs vivement éprouvé par les fatigues de la guerre dans ses campagnes d'Italie et d'Égypte; aussi à cette époque ses joues étaient-elles creuses et pâles jusqu'à la lividité; alors aussi ses longs cheveux plats descendaient sur ses joues et sur ses oreilles, et lui donnaient au premier abord l'apparence de la laideur. Parvenu au pouvoir, il perdit sa maigreur, son teint plombé s'éclaircit, et peu de figures étaient aussi dignes d'attention que la sienne dans les années qui suivirent l'avénement à l'empire et précédèrent la campagne de Wagram. Vers ce temps il avait atteint sa quarantième année, et un nouveau changement s'opéra dans sa personne : il prit beaucoup d'embonpoint; ses cheveux devinrent plus rares. Quand il était debout, il s'appuyait sur la hanche; d'autres fois, et surtout pendant ses batailles, il croisait les bras sur sa poitrine et affectait une sorte d'immobilité. Il avait pour coutume de prendre chaque jour un bain fort prolongé, et personne n'ignore qu'il faisait du tabac un usage immodéré. Une habitude plus digne de lui était celle de se faire réveiller la nuit chaque fois qu'il arrivait une nouvelle fâcheuse : pour les bonnes nouvelles, il disait qu'on a toujours le temps de les apprendre, mais qu'on ne doit pas ajourner le moment de connaître un revers, afin d'être en mesure d'y parer. Il pouvait se passer fort longtemps de sommeil, et il lui arrivait souvent de se lever plusieurs fois dans la même nuit pour dicter des dépêches.

Il affectait de se distinguer de la foule de ses courtisans par une extrême simplicité de mise : beaucoup de grands hommes ont eu la même habitude, et ç'a été de leur part une modestie plus orgueilleuse peut-être que la pompe même de la royauté. Napoléon, à l'armée et à la ville, portait sur son uniforme la redingote grise qu'il a rendue populaire à l'égal de son petit chapeau. Dans les grandes cérémonies où il fallait paraître avec majesté, il se couvrait des plus fastueux ornements dont les traditions monarchiques eussent transmis la coutume. Son grand manteau impérial, ouvert sur les côtés comme celui de Charlemagne, était entièrement parsemé d'abeilles d'or ; le plus riche diamant de la couronne de France, *le Régent*, avait été enchâssé sur la garde de son épée. Sa maison militaire offrait le plus splendide aspect.

L'empereur avait pour les hommes sanguinaires de la révolution, et surtout pour les régicides, la plus profonde aversion. Il portait comme un fardeau terrible l'obligation de dissimuler avec eux ; mais quand il parlait de ces juges sinistres, de ceux qu'il appelait lui-même *les assassins de Louis XVI*, c'était avec horreur, et il gémissait sur la nécessité où il était de les employer et de se contraindre au point de les ménager (1).

Quelle que fût sa passion pour le métier des armes, et malgré les torrents de sang que son ambition a fait couler, Napoléon était généralement porté à la clémence et aux satisfactions si douces de l'amitié. De son origine corse il n'avait gardé qu'une disposition fréquente à l'emportement et à la colère ; ses accès étaient terribles, et ne permettaient à personne de demeurer exempt de crainte. Il faut dire toutefois que bien souvent ces colères étaient feintes et calculées. Quand l'un de ses

---

(1) « Combien de fois, dit Bourrienne, n'a-t-il pas dit à Cambacérès, en lui pinçant légèrement l'oreille, pour adoucir par cette familiarité habituelle l'amertume du propos : *Mon pauvre Cambacérès, je n'y peux rien, mais votre affaire est claire : si jamais les Bourbons reviennent, vous serez pendu.* Un sourire forcé contractait alors la figure plombée de Cambacérès d'une manière qu'il serait aussi difficile que désagréable de peindre. »

ministres ou quelque autre grand personnage avait fait une faute grave et qui méritait des reproches sérieux, Napoléon avait toujours le soin d'admettre un tiers à la scène de réprimande : ce témoin ne manquait pas de transmettre au loin discrètement ce qu'il avait vu et entendu, « et, dit Napoléon, une terreur salutaire cir-
« culait de veine en veine dans le corps social; les choses
« en marchaient mieux, je punissais moins. » Peut-être cette justification ne doit-elle pas être acceptée sans réserve, et n'est-elle que le sentiment des reproches secrets que Napoléon s'adressait après avoir cédé à la colère.

« Un jour, dit M. de Las-Cases, dans une des grandes audiences, il attaqua un colonel avec la plus grande chaleur et tout à fait avec l'accent de la colère, sur de légers désordres commis par son régiment envers les habitants du pays qu'il venait de traverser en rentrant en France; et comme le colonel, pensant la punition fort au-dessus de la faute commise, cherchait à se disculper et y revenait souvent, l'empereur lui disait à voix basse, sans discontinuer la mercuriale publique : « C'est bien, mais
« taisez-vous; je vous crois, mais demeurez tranquille. »
Et plus tard, en le revoyant seul, il lui dit : « C'est que
« je fustigeais en votre personne des généraux qui vous
« entouraient, et qui, si je me fusse adressé directement
« à eux, se seraient trouvés mériter la dernière dégra-
« dation, peut-être davantage. »

« Mais si l'empereur attaquait de la sorte en public, il lui arrivait parfois aussi de se voir attaquer à son tour.

« Un jour, à Saint-Cloud, à la grande audience du dimanche, un sous-préfet ou autre fonctionnaire piémontais, l'air égaré et tout hors de lui, l'interpelle de la voix la plus élevée, lui demandant justice sur sa destitution, soutenant qu'il avait été faussement accusé et

condamné. « Allez trouver mes ministres, lui dit l'em-
« pereur. — Non, Sire, c'est par vous que je veux être
« jugé. — Je ne le saurais, je n'en ai point le temps;
« j'ai à m'ocuper de tout l'empire, et mes ministres
« sont institués pour s'occuper des individus. — Mais
« ils me condamneront toujours. — Et pourquoi? —
« Parce que tout le monde m'en veut. — Et pourquoi
« encore? — Parce que je vous aime; il suffit qu'on
« vous soit attaché pour qu'on devienne en horreur
« à tout le monde. — Ce que vous dites là est bien
« fort, Monsieur, dit l'empereur avec calme; j'aime
« à croire que vous vous trompez. » Et il passa tran-
quillement au voisin... Une autre fois, à une parade, un
jeune officier, aussi tout hors de lui, sort des rangs
pour se plaindre qu'il est maltraité, dégradé, qu'on a
été injuste à son égard, qu'on lui a fait éprouver des
passe-droits, et qu'il y a plus de cinq ans qu'il est lieutenant sans pouvoir obtenir de l'avancement. « Calmez-
« vous, lui dit l'empereur; moi je l'ai bien été sept ans,
« et vous voyez qu'après tout, cela n'empêche pas de
« faire son chemin. » Tout le monde de rire, et le jeune
officier, subitement refroidi, d'aller reprendre son
rang. »

Il permettait à ses soldats, particulièrement à ceux du
corps d'élite qu'il appelait la vieille garde, d'user envers
lui d'une grande liberté de parole. Ces vieux compagnons d'armes, gardant les coutumes de la république,
se permettaient souvent de le tutoyer; mais ils ne le faisaient que dans les occasions où ils allaient donner leur
vie pour sa gloire : c'étaient les gladiateurs saluant César
avant de mourir. L'armée, enorgueillie de son chef, le
servait avec un dévouement fanatique, avec un amour
dont l'histoire n'offre pas d'exemple. Quand il passait
sur un champ de bataille pavé de morts et de mourants,
les blessés retrouvaient à sa vue une sorte de vie galva-

nique, et, se soulevant, expiraient heureux en criant : *Vive l'empereur!* Pour lui, il acceptait ces sacrifices avec un visage calme, comme s'ils lui étaient naturellement dus. Parfois cependant il descendait de cheval et donnait au corps des ambulances les ordres nécessaires pour le transport de ces malheureux. Un jour, après la terrible affaire de Pultusk, en Pologne, il vit un Russe tout mutilé par le canon et horriblement défiguré par l'explosion d'un caisson, qui se traînait dans la boue; ce spectacle faisait horreur. « Relevez cet homme, dit Napoléon au baron de Saint-Aignan, l'un des officiers de sa suite; et comme M. de Saint-Aignan semblait hésiter à la vue de ce misérable : « Allez, lui répéta l'empereur, et sachez qu'il « est là-haut un Dieu qui ne laisse pas les bonnes « actions sans récompense. »

Sévère lorsque la nécessité du commandement l'exigeait, rigoureux même à l'excès lorsqu'il fallait effrayer par des exemples, il savait dans l'occasion se montrer humain et clément. Dans l'une des nuits qui servirent d'intermède au sanglant combat d'Arcole, il surprit un factionnaire endormi à son poste; sans mot dire, il saisit le fusil de ce soldat et fit lui-même le service. La sentinelle, s'étant réveillée, se crut perdue. « Ne crains rien, « lui dit son général, après deux journées aussi péni-« bles, il est bien permis à un brave comme toi de se « livrer au sommeil, mais une autre fois choisis mieux « ton temps. »

En parcourant le champ de bataille de Wagram, l'empereur s'arrêta sur l'emplacement qu'avaient occupé les deux divisions de Macdonald; il présentait le tableau d'une perte qui avait égalé leur valeur. La terre était labourée de boulets; l'empereur reconnut parmi les morts un colonel dont il avait eu à se plaindre, et qui n'avait reconnu ses bontés que par l'ingratitude. En le voyant noyé dans son sang, Napoléon s'écria : « Je suis

« fâché de n'avoir pu lui parler avant la bataille pour lui
« dire que j'avais tout oublié. »

A quelques pas de là il trouva un jeune sous-officier de cavalerie qui vivait encore, quoiqu'il eût la tête traversée d'un biscaïen; mais la chaleur et la poussière avaient coagulé le sang presque aussitôt, de sorte que le cerveau n'avait reçu aucune impression de l'air. L'empereur mit pied à terre, lui tâta le pouls, et, avec son mouchoir, se mit à lui déboucher les narines, qui étaient pleines de terre. Comme il approchait un peu d'eau-de-vie de ses lèvres, le blessé ouvrit les yeux et parut d'abord insensible aux soins dont il était l'objet; puis les ayant ouverts de nouveau, il les arrêta sur l'empereur, qu'il reconnut, et alors son visage fut baigné de larmes. Bien souvent, dans les pénibles campagnes d'Allemagne et de Pologne, il lui arrivait de s'approcher des bivouacs et de causer avec ses vieux soldats, qu'il appelait ses grognards; alors il mangeait de leur pain, goûtait de leur soupe, et témoignait pour leur bien-être une sollicitude fort active. Ces militaires, souvent découragés par les privations et les fatigues, reprenaient toute leur énergie en voyant l'empereur s'associer à leur pénible existence. Nul ne songeait à se plaindre de la rapidité des marches et de la profondeur des marais, lorsque l'empereur, mouillé comme eux par la pluie, couvert comme eux de boue jusqu'aux genoux, les précédait, leur donnait l'exemple de la patience et du dévouement, et supportait quelquefois des semaines et des mois de guerre laborieuse sans avoir d'autre palais qu'une tente, d'autre lit que celui des camps. Au moment d'une revue, il se faisait donner par le colonel les noms et les numéros de chaque militaire reconnu pour le plus brave de la compagnie; il ordonnait qu'on y ajoutât une note succincte sur la famille et les services de cet homme; puis, lorsqu'il était muni de ces renseignements, il s'approchait du soldat désigné, l'appelait par son nom, lui demandait des nouvelles de son vieux père, lui citait les occasions dans lesquelles il avait fait éclater son courage; et le soldat de s'exalter jusqu'au délire pour son empereur, et le reste de la troupe d'admirer comment il pouvait se faire que Napoléon les connût tous par leurs noms et n'oubliât aucun de leurs traits de bravoure. On conçoit quelle influence de pareilles scènes exerçaient sur le moral de l'armée. Mais ces excitations ne s'adressaient pas seulement aux simples militaires, les régiments en avaient leur part. Après chaque victoire, on décorait l'aigle du corps qui s'était le plus distingué, et les régiments les plus intrépides recevaient des surnoms glorieux, tels que ceux-ci : *un contre dix*, le *terrible*, l'*invincible*, l'*indomptable*. Aussi, quand cet homme, que tant de prestige environnait, se présentait à ses soldats au moment de l'attaque, sa vue remuait jusque dans leurs entrailles le dévouement et l'héroïsme, tandis que les armées ennemies, averties par cet élan et par les clameurs des nôtres de l'approche de l'empereur, se trouvaient paralysées et glacées, comme tremble un faible troupeau aux rugissements du lion.

Il était doué d'un courage froid et calme, et savait conserver au milieu des plus grands dangers une présence d'esprit qui lui permettait de donner des ordres utiles et de veiller à leur exécution. Quand il fallait payer de sa personne, il s'exposait comme le plus obscur des grenadiers; dans les autres circonstances, il n'oubliait pas que de sa vie dépendait le salut de ses armées, et il agissait alors plutôt en général qu'en soldat. Il avait reçu trois blessures dans le cours de ses campagnes, mais toutes étaient légères. Superstitieux comme l'ont été d'autres conquérants, il comptait sur sa fortune, et aimait à s'entendre proclamer l'homme des destins. Il croyait à son *étoile* ou affectait d'y croire, afin de donner aux autres une confiance plus grande en son avenir. Un jour il discutait l'un des plus hasardeux desseins qu'il eût projetés, et ne pouvait parvenir à convaincre son interlocuteur de la réussite de ses plans. Ayant enfin ouvert une fenêtre, il montra le ciel et dit à la même personne : « Voyez-vous cette étoile? — Non, reprit « l'autre. — Voyez-vous cette étoile? répéta-t-il encore. « — Non, Sire. — Eh bien! je la vois, moi qui vous « parle! » et il ne donna plus d'autre raison. Il attachait un grand prix à des rapprochements de date, et s'imaginait avoir des jours fastes et néfastes.

Il aimait à la fois la pompe du luxe et l'économie : plus large dans ses dépenses que Cromwell, qui n'aimait pas à voir brûler inutilement une bougie, il surveillait néanmoins avec un soin extrême l'emploi des fonds destinés à faire face à son entretien personnel et à celui de sa maison. Un jour qu'on lui faisait admirer un nouvel ameublement des Tuileries, et qu'il s'en montrait satisfait en apparence, on le vit s'approcher d'une magnifique tenture et couper un gland d'or, sans qu'on pût s'imaginer le motif d'une pareille action. Peu après, on apprit qu'il s'était rendu dans plusieurs magasins et y avait comparé le prix des objets de cette nature. Aussi l'intendant chargé de son ameublement n'obtint-il de lui que cette phrase : « Tenez, mon cher, Dieu me garde de penser « que vous me volez, mais on vous vole; vous avez payé « ceci un tiers au-dessus de sa valeur. » Il lui arrivait souvent, dans ses promenades du matin, d'entrer dans les boutiques et de s'informer de la valeur des marchandises exposées en vente. En dépit de ses immenses occupations, il révisait lui-même ses propres comptes; mais il avait sa méthode, on les lui présentait toujours par spécialité; il s'arrêtait sur le premier article venu, le sucre, par exemple, et trouvant des milliers de livres, il prenait une plume et demandait au comptable : « Com-

bien de personnes dans ma maison, Monsieur? (Et il fallait pouvoir lui répondre sur-le-champ.) — Sire, tant. — A combien de livres de sucre les portez-vous l'une dans l'autre? — Sire, à tant. » Il faisait aussitôt son calcul, et se montrait satisfait, ou s'écriait en lui rejetant son papier : « Monsieur, je double votre propre estima-
« tion, et vous dépassez encore énormément : votre
« compte est donc faux? Recommencez tout cela, et
« montrez-moi plus d'exactitude. » Et il suffisait de ce seul calcul, faisait-il observer, pour tenir chacun dans la plus stricte régularité (1).

D'autres fois, et le plus souvent même, c'était pour interroger l'opinion et veiller au service général qu'il se promenait en habit de ville et fréquentait les magasins ou les lieux publics; son secrétaire était d'ordinaire chargé de l'accompagner dans ces excursions. Un jour qu'affublé du ridicule costume des merveilleux de ce temps, il était entré dans une boutique de la rue Saint-Honoré, il lui prit fantaisie de parler contre le gouvernement. « Votre Bonaparte, dit-il, ne fait rien de bon, etc. » Mais le marchand ne lui répondit qu'en lui adressant des injures et des menaces, et le prétendu acheteur fut très-heureux de s'esquiver. Plus d'une fois il lui arrivait de sortir avec Marie-Louise et de se confondre bourgeoisement dans la foule; c'est de cette façon qu'il aimait à prendre sa part des fêtes publiques et qu'il entendait les propos du peuple. Un jour, le couple se donna le plaisir, moyennant une légère rétribution, de contempler dans les lanternes magiques Leurs Majestés l'empereur et l'impératrice des Français, toute leur cour, etc.; Napoléon appelait cela *la police du cadi*.

Souvent il parlait beaucoup, quelquefois même un peu trop; mais il racontait d'une manière agréable et entraînante. Sa conversation roulait rarement sur des objets

(1) *Mémorial de Sainte-Hélène.*

gais ou plaisants, jamais sur des choses futiles. Il aimait tant à discuter, que dans la chaleur de la discussion il était facile de lui faire dire les secrets qu'il cachait le plus soigneusement. Quelquefois il s'amusait dans un petit cercle à raconter des historiettes, et toutes ses narrations étaient pleines de charme et d'originalité. Il avait peu de mémoire pour les noms propres, les mots, les dates ; mais il en avait une prodigieuse pour les faits et les localités. En général, il montrait beaucoup de répugnance à revenir sur une décision arrêtée, alors même qu'elle était reconnue injuste ; mais plusieurs fois le cœur l'avait emporté chez lui sur son amour-propre.

Il avait décrété qu'une pension de 60,000 francs serait régulièrement payée, sur les fonds du trésor, à M. le prince de Conti, à madame la duchesse de Bourbon et à madame la duchesse douairière d'Orléans. Il avait fait une autre pension à la nourrice de l'infortuné Louis XVII, ainsi qu'à celle de madame la duchesse d'Angoulême. Un jour M. de la Bouillerie, directeur du domaine extraordinaire, reçut l'avis que deux navires, dont la cargaison pouvait être évaluée à 800,000 francs, venaient d'être saisis au Havre en exécution du décret de Berlin sur les provenances anglaises. M. de la Bouillerie, ayant cru reconnaître qu'en cette circonstance on avait donné une extension outrée au système continental, s'empressa d'en faire son rapport particulier à l'empereur. Bien qu'il fût tard, Napoléon ne voulut point ajourner l'examen de cette question, et, après avoir jeté un coup d'œil sur les pièces officielles, approuva l'ordre de restituer les deux navires saisis. Un courrier fut expédié dans la nuit pour porter ces instructions Le lendemain, M. de la Bouillerie s'étant fait présenter, l'empereur lui dit : « J'ai lu votre rapport, et je vous remercie d'avoir
« empêché qu'on me fît commettre cette odieuse injus-
« tice ; c'est comme cela qu'il faut me servir. »

Sévère à l'égard des agents et préposés auxquels il confiait l'administration de l'empire, Napoléon avait le tort de fermer les yeux sur les exactions que ses généraux et ses traitants commettaient dans les pays conquis ou alliés; c'était même pour lui un moyen de grossir son propre trésor. Lorsqu'un financier ou un fournisseur s'était beaucoup enrichi et qu'il y avait lieu de soupçonner que sa fortune avait été trop rapidement acquise, l'empereur le sommait de lui remettre un certain nombre de millions, et le prévenu, redoutant les conséquences d'un refus, s'exécutait d'assez mauvaise grâce. Il en agissait ainsi avec ses maréchaux ou ses proconsuls dilapidateurs; mais les peuples spoliés n'en devenaient guère plus heureux.

Autant, sous le consulat, il avait su exploiter les conspirations dirigées contre sa personne, autant, depuis son avénement à l'empire, il s'était attaché à les tenir secrètes. Il s'en formait souvent, mais la police parvenait à les déjouer. Il existait, même dans le sein de l'armée, des sociétés secrètes qui avaient conservé, comme tradition, les principes de la liberté républicaine; les fauteurs de ces associations n'attendaient qu'une occasion favorable pour agir, les ennemis de Napoléon ne se décourageaient point. Il arriva qu'un jeune homme de Dresde, échappé de l'université de Halle ou de Leipsick, vint à Paris avec le projet de tuer l'empereur. Arrêté par ordre de Savary, duc de Rovigo, qui avait remplacé Fouché au ministère de la police générale, il fut interrogé, et confessa volontairement son crime. Il avoua que son intention, en venant à Paris, avait été de tuer l'empereur pour attacher son nom au sien. Il ajouta que Henri IV avait été manqué vingt-deux fois, et n'avait succombé qu'à la vingt-troisième tentative; que Napoléon, il est vrai, n'avait été manqué encore que trois ou quatre fois, mais que cela n'arrêterait pas un homme de courage qui ne comptait sa vie pour quelque chose qu'autant qu'elle était utile, et qu'il trouverait la sienne suffisamment bien employée, puisqu'elle avancerait d'une chance les probabilités de succès pour ceux qui voudraient l'imiter. Le duc de Rovigo fit part à l'empereur de cette tentative d'assassinat, et lui demanda ses ordres; Napoléon fit répondre: « Il ne faut point ébruiter cette affaire, afin « de n'être point obligé de la finir avec éclat. L'âge du « jeune homme est son excuse; on n'est pas criminel « d'aussi bonne heure, lorsqu'on n'est pas né dans le « crime. Dans quelques années il pensera autrement, « et l'on serait aux regrets d'avoir immolé un étourdi « et plongé une famille estimable dans le deuil. Mettez- « le à Vincennes, faites-lui donner les soins dont il « paraît que sa tête a besoin; donnez-lui des livres, « faites écrire à sa famille, et laissez faire le temps. » En conséquence de ces ordres, ce jeune homme, qui se nommait Von der Sulhn, fut mis à Vincennes et n'en sortit qu'après les événements de 1814.

La récolte de 1811 s'annonçait mal, et en effet elle fut très-mauvaise; l'empereur travailla avec une prodigieuse activité à assurer les subsistances du peuple. Comme le ministre de l'intérieur, M. de Montalivet, croyait calmer ses inquiétudes en lui annonçant que *le pain ne manquerait pas, bien qu'il dût être cher*, Napoléon se récria avec sa violence accoutumée contre cette consolation. « Qu'est-ce à dire? répondit-il au ministre; qu'entendez- « vous par ces paroles, *le pain sera cher, mais il ne* « *manquera pas*? Eh! de qui croyez-vous, Monsieur, « que nous nous occupions depuis deux mois? Des « riches?... Je m'en occupe bien, vraiment!... Je sais « que ceux qui ont de l'or trouveront toujours du pain, « comme ils trouvent tout en ce monde!... Ce que je « veux, Monsieur, c'est que le peuple ait du pain... c'est « qu'il en ait beaucoup, et de bon, et à bon marché...

« c'est que l'ouvrier, enfin, puisse nourrir sa famille
« avec le prix de sa journée! » Ces paroles réveillèrent
une ardeur nouvelle, et la population pauvre eut moins
à souffrir qu'on n'aurait pu le craindre. Toutefois, sur
plusieurs points de l'empire, la cherté des grains souleva de graves désordres ; mais ils furent comprimés avec
une rigueur inouïe. C'est ainsi que la ville de Caen, qui
avait été le théâtre d'une émeute causée par la faim, se
vit envahie par des troupes expédiées en poste de Paris,
et plusieurs habitants, parmi lesquels se trouvaient des
femmes, furent traduits devant une commission militaire, condamnés à mort et fusillés.

Soldat monté sur le pavois aux acclamations d'un
peuple révolutionnaire, Napoléon avait compris que
l'éclat du vice, en reportant la nation aux funestes souvenirs, devait compromettre sa jeune dynastie en la
dégradant dès son origine. On ne vit pas, sous son règne,
des favorites disputant insolemment aux épouses légitimes les hommages du prince et de la cour. S'il y eut des
désordres à la cour, ces fâcheux écarts n'influèrent
jamais sur le gouvernement; et sous ce rapport, l'histoire peut s'épargner la pénible tâche d'en tenir compte
et de les étaler au grand jour. Napoléon comptait dans
sa famille des personnes d'une haute distinction.
Madame, mère de l'empereur, était une personne d'un
grand sens et d'un grand cœur, que la prospérité ne parvint jamais à éblouir, et qui, au milieu des pompes de la
cour impériale, garda une âme simple et une raison
droite. Comme elle avait connu la misère, elle faisait des
réserves pour l'avenir, et répondait à ceux qui s'en étonnaient : « Qui sait ? dans quelques années j'aurai peut-
« être une demi-douzaine de rois qui me demanderont du
« pain. » On voit qu'elle ne se faisait point d'illusions.
Il est juste de reconnaître qu'elle répandait autour d'elle
de nombreux bienfaits. Elle vivait un peu froidement

avec l'empereur, et ce dernier ne lui témoignait pas toujours une déférence assez marquée : c'est que Letizia Ramolino était non-seulement la mère de l'empereur, mais encore celle de plusieurs autres enfants, dont l'un, Lucien Bonaparte, vivait dans la disgrâce et dans l'exil. Ce frère de Napoléon, qui par son courage avait assuré la révolution du 18 brumaire, s'était vu contraint de quitter la France, pour avoir noblement refusé de rompre un mariage contracté à l'étranger, et que l'empereur jugeait indigne de sa haute fortune.

Au milieu des entraînements de ses passions, et alors même qu'il contristait l'Église dans la personne de son chef, Napoléon était animé d'une foi sincère dans les questions religieuses. Pour donner une idée aussi exacte que possible de l'état de son âme et de ses croyances, nous regardons comme indispensable de citer les paroles qu'il prononça lui-même à ce sujet : « D'où viens-je ? qui
« suis-je ? où vais-je ? ce sont autant de questions mys-
« térieuses qui nous précipitent vers la religion. Nous
« courons au-devant d'elle ; notre penchant naturel nous
« y porte ; mais arrive l'instruction qui nous arrête (1)...
« Alors la raison se replie douloureusement... on croit
« à Dieu parce que tout le proclame autour de nous, et
« que les plus grands esprits y ont cru... Et voyez un
« peu la gaucherie de ceux qui nous forment ; ils de-
« vraient éloigner de nous l'idée du paganisme et de
« l'idolâtrie, parce que leur absurdité provoque nos
« premiers raisonnements et nous prépare à résister à
« la croyance passive ; et pourtant ils nous élèvent au
« milieu des Grecs et des Romains, avec leurs myriades
« de divinités. Telle a été pour mon compte et à la lettre
« la marche de mon esprit. J'ai eu besoin de croire, j'ai
« cru ; mais ma croyance s'est trouvée heurtée, incer-

(1) La véritable science conduit à Dieu ; il n'y a que la fausse, la demi-science qui en éloigne.

« taine, dès que j'ai su, dès que j'ai raisonné; et cela
« m'est arrivé d'aussi bonne heure que treize ans Peut-
« être croirai-je de nouveau aveuglément : *Dieu le veuille!*
« (Dieu l'a voulu, nous l'espérons.) Je n'y résiste assu-
« rément pas, je ne demande pas mieux; je conçois que
« ce doit être un grand et vrai bonheur.

« Toutefois, dans les grandes tempêtes, dans les sug-
« gestions accidentelles de l'immortalité même, l'absence
« de cette foi religieuse, je l'affirme, ne m'a jamais in-
« fluencé en aucune manière, et je n'ai jamais douté de
« Dieu; car si ma raison n'eût pas suffi pour le com-
« prendre, mon intérieur ne l'adoptait pas moins : *mes*
« *nerfs étaient en sympathie avec ce sentiment*.

« Lorsque je saisis le timon des affaires, j'avais déjà
« des idées arrêtées sur tous les grands éléments qui
« cohésionnent la société; j'avais pesé toute l'impor-
« tance de la religion; j'étais persuadé, et j'avais résolu
« de la rétablir. Mais on croirait difficilement les résis-
« tances que j'eus à vaincre pour ramener au catholi-
« cisme. On m'eût suivi bien plus volontiers (il parle des
« hommes d'État de la république) si j'eusse arboré la
« bannière protestante; c'est au point qu'au conseil
« d'État, où j'eus grand'peine à faire adopter le con-
« cordat, plusieurs ne se rendirent qu'en complotant
« d'y échapper. Eh bien! se disaient-ils l'un à l'autre,
« faisons-nous protestants, et cela ne nous regardera
« pas... Mais, outre que je tenais réellement à ma reli-
« gion natale, j'avais les plus hauts motifs pour me
« décider. En proclamant le protestantisme, qu'eussé-je
« obtenu? J'aurais créé en France deux grands partis à
« peu près égaux, lorsque je voulais qu'il n'y en eût
« plus du tout; j'aurais ramené la fureur des querelles
« de religion, lorsque les lumières du siècle et ma vo-
« lonté avaient pour but de les faire disparaître tout à
« fait. Ces deux partis, en se déchirant, eussent anni-

« hilé la France, et l'eussent rendue l'esclave de l'Eu-
« rope, lorsque j'avais l'ambition de l'en rendre la
« maîtresse; avec le catholicisme j'arrivais bien plus
« sûrement à tous mes grands résultats... Au dehors, le
« catholicisme me conservait le pape; et, avec mon in-
« fluence et nos forces en Italie, je ne désespérais pas,
« tôt ou tard, *par un moyen ou par un autre, de finir*
« *par avoir à moi la direction de ce pape*; et dès lors
« quelle influence! quel levier d'opinion sur le reste du
« monde! » Il ajoutait encore : « ... Dans mes querelles
« avec le pape, j'avais pour premier soin de ne pas tou-
« cher au dogme; si bien que, dès que le bon et véné-
« rable évêque de Nantes me disait : « Prenez garde! vous
« voilà en face du dogme, » sans m'amuser à disserter
« avec lui, sans chercher même à comprendre, je dé-
« viais aussitôt de ma route pour y revenir par d'autres
« voies (1)... »

Napoléon disait ensuite, en parlant du pape : « Dans
« sa charité chrétienne, car c'est véritablement un bon,
« doux et brave homme, il n'a jamais désespéré de me
« tenir pénitent à son tribunal; il en a laissé souvent
« échapper l'espoir et la pensée. Nous en causions quel-
« quefois gaiement et de bonne amitié : « Vous y vien-
« drez tôt ou tard, me disait-il avec une innocente dou-
« ceur, je vous y tiendrai, ou d'autres si ce n'est moi,
« et vous verrez alors quel contentement, quelle satis-
« faction pour vous-même... » Insistant ensuite sur ses
démêlés avec le souverain pontife, Napoléon révélait son
arrière-pensée tout entière, en disant que son intention
était, après avoir dépouillé le pape de ses États, de lui
assigner Paris pour résidence, et de tenir, en quelque
sorte, dans sa main impériale le timon des affaires
religieuses. « J'en aurais fait une idole (du pape); il fût

---

(1) On voit par là, en dépit de ses restrictions, que la foi n'a jamais été effacée de son cœur.

« demeuré près de moi : Paris fût devenu la capitale du
« monde chrétien, et j'aurais dirigé le monde religieux
« aussi bien que le monde politique. C'était un moyen
« de plus de resserrer toutes les parties fédératives de
« l'empire, et de contenir en paix tout ce qui demeurait
« en dehors. J'aurais eu mes sessions religieuses comme
« mes sessions législatives. Mes conciles eussent été la
« représentation de la chrétienté; les papes n'en eussent
« été que les présidents. J'eusse *ouvert* et *clos* ces assem-
« blées, *approuvé* et *publié* leurs décisions (1)... » Il
appelait cela ne point toucher au dogme.

Napoléon avait rétabli l'étiquette de cour, et les usages dans son palais avaient été calqués, en quelque sorte, sur ceux de la maison de Louis XIV. Il aimait à s'entourer des illustrations de toutes les époques, à rassembler autour de lui les Montmorency et les Montebello, les Larochefoucauld et les Trévise, noms rehaussés par des exploits récents ou par d'illustres ancêtres. Les princes de la Confédération du Rhin se pressaient à sa cour, mêlés aux lieutenants de la république et aux régicides de la Convention. L'empereur avait remis en coutume les levers et les couchers de nos rois; mais, au lieu qu'ils étaient réels autrefois, ils ne furent plus, de son temps, que de simples réceptions du matin et du soir. On ne pouvait arriver près de sa personne ou de celle de l'impératrice avant d'avoir été présenté selon toutes les formes prescrites par le cérémonial des monarchies. La cour impériale étalait une grandeur et une magnificence extraordinaires; mais, en dépit des soins de M. de Ségur, grand maître des cérémonies, il manquait à cette société fastueuse ce ton, ce goût, ce sentiment de la dignité et des convenances qui ne se transmettent pas du maître au sujet en vertu d'une charte de duc ou d'un diplôme

---

(1) Voir pour ces diverses citations le *Mémorial de Sainte-Hélène*.

de comte. D'une part, beaucoup de seigneurs de la vieille cour, quoique assez empressés de recueillir les faveurs impériales, se trouvaient gênés et dépaysés dans ces Tuileries où tout leur rappelait encore la simplicité de Louis XVI et la grâce de Marie-Antoinette. Ces souvenirs douloureux pesaient à leur mémoire, et ils croyaient rêver en se voyant enchaîner au char d'un conquérant. Les autres, particulièrement les avocats devenus barons, les procureurs transformés en dignitaires, et qui d'ailleurs devaient leur fortune à une science réelle de l'administration ou du droit, se trouvaient embarrassés et gauches sous leurs broderies et sous leurs panaches. Quant aux hommes de guerre, ils n'avaient pu dépouiller entièrement leurs allures soldatesques et la franche brutalité des camps; leur langage était parfois cynique et déplacé. Parmi les duchesses admises à la cour, et qui devaient leurs titres aux faits d'armes de leurs maris, plusieurs se ressentaient d'une origine toute populaire. La maréchale Lefebvre, duchesse de Dantzick, ancienne blanchisseuse, et que le duc avait épousée n'étant que soldat aux gardes, divertissait particulièrement la cour par ses naïvetés, demeurées historiques. Comme c'était d'ailleurs une femme d'un cœur généreux et honnête, et qui avait eu douze fils tous morts pour la France, l'empereur se plaisait à lui témoigner un respect dénué d'affectation, et son exemple faisait taire les moqueurs.

Étrange époque, où l'on vit un jour sept rois, perdus dans la foule des courtissans, attendre dans un salon le moment de saluer l'empereur; où le manteau de l'impératrice, au moment de son mariage, était porté par quatre reines!

L'empereur résumait en sa personne les manières de cette cour; il procédait toujours par questions, interrogeant les hommes spéciaux sur les branches de connaissances qui leur étaient familières. Bien différent de

Louis XIV, qui ne parlait jamais à une femme, quelle que fût sa condition, autrement que la tête découverte, il affectait envers les dames de la cour une brusquerie et une impolitesse très-décevantes; souvent même il déconcertait la ruse de celles qui espéraient obtenir de lui quelques marques d'attention. A une dame qui lui avait demandé quelle femme il aimait le mieux, il répondit avec à propos : « Celle qui a le plus d'enfants. » Envers une autre d'une très-haute distinction, il fut moins heureux, et se hasarda à lui dire : « Vous avez des cheveux roux! — C'est la première fois qu'un homme me le fait remarquer, » répondit madame de Chevreuse, car c'était elle. Il n'aimait pas qu'une femme se hasardât à sortir des occupations de son sexe et à se mêler des causeries politiques. Un jour qu'il rencontra madame de Staël dans un salon, il ne lui fit d'autre question que celle-ci : « Savez-vous coudre? »

Napoléon aimait la chasse, comme une image de la guerre. Une économie qui n'excluait pas la grandeur présidait au service de sa table. L'ordre et la sévérité de Duroc, grand-maréchal du palais, qu'il avait fait duc de Frioul, avaient amené sur ce point de nombreuses améliorations. Les châteaux de l'empereur renfermaient près de quarante millions de mobilier et quatre millions de vaisselle; les écuries coûtaient trois millions, et le service des pages entraînait de fortes dépenses. Napoléon s'entoura de grands officiers de la couronne; il se composa une nombreuse maison d'honneur en chambellans, écuyers et pages; il les prit, selon sa coutume, et parmi les personnes nouvelles que la révolution avait élevées, et dans les familles anciennes qu'elle avait dépouillées. Les premiers se considéraient sur un terrain qu'ils croyaient conquis, les autres sur un terrain qu'ils croyaient recouvré.

L'empereur aimait les représentations théâtrales. Le

célèbre tragédien Talma avait le privilége d'être admis dans son intimité. On assure que Napoléon prenait de cet acteur des leçons de pose et de débit; ce bruit, que la malveillance a propagé, n'est pas fondé. Sous le consulat on donnait des fêtes à la Malmaison, et l'on y jouait la comédie. Les acteurs ordinaires étaient Hortense, depuis reine de Hollande, Caroline Bonaparte, depuis reine de Naples, Eugène de Beauharnais, Bourrienne et Didelot. Napoléon, qui aimait les tragédies grecques, avait eu la pensée de faire représenter sur le théâtre de Saint-Cloud l'*OEdipe* de Sophocle, traduit avec une fidélité scrupuleuse et en conservant avec le même soin les chœurs et les costumes. On ne sait pourquoi cette idée ne fut point mise à exécution.

Son éducation littéraire avait été fort négligée, et le tumulte des camps n'avait point suppléé, sous ce rapport, au vide de l'instruction. Néanmoins il jugeait d'instinct, et souvent avec une intention vraie, des œuvres de génie. Comme Alexandre, il affectionnait Homère : son admiration pour Corneille était sincère. « S'il eût vécu « de mon temps, disait-il, j'en aurais fait un prince. » Il ne comprenait de Racine que *Mithridate* et *Athalie* : pour Voltaire, il le dédaignait, et ne pouvait souffrir qu'on en fît l'éloge; il éprouvait le même sentiment de répulsion pour Rousseau, et généralement pour toute l'école philosophique du xviiie siècle. Comme il avait lu dans sa jeunesse les poëmes d'Ossian traduits par Macpherson, il avait gardé de cette étude une impression très-favorable à ce genre de poésie : dans sa pensée il élevait le fils de Fingal, l'aveugle barde du iiie siècle, au niveau du chantre d'Achille. Au nombre des pièces de théâtre jouées de son temps et qui avaient le don de lui plaire, on citait en première ligne la tragédie d'*Hector*, de Luce de Lancival; on a dit qu'il en avait lui-même donné le plan et composé plusieurs scènes. Avant les événements de 1792, Napoléon avait essayé d'écrire quelques ouvrages, mais ces tentatives n'avaient point été heureuses.

Pendant que l'illustre Cuvier, et avec lui, dans diverses sphères, Carnot, Monge, Lagrange, Laplace, Delambre, Lalande, Chaptal, Biot, Berthollet, Vauquelin, Haüy, Gay-Lussac, Thénard, Portal, Bichat, de Sacy, de Jussieu, Lamarck, Lacépède, Geoffroy Saint-Hilaire, Millin, Gail, Malte-Brun, et d'autres dont l'énumération serait trop longue, reculaient par leurs investigations et leurs travaux la limite des connaissances scientifiques; pendant que David, Gros, Girodet, Gérard, Houdon, Chaudet, Lemot, Visconti, ajoutaient aux titres de la peinture et de la statuaire françaises; que Chérubini, Grétry, Méhul, Gossec, Dalayrac et d'autres artistes multipliaient en quelque sorte la puissance de l'harmonie musicale, la littérature contribuait, pour sa part, mais faiblement, à étendre au dehors le nom et la popularité de la France.

Parmi les hommes qui se firent à cette époque une renommée dans les lettres, un petit nombre, sans doute, surnagera sur l'abîme où vont s'engloutir l'une après l'autre les réputations que la mode ou l'engouement d'un jour parvient à élever : on peut surprendre la religion des masses, l'admiration de ses contemporains; mais cette usurpation n'aura qu'une courte durée, et les générations suivantes reviseront des brevets de gloire trop facilement décernés au bruit des applaudissements de la foule. Il n'entre pas dans notre cadre d'esquisser ici le tableau du mouvement littéraire de l'époque napoléonienne; à peine s'il nous sera permis d'en indiquer quelques traits. Le moment n'est pas venu de proclamer des jugements définitifs sur des hommes dont plusieurs ont survécu et ont assisté aux funérailles de leur gloire.

Le bruit des armes couvrait, au temps de l'empire,

les chants des poëtes; et, à dire vrai, on y gagnait. Non qu'il n'y eût aucun homme de mérite qui attachât son nom aux œuvres de cette littérature; le XVIIIe siècle lui avait légué Delille et Ducis, et ces deux noms doivent être sauvés de l'oubli; près d'eux, quoique dans un ordre inférieur, nous inscrirons ceux de Legouvé, d'Esménard, de Parseval-Grandmaison, de Berchoux, de Chenedollé, de Baour-Lormian, de Campenon et de Laya: alors venait de s'éteindre le poëte Lebrun, lyrique à enthousiasme factice, et qui laisse le cœur froid et l'âme vide; Chénier, l'ancien conventionnel, lui avait survécu de trois ans. C'était un homme d'un talent correct et quelquefois vigoureux; Napoléon le haïssait parce qu'il était demeuré fidèle à la république. Fontanes écrivait avec une élégance remarquable de doucereuses élégies et des poëmes didactiques; Andrieux contait avec une bonhomie pleine de charme; Millevoye, encore adolescent, révélait dans quelques pièces éparses le sentiment de la véritable poésie; Michaud chantait le *Printemps d'un proscrit*; Luce de Lancival, Raynouard, Alexandre Duval, Étienne, Picard, ajoutaient quelques fleurons à la couronne dramatique de la France; Népomucène Lemercier jetait son drame de *Pinto* comme un défi à la vieille école aristotélique, et cette tentative, pour avoir devancé l'heure, demeurait vaine et inféconde: Lemercier était d'ailleurs un de ces génies libres et fiers qui n'avaient point fléchi sous l'ascendant de Napoléon et qui se réfugiaient, comme Chénier, Ducis et Delille, dans une indépendance dédaigneuse des grâces du maître et des honteuses pensions de Fouché. Pourquoi faut-il que nous soyons forcé d'ajouter à ces noms celui de Parny, qui prostitua son talent à l'œuvre infâme de démoraliser le peuple par la poésie, et de jeter la boue de l'impiété à tout ce qui est saint, à tout ce qui est grand, à tout ce qui a droit au respect, à la reconnaissance et aux adorations du monde! Cet odieux poëte jouissait alors d'une certaine popularité, tant les générations élevées à l'ombre des clubs et au pied des échafauds avaient perdu le souvenir de leur propre dignité. C'est une justice à rendre à Napoléon qu'il n'aimait pas cet homme.

Les prosateurs formeraient une cohorte trop nombreuse pour qu'il nous fût possible de la passer en revue : citons à la hâte l'auteur de *Paul et Virginie*, Bernardin de Saint-Pierre, émule décoloré de J.-J. Rousseau, mais moins dangereux et moins obéi ; les deux Lacretelle, unis par l'amitié et rivaux en politique; le cardinal Maury, dont l'histoire avait commencé par l'éloquence et la fidélité, et se terminait, sur le siége archiépiscopal de Paris, par l'obscurité et la félonie; Suard, publiciste distingué; E. de Jouy, observateur sans portée et imitateur stérile d'Addison ; Ginguené, littérateur formé à l'image de Voltaire; Nodier, qui s'essayait encore; Dureau de la Malle, savant modeste et laborieux ; Mme Cottin, dépourvue de style, mais non de grâce et d'intérêt ; Mme de Genlis, dont la pédanterie surannée et vaniteuse abordait tous les genres pour les effleurer tous; Rœderer, Sièyes, Merlin, Maret, Bigot de Préameneu, Cambacérès, Portalis, Lanjuinais, Regnault de Saint-Jean-d'Angely, dont les titres à l'Académie prenaient leur origine dans les travaux du publiciste ou de l'homme d'État; Naigeon, qui professait ouvertement l'athéisme; François de Neufchâteau et Daru, le premier, littérateur fade et prétentieux, l'autre, historien érudit et traducteur élégant d'Horace; Volney et Dupuis, qui, dignes héritiers de l'école encyclopédique, mettaient en œuvre tout ce qu'ils avaient de logique et de fausse science pour battre en brèche la pierre angulaire de l'Église; l'abbé de Frayssinous, qui vengeait la cause de Dieu de ces attaques, et rassemblait à ses *Conférences* l'élite de la capitale et de l'empire.

Nous mettrons au-dessus de cette foule de célébrités, dont plusieurs sont déjà déshéritées de l'avenir, trois noms justement illustres et dont la grandeur survivra à l'époque impériale. (Nous eussions dit *quatre* noms si le célèbre comte de Maistre, quoique contemporain de Napoléon, n'eût pas dû être placé en dehors de ce qu'on appelle la littérature de l'empire : ses œuvres n'appartinrent à la France que par la langue ; elles furent étrangères au mouvement des esprits de ce temps autant par les idées que par le choix des matières, et par l'exclusion dont elles demeurèrent frappées tant que dura la puissance de l'empereur.)

Penseur profond et faisant sortir du sein des nuages de sa métaphysique des vérités que les révolutions se fatiguaient à combattre sans pouvoir les abolir, M. de Bonald recherchait alors, au milieu des principes en ruines, les bases immuables du pouvoir, de la société et du droit. Ses écrits n'allaient point à un peuple incapable de les comprendre, mais ils recélaient un germe qui plus tard pourra fructifier et croître lorsque le sol sera mieux préparé à le recevoir. La vie de cet illustre philosophe fut une protestation perpétuelle contre les faits, qui ne s'en accomplirent pas moins, sans doute, mais qui eurent à subir la condamnation de cet homme au cœur inflexible, à la raison absolue.

Fille de Necker selon la nature, et de J.-J. Rousseau dans l'ordre des idées, la baronne de Staël ne se borna pas à se tenir à l'écart de Napoléon, elle osa lutter contre lui, et, dans cet étrange duel de la pensée et de l'intelligence contre la brutalité du pouvoir matériel, l'avantage et l'honneur demeuraient à la femme. Bien que madame de Staël ait mis son remarquable talent au service d'idées souvent fausses et souvent contraires à notre foi, puisque l'auteur professait le culte de Calvin, on ne peut s'empêcher de convenir que ses livres renferment de temps à autre des vérités fortes, exprimées en un style remarquablement beau. Madame de Staël fut douée d'un véritable génie : son âme, comme un feu expansif, pénétra la foule et lui communiqua quelques dernières étincelles de patriotisme et de poésie.

M. de Châteaubriand laissera un nom plus illustre entre tous que ceux des littérateurs de la période impériale : lui aussi fut une des grandes gloires de la France.

Ce fut lui qui, au sortir des orages de la révolution, jeta le premier un cri de défi aux démolisseurs et aux athées. L'empire, en écoutant son génie, sentit comme la révélation inattendue du *Dieu inconnu*; le peuple comprit, et Napoléon plus que d'autres, qu'il existait une autre grandeur que celle des armes. C'était d'ailleurs, dès le berceau du XIXe siècle, l'annonce d'une littérature neuve, et qui n'avait rien de commun avec les littératures précédentes, sinon cette langue trop longtemps déshonorée par le jargon démagogique, et dont le bon goût et le génie reprenaient enfin légitime possession. Le talent de M. de Châteaubriand fut d'autant plus populaire, qu'il eut à rencontrer en chemin les répugnances de Napoléon. Ces deux hommes étaient assez grands pour s'admirer et se compléter l'un par l'autre; ils s'admirèrent pour se haïr. M. de Châteaubriand, ministre de la république en Suisse, donna sa démission le jour même où fut connue la mort du duc d'Enghien : exemple de courage civil qui ne trouva point d'imitateurs. Napoléon dissimula, et ne trouva aucune occasion de manifester son aversion par des actes significatifs. En 1810, M. de Châteaubriand, que ses sympathies rattachaient à la dynastie de Louis XVI, fut élu par la deuxième classe de l'Institut pour occuper à l'Académie la place devenue vacante par la mort du régicide Chénier. Dans son discours de réception, l'auteur des *Martyrs* eut la noble indépendance de flétrir le crime du 21 janvier; cet acte de courage irrita le parti révolutionnaire, et faillit attirer sur son auteur des persécutions imméritées. Plus tard, lorsque tomba l'empire sous les efforts redoublés de l'Europe, M. de Châteaubriand, se laissant égarer par les impétuosités d'une âme ardente, publia contre Napoléon déchu un manifeste dont le souvenir n'est point encore perdu. Ce fut une œuvre de haine et de colère, que M. de Châteaubriand dut se reprocher d'autant plus que, du haut de sa propre élévation, il avait pu mesurer mieux que personne celle de son ennemi. D'autres années passèrent, et les deux intelligences, libres enfin de préventions, commencèrent à se comprendre et à se rendre la justice tardive qu'elles s'étaient refusée.

En résumé, l'empire fut une ère de force et non de développement littéraire; la séve du siècle était détournée vers la guerre, et, en dépit de cette surexcitation immense que causèrent vingt ans de triomphes ou de revers, la littérature demeura froide et les arts languirent dans les ornières battues, comme s'ils eussent manqué d'air et de soleil.

CHAPITRE VIII

MIL HUIT CENT DOUZE.

Le 20 mars 1811, le canon des Invalides annonça au peuple la naissance du fils de Napoléon. L'héritier présomptif du nouvel empire d'Occident reçut au berceau le titre fastueux de Roi de Rome, que nul n'avait porté depuis l'exil de Tarquin le Superbe. Cet événement parut heureux à la France, et fut célébré par de pompeuses fêtes. L'Europe continentale y vit une menace de plus pour son avenir; mais elle dissimula ses craintes, et feignit de prendre part à la joie de Napoléon.

A cette époque, on continuait cette douloureuse guerre d'Espagne qui dévorait, dans d'obscurs combats, l'élite de nos grandes armées : la France s'étonnait que l'empereur, au milieu de sa puissance, rencontrât des obstacles si opiniâtres et si peu prévus. Elle se demandait jusqu'à quand durerait une lutte engagée contre un peuple dont on n'avait pas voulu tenir compte.

Cependant il fallait nommer aux évêchés vacants : toute communication étant interdite entre les sujets de l'empereur et le pape, Napoléon demanda à son comité ecclésiastique quel était le moyen de donner l'institution canonique aux évêques, en se passant du consentement du souverain pontife. Il lui fut répondu que l'Église de France devait pourvoir à sa conservation. En conséquence, Napoléon résolut d'assembler un concile composé de tous les évêques de l'empire et du royaume d'Italie; ses volontés furent accomplies, et le concile se réunit à Paris, sous la présidence du cardinal Fesch, archevêque de Lyon et oncle de l'empereur.

On attendait avec inquiétude le parti que prendrait ce prince de l'Église, uni de si près à la famille et à l'ambition de Napoléon. Mais, dès la première séance, le cardinal Fesch s'honora par un acte de fidélité et de courage : il se leva, et prononça à haute voix le serment prescrit par la bulle de Pie IV, du mois de novembre 1564, et qui commence par ces mots : « Je jure et promets une « véritable obéissance au pontife romain. »

Ce concile député plusieurs prélats à Pie VII, et ils obtinrent quelques concessions. Le concile avait prétendu décider que les évêchés et les archevêchés ne seraient pas vacants plus d'un an; que six mois après la demande de l'institution faite au pape, s'il n'y avait pas consenti, le métropolitain, et en son absence le plus ancien évêque de la province ecclésiastique, procèderait à l'institution de l'évêque nommé. Six évêques sur la complaisance desquels Napoléon comptait, se rendirent à Savone pour soumettre ce projet de décret au pape. Contre toute attente, le saint-père, circonvenu, trompé par de faux rapports ou sentant son courage affaibli par la maladie, donna le bref qu'on réclamait de lui; mais cette approbation ne termina pas les difficultés. Napoléon ne s'en montra pas satisfait, et pour venir à bout, s'il était possible, des résistances qu'il prévoyait encore, il donna l'ordre d'enlever le pape de sa résidence de Savone et de le conduire au palais de Fontainebleau. Le saint-père accomplit ce long et pénible voyage, dans les premiers jours de juin 1812. Dans sa nouvelle résidence, où il vivait captif, les cardinaux qui étaient restés à Paris obtinrent la permission de se rendre auprès du saint-père, et d'ouvrir avec lui de nouvelles conférences. Soit crainte de malheurs plus grands, soit abandon des droits de l'Église, ils travaillèrent à déterminer le pape à céder sur tout ce que lui demanderait l'empereur. Leurs discours ne faisaient que trop d'impression sur un vieillard abattu déjà par tant d'humiliations et de violences ; toutefois les cardinaux demeurèrent longtemps sans rien obtenir.

Mais l'empereur poursuivait alors des projets aussi démesurés que son ambition.

Les cortès de la monarchie espagnole, rassemblées sur le rocher de Cadix, bravaient la puissance de Napoléon et appelaient aux armes tous les peuples du continent. L'armée française, après avoir une seconde fois occupé le Portugal, se retirait devant Wellington : le général anglais était venu à bout de lasser l'impétuosité de Masséna ; celui-ci, malheureux pour la première fois, céda son commandement à Marmont. Cependant Suchet emporta Tarragone, après cinq assauts et deux mois de siége ; cet avantage signalé lui valut le bâton de maréchal. Pour témoigner sa reconnaissance à l'empereur, Suchet gagna la bataille de Sagonte, puis il enleva le camp retranché de Quarte et l'importante place de Valence. Napoléon lui conféra le titre de duc d'Albuféra, et dota l'armée d'Aragon, qui s'était montrée digne de son chef, d'un grand nombre de domaines conquis, évalués à deux cents millions (1812).

Le duché d'Oldenbourg avait été réuni sans coup férir à l'empire ; Napoléon créa ensuite un département de la Lippe, dont Munster fut déclaré capitale, et qui menaça l'existence du royaume de Westphalie. Le 27 janvier, une armée française commandée par Davout envahit la

Poméranie suédoise sans déclaration de guerre, et le général Friand prit possession de ce pays au nom de la France. La veille, un décret impérial avait adjoint la Catalogne à l'empire, et divisé le territoire espagnol, jusqu'à l'Èbre, en quatre nouveaux départements français. Charlemagne n'avait pas dépassé l'Èbre, mais sa domination s'était étendue jusqu'à ce fleuve. Napoléon ne voulut pas rester en arrière : quelques jours après, des traités d'alliance offensive et défensive furent par lui signés avec la Prusse et l'Autriche ; Alexandre de Russie, pour balancer l'effet de ces conventions menaçantes, s'unit à son tour à la Suède, et rouvrit ses ports au commerce anglais. Les liens étaient enfin officiellement rompus entre la France et la Russie ; de part et d'autre on se préparait à la guerre, et le monde, déjà saisi d'étonnement à la vue de la résistance du peuple espagnol, attendait avec effroi le moment où s'entre-choqueraient les deux colosses d'Orient et d'Occident.

Qui rompit le premier, de Napoléon ou d'Alexandre ? une exacte appréciation des faits ne permet pas de douter que les deux empereurs n'aient également désiré la guerre : Napoléon pour consolider sa puissance, Alexandre pour se soustraire, lui et ses peuples, aux insupportables exigences que leur imposait le système continental. Tous deux, cependant, évitaient avec le plus grand soin de prendre l'initiative des hostilités : aucun d'eux, du moins en apparence, et pour donner à sa cause un vernis de justice, ne voulait paraître l'agresseur. Aussi, dès l'année 1811, Alexandre et Napoléon eurent-ils recours à des semblants de négociations dont l'issue fut et devait être stérile. Dans cette lutte de ruse et d'astucieuse diplomatie, l'avantage demeura à Alexandre : son envoyé, M. de Czernischeff, parvint à corrompre un employé des bureaux de la guerre, qui lui livra les états de situation des troupes de la France ; ce malheureux se nommait Michel, et paya de sa tête sa trahison. Alexandre réussit ensuite à mettre la Turquie dans ses intérêts. Resserrée entre la Russie et l'empire français, la Turquie était demeurée, depuis 1806, et grâce aux habiles démarches du général Sébastiani, en état de guerre ouverte contre le czar. Alexandre parvint à lui faire concevoir des inquiétudes sur l'avenir que lui réservait l'ambition de Napoléon, et la Turquie, au lieu de se rallier à la France et de l'aider à enchaîner la puissance de l'ennemi commun de l'Europe, consentit à signer avec la Russie la paix inopportune et impolitique de Bucharest. Ainsi Alexandre avait détaché de la cause de son rival la Suède et la Turquie, et, du nord au midi, nos armées se trouvaient menacées sur leurs ailes avant même d'avoir ouvert la campagne.

Les États-Unis déclarèrent la guerre à l'Angleterre : ce fut pour Napoléon une diversion heureuse, mais les événements ne lui permirent pas d'en recueillir le fruit.

On négocia jusqu'au dernier moment sans avoir d'autre envie que celle d'en venir aux armes. Alexandre réclamait une indemnité en faveur du duc d'Oldenbourg, son parent, injustement dépouillé par Napoléon; il exigeait que nos armées évacuassent l'Espagne et la Prusse, et se repliassent derrière le Rhin. Vainqueur, il n'aurait pas demandé davantage. Napoléon, de son côté, ne voulait rien céder; il insistait, au contraire, pour que la Russie subît dans toute sa rigueur le système imaginé contre le commerce de la Grande-Bretagne. Aucune de ces prétentions n'était acceptable; la Russie avait raison de ne plus consentir à un régime de blocus maritime qui ruinait ses peuples, et Napoléon ne pouvait abandonner l'Espagne sans appeler sur les Pyrénées les armées de lord Wellington. Enfin, s'il eût retiré ses soldats de la Prusse et renoncé aux nouveaux départements situés entre le Rhin et l'Elbe, ces contrées auraient été envahies par des influences hostiles et par les marchandises anglaises, et c'en eût

Napoléon veut tenir à Dresde une cour plénière de Rois.

été fait de notre prépondérance européenne, comme aussi de notre politique contre l'Angleterre. Napoléon ne devait point abdiquer ainsi en pure perte les conséquences prochaines de sept ans d'efforts et de sacrifices.

L'empereur soumit alors à la sanction du sénat un projet de loi qui divisait en trois bans la garde nationale : le premier comprenait les hommes de vingt à vingt-six ans; le second, les hommes de vingt-six à quarante; le troisième, les hommes de quarante à soixante. Dès que ce sénatus-consulte eut partagé le peuple français en trois réserves, les préparatifs de guerre furent poursuivis avec une activité inouïe sur toute la surface de l'empire.

Mais Napoléon, avant de se lancer en aveugle dans cette gigantesque lutte, veut tenir à Dresde une cour plénière de rois. Le voilà donc qui s'avance vers cette capitale de la Saxe, suivi de l'impératrice, la fille des Césars, et traînant à sa suite la plupart des armées et des souverains de l'Europe. Jamais, depuis les siècles de Gengis-Khan et de Timour, un homme ne s'est trouvé placé si haut en domination et en gloire : chacun des rois et des princes alliés ou vassaux qu'il rassemble dans son palais rivalise de soumission et de servitude ; le roi de Prusse, qui n'attend d'ailleurs qu'un moment propice pour se révolter, s'humilie jusqu'à offrir son fils aîné pour servir d'aide de camp à Napoléon ; mais l'empereur, satisfait de cet hommage imprévu, refuse de l'accepter. Un autre jour on le voit traverser le palais de Dresde escorté de l'empereur d'Autriche et des rois d'Allemagne, et pendant que toutes ces têtes royales sont découvertes, lui seul a gardé sur son front ce petit chapeau tant connu,

« Et de ses pieds on peut voir la poussière
« Empreinte encor sur le bandeau des rois !... »

Napoléon, par cette fastueuse entrevue, a voulu manifester sa puissance à l'empereur de Russie, et le déterminer, en l'intimidant, à solliciter la paix ; pour toute réponse, le czar vient établir son quartier général à Wilna. Ce fut un grand spectacle que la constance d'Alexandre et de son peuple en face de l'orage qui de l'occident allait fondre sur eux ; ni la Russie ni son maître ne manquèrent à ce que réclamaient l'honneur des armes et le devoir de défendre la patrie contre l'étranger.

Le 22 juin 1812, Napoléon adressa à ses troupes une de ces proclamations en forme de manifestes qui précédaient toujours ses guerres d'invasion. « La Russie, « disait-il, est entraînée par la fatalité ; ses destins doi- « vent s'accomplir ! » Il ajoutait : « La seconde guerre « de Pologne sera glorieuse aux armées françaises. » Ce jour-là il était à Wilkowiski, sur les frontières de l'empire moscovite ; le surlendemain il franchissait le Niemen ; les armées rassemblées sous ses ordres ou commandées par ses lieutenants, comprenaient plus de six cent mille soldats. Après les expéditions presque fabuleuses de Sémiramis et de Xerxès, l'histoire avait perdu le souvenir d'un si grand nombre d'hommes réunis pour verser le sang. Cette armée se composait de Français et de Polonais, d'Italiens et d'Allemands ; elle formait quatorze grands corps, dont dix d'infanterie et quatre de cavalerie. Les maréchaux Davout, Oudinot et Ney commandaient les trois premiers corps ; le quatrième (armée d'Italie) était commandé par le prince Eugène ; le prince Poniatowski et ses Polonais composait le cinquième, les Bavarois le sixième, les Saxons le septième, les Westphaliens le huitième ; le neuvième corps stationnait encore entre l'Elbe et l'Oder et occupait Dantzick ; le dixième corps, aux ordres de Macdonald, se composait du contingent prussien ; un corps autrichien marchait séparément ; la vieille garde était commandée par Lefebvre, la jeune par Mortier ; la cavalerie obéissait à Murat et à ses lieutenants

Nansouty, Montbrun, Grouchy, Latour-Maubourg; la cavalerie de la garde avait ses chefs particuliers. L'artillerie comprenait plus de douze cents pièces de canon, leurs caissons et leurs attelages. Le service des vivres n'avait pu être organisé pour répondre aux besoins de la campagne.

Les troupes russes étaient divisées en première et deuxième armée d'Occident, sous les ordres des généraux Barclay de Tolly et Bagration; Thormasow commandait la réserve; leur force ne s'élevait qu'aux deux tiers des armées françaises, mais d'autres corps étaient levés en Lithuanie, puis à Riga et à Dünabourg. Enfin, un vaste camp retranché avait été établi à Drissa, dans un repli de la Düna.

Pendant que Napoléon en appelait à la fatalité, comme l'aurait fait un serviteur du prophète de Médine, Alexandre parlait à ses peuples au nom de Dieu et de la patrie.

Cependant les Russes, surpris par le mouvement rapide des Français, abandonnèrent à la hâte les murs de Wilna et incendièrent une partie de leurs magasins. L'armée française poursuivit sa route sans être inquiétée.

Elle suivait un pays plat et découvert, presque entièrement dépourvu de culture, et d'où l'ennemi ne se retirait qu'après avoir détruit tout ce qui aurait pu servir de ressources aux soldats de Napoléon. C'était la première fois que la guerre prenait à son début cette physionomie sinistre; les gens superstitieux en tiraient de mauvais présages; ils ajoutaient que Napoléon, après avoir atteint l'autre rive du Niemen, avait été jeté sur le sable par son cheval; beaucoup d'autres se plaignaient de l'aridité des landes qu'il fallait traverser et des tempêtes qui se déchaînaient contre la troupe. Que faire sous ce ciel inconnu, sur cette terre fatale? Qu'avait-on à attendre, sinon le sort des armées de Darius et de Charles XII?

Les Scythes n'étaient-ils pas toujours ce peuple que les barrières de son climat et de ses marécages protégent éternellement contre les invasions? Cependant le soldat rejetait ces pressentiments, et finissait par s'en remettre à la fortune de l'empereur.

Le 28 juin, Napoléon entra à Wilna et y fut reçu par la population avec un chaleureux enthousiasme. La Lithuanie et la Pologne avaient espéré de lui leur affranchissement. Ce fut à Wilna que l'empereur reçut la députation de la diète de Varsovie : elle lui apportait le décret qui proclamait l'indépendance du peuple polonais. « C'est à Napoléon, lui dirent ces ambassadeurs, qu'il « appartient de dicter au siècle son histoire, car la force « de la Providence réside en lui... Que Napoléon le « Grand prononce ces seules paroles : *Le royaume de* « *Pologne existe,* et il existera! » Mais ce mot magique, l'empereur refusa de le prononcer; il recula devant les nécessités de la politique, et les vœux de la Pologne furent cruellement déçus. Cette conduite que tint Napoléon a été diversement appréciée.

Depuis le partage à jamais funeste de la Pologne, 'occident de l'Europe se trouve menacé, comme l'était l'empire romain, d'une nouvelle invasion des peuples du Nord. L'Angleterre seule est affranchie de cette crainte, les autres nations y sont plus ou moins assujetties. Aussi la politique commune des rois et des nations doit-elle tendre à élever des obstacles naturels entre notre monde civilisé et les races auxquelles sa conquête semble dévolue. Dans cette lutte des hommes du Midi et des hommes du Nord, la cause périssable de l'industrie et des arts n'est point seule exposée: les barbares commencent à emprunter nos costumes et à s'amollir à nos fêtes; ils ont leur poésie, leur littérature et leurs sciences. Ce n'est donc point de ces intérêts qu'il s'agit; les siècles ont marché; mais le danger n'en est pas moins grand pour nous, puisque l'envahissement du monde occidental par la Russie enlèverait à la sainte Église catholique romaine les plus belles portions de son héritage pour les asservir au schisme d'Orient.

Entre les races scythiques et nos riches contrées d'Italie et de France, il existait au siècle dernier deux grandes barrières, l'une slave, l'autre germanique; cette dernière seule subsiste aujourd'hui; la première a été renversée, et la Russie déborde vers Constantinople, comme, après avoir effacé le seul rempart que lui présente encore l'Allemagne, elle débordera un jour, peut-être, sur le Rhône et sur le Rhin. Il est certain que Napoléon, en 1812, pouvait rétablir la nationalité polonaise et créer de la Baltique à la mer Noire une nation considérable destinée à servir d'avant-garde à l'Occident; il le pouvait, mais le devait-il? Ce problème est grave, et l'on doit reconnaître qu'au moins la prudence lui conseillait d'attendre, pour régénérer la Pologne, qu'il fût sorti vainqueur de sa lutte contre la Russie.

Au fond du cœur, il souhaitait l'affranchissement de la Pologne : comme empereur, il se croyait forcé de le retarder. La Pologne n'avait pas seulement été la proie de la Russie; l'une des trois parts qu'on en avait faites était échue à l'Autriche, l'autre à la Prusse. Rétablir la Pologne sur ses anciennes bases, c'eût été déclarer la guerre à deux grandes puissances qui pouvaient, en s'unissant à l'Angleterre, à l'Espagne, à la Turquie, à la Suède et à la Russie, porter à Napoléon un coup de mort que sa puissance n'aurait pas conjuré. Dans un moment où il lui fallait couvrir l'Espagne de ses armées et lancer six cent mille hommes au delà du Niémen, il ne pouvait, sans s'exposer à une perte certaine, rompre avec ses grands alliés et armer l'Allemagne sur ses derrières. Napoléon devait donc choisir entre l'indépendance de la France et celle de la Pologne; il se détermina, à regret;

à attendre, pour proclamer le vœu de la diète, des conjonctures où l'existence de son empire ne serait point en jeu; pour la première fois peut-être il douta de sa fortune: heureux s'il en eût douté de même au milieu des hommages de la cour de Dresde, et s'il eût mieux compris les dangers où l'entraînait sa téméraire entreprise!

Cependant Alexandre fait proposer un armistice, et demande pour condition première que les Français se replient de l'autre côté du Niémen. Le czar ne voulait que gagner du temps, sauver l'armée de Bagration et le corps de Platoff. Napoléon ne put souscrire à ces étranges propositions. L'armée française continua donc son mouvement sur Witepsk, tandis que Macdonald menaçait Riga et qu'Oudinot cherchait à couper au général ennemi Wittgenstein la retraite sur Saint-Pétersbourg. Les Français étaient impatients d'en venir aux mains; mais Alexandre et ses lieutenants avaient adopté un plan habile, qui devait triompher à la longue de l'impétuosité de nos armes: ils évitaient avec soin d'engager aucune affaire; ils persévéraient à se replier devant Napoléon, après avoir ravagé le pays, brûlé les maisons, fauché les moissons encore vertes, et chassé devant eux les troupeaux et les habitants. Déjà ce système livrait l'armée de Napoléon aux privations les plus dures.

Le huitième corps, formé du contingent westphalien, laissa échapper l'armée de Bagration; en revanche, Murat et Eugène culbutèrent l'arrière-garde de Barclay à Ostrowno; l'empereur de Russie, redoutant l'approche des Français, se retira à Moscou, et adressa deux proclamations à son peuple et à la ville sainte. Son langage était fait pour réveiller dans tous les cœurs les sentiments du patriotisme le plus pur; Alexandre rappelait l'époque désespérée où un simple boucher, profondément ému des malheurs de la Moscovie, tombée sous le joug des Polonais, conçut et exécuta le projet de la délivrer. « Le tyran, s'écriait-il alors, trouvera partout dans « chaque noble un Pojarski, dans chaque prêtre un « Palitzin, dans chaque paysan un Minin ! »

Un mois après avoir passé le Niemen, Napoléon était parvenu sur les bords de la Dwina, pressant l'arrivée de ses troupes, pourvoyant aux soins de la guerre et réparant les fautes et les échecs de ses lieutenants. Ses ordres de mouvement avaient été exécutés avec une telle précision, que les divers corps, partis du Niemen à des époques et par des routes différentes, malgré des obstacles de tout genre, après trente-deux jours de séparation et à cent lieues du point où ils s'étaient quittés, se trouvèrent réunis à la fois à Beszenkowiezi, où ils arrivèrent le même jour, à la même heure.

Le 27 et le 28 juillet eurent lieu quelques escarmouches, à la suite desquelles l'armée occupa Witepsk : Napoléon se crut au moment de livrer une bataille, moment que tous ses vœux appelaient ; mais l'ennemi se replia sur Smolensk. La ville de Witepsk était presque déserte, et tout le pays, dans un espace de trois cents lieues, ne présentait à nos soldats que des villages sans habitants et des campagnes saccagées. L'armée française se trouvait dans une situation d'autant plus alarmante, qu'éloignée de ses magasins, il lui était impossible de former de nouveaux approvisionnements et d'organiser de bons hôpitaux ; les pluies et la rareté des fourrages avaient fait perdre de nombreux chevaux à l'artillerie et à la cavalerie.

La prudence commandait à Napoléon de s'arrêter et de borner là la campagne de 1812 ; il eût employé l'automne à organiser le pays conquis et à fournir à ses troupes des campements et des lieux de repos ; puis, au retour du printemps, il se fût engagé plus avant dans le pays, ayant devant lui six mois de guerre possible, et sous ses ordres des troupes aguerries et bien pourvues en munitions et en vivres. L'Allemagne et la Pologne auraient suffi à ses magasins. Napoléon méprisa les conseils qui lui étaient donnés par ses généraux vieillis au métier des armes ; il préféra s'avancer au-devant d'une bataille qui fuyait sans cesse devant ses pas. Il était sur le terrain où Charles XII, un siècle auparavant, avait commis la même faute, et son génie ne fut point éclairé par ce rapprochement.

La ville de Smolensk, sur le Dnieper (Borysthène), l'un des boulevards de l'empire russe, était ceinte de constructions anciennes et massives, que des travaux récents avaient encore fortifiées. L'armée de Barclay de Tolly osa y attendre les Français ; ils s'y présentèrent le 17 août, commandés par Napoléon. Après une journée meurtrière, l'ennemi, foudroyé, rompu, abandonna ses positions et se retira, après avoir mis le feu à la ville. Le lendemain, Gouvion Saint-Cyr battit à Polotsk l'armée russe de Wittgenstein, et fut créé maréchal.

L'armée, victorieuse à Smolensk, franchit le Borysthène, et se porta à la poursuite des Russes. Un combat fut livré à Valontina ; mais l'inaction de Junot permit à l'ennemi d'échapper à une entière destruction. L'affaire de Valontina n'en fut pas moins glorieuse pour nos armes. Ce fut là que périt le général Gudin : la perte de ce vaillant homme affligea l'armée.

Les généraux russes Bagration et Barclay de Tolly avaient opéré leur jonction sur la route de Moscou ; le second de ces généraux fut disgracié et remplacé par le prince Kutusoff : c'était un vieillard octogénaire, que le peuple et l'empire moscovite considéraient comme un autre Judas Machabée.

Le 29 août, les Français arrivèrent à Wiasma ; ils n'y trouvèrent que des maisons vides et livrées aux flammes. Déjà leur armée avait été diminuée de cent mille hommes morts dans les combats, dans les hôpitaux ou sur les routes ; car tout manquait pour les secourir, et l'on avait à peine de grossières étoupes pour étancher le sang des blessés.

Enfin l'armée russe consentit à s'arrêter et à faire face à nos aigles ; elle attendit Napoléon et se retrancha sur une chaîne de collines près du village de Borodino, à quelques marches de Moscou, non loin des lieux où la Kaloghà se jette dans la Moscowa. Le vieux Kutusoff avait solennellement promis de couvrir la ville sainte, et d'anéantir sous ses murs l'armée française et son chef. Le soir qui précéda la bataille, le généralissime russe passa en revue ses troupes ; il marchait à la tête d'une longue procession de prêtres grecs tenant des cierges allumés et portant l'image de la sainte Vierge sauvée de l'incendie de Smolensk. Le pieux cortége traversa les rangs, tandis que les soldats, agenouillés et mêlant leurs prières aux cantiques des moines, recevaient leur bénédiction. « Frères et compagnons, disait Kutusoff, vous voyez
« devant vous dans cette image sacrée un appel qui vous
« crie hautement de vous lever tous contre le pertur-
« bateur du monde. Non content de détruire l'image
« de Dieu dans la personne de plusieurs millions de ses
« créatures, ce tyran universel, cet archirebelle à toutes
« les lois divines et humaines pénètre dans vos sanc-
« tuaires, les souille de sang et renverse vos autels. Dieu
« va combattre son ennemi avec le glaive de Michel ;
« et avant que le soleil de demain ait disparu, vous
« aurez écrit votre foi dans le sang de l'agresseur et
« de ses légions... » Ainsi encouragés, les Russes s'apprêtèrent au combat comme au martyre. Toute la nuit on entendit leurs chants religieux et leurs cris de guerre, comme autrefois retentirent les clameurs des Teutons autour du camp de Marius.

« Soldats ! dit Napoléon à son armée, voilà la bataille
« que vous avez tant désirée. Désormais la victoire dé-

« pend de vous ; elle nous est nécessaire ; elle nous don-
« nera l'abondance, de bons quartiers d'hiver et un
« prompt retour dans la patrie. Conduisez-vous comme
« à Austerlitz, à Friedland, à Witepsk, à Smolensk, et
« que la postérité la plus reculée cite avec orgueil votre
« conduite dans cette journée ; que l'on dise de vous : *Il
« était à cette grande bataille sous les murs de Moscou!* »

On allait en venir aux mains, lorsque deux courriers arrivèrent de Paris : l'un apportait la nouvelle de la défaite des Arapiles, ou de Salamanque, en Espagne ; Napoléon ressentit vivement ce désastre ; l'autre était chargé de remettre à l'empereur le portrait du roi de Rome. Après avoir considéré avec une émotion toute paternelle l'image de cet enfant chéri, Napoléon dit à ses officiers de la retirer. « Mon fils, ajouta-t-il tristement, « voit de trop bonne heure un champ de bataille. »

On était au 7 septembre. L'empereur, dès cinq heures du matin, vint se placer en avant d'une redoute enlevée le 5 à l'ennemi, sur la hauteur de Chwardino. Un brouillard épais, qui avait obscurci toute la journée précédente, commença alors à se dissiper. Cependant il faisait froid comme en Moravie au mois de décembre 1805, et Napoléon dit à ses officiers en leur montrant les premiers feux de l'aube : « Voilà le soleil d'Aus-
« terlitz. »

L'empereur souffrait de la fièvre, et l'impérieuse nécessité de la guerre l'obligeait seule de présider à la grande destruction d'hommes qui se préparait ; la fatigue et la maladie avaient été beaucoup accrues par le soin qu'il avait pris de passer à cheval les journées du 5 et du 6. Cette altération de sa santé exerçait une fâcheuse influence sur ses facultés : la nature physique affaiblie paralysait la nature morale. Tant que dura la bataille, Napoléon demeura dans une froide immobilité et ne put se porter sur aucun des points où sa présence eût donné l'élan à ses troupes et dissipé les incertitudes des chefs. Vainement Murat et Ney au plus fort de l'action le conjurèrent-ils de faire avancer les réserves, il s'y refusa constamment : il sentait bien que ce secours eût été d'un immense poids dans la balance, mais une considération grave ne lui permettait pas d'y recourir. La garde impériale et la réserve étaient les seules garanties qui, en cas de défaite, devaient sauver la grande armée d'une destruction complète. Fallait-il les sacrifier au hasard d'une journée, et s'exposer à manquer de points d'appui, à six cents lieues de la France, au fond des déserts de la Moscovie?

Dès six heures du matin l'attaque avait été commencée par le général Compans et par les corps de Davout et de Poniatowski. La gauche de l'ennemi fut tournée, et le vice-roi s'empara de Borodino à la tête de la division Delzons. A sept heures le maréchal Ney se précipita sur le centre des Russes, et l'affaire devint générale. Douze cents pièces de canon tonnaient de part et d'autre avec un épouvantable bruit ; l'intrépidité de nos soldats n'avait d'égale que la constance de leurs ennemis. Chaque pied de terrain, sur un espace de quatre lieues qu'embrassait la bataille, était disputé à la baïonnette. Enfin, après quatre heures d'une lutte opiniâtre et sanglante, les Russes furent enfoncés et deux de leurs redoutes enlevées, l'une par les divisions Ledru, Compans et Marchand, l'autre par la division Morand, qui se couvrit de gloire. Ces ouvrages formidables et leurs abords étaient encombrés de cadavres et de canons brisés.

Soudain les masses ennemies, que ce choc avait rompues, se reformèrent et s'avancèrent en colonnes serrées pour reprendre leurs retranchements ; on dirigea contre elles trois cents canons et la cavalerie ; les colonnes russes, foudroyées et rompues, tombèrent dans une effroyable confusion. A la vue de ce désordre, les généraux envoyèrent successivement plusieurs officiers à l'empereur pour le supplier de donner sa garde ; mais Napoléon, étranger en quelque sorte à ce qui se passait, persista dans ses refus, et cette désolante obstination compromit les résultats de la victoire. Les Russes se retirèrent pendant la nuit, nous abandonnant pour tout trophée un champ de carnage horrible à voir. Près de quatre-vingt mille hommes avaient été tués ou blessés ; nous avions perdu un grand nombre d'officiers d'élite, au nombre desquels se trouvaient les généraux Montbrun, Auguste de Caulaincourt, et le plus jeune des deux frères Larochejaquelein ; tous trois étaient morts en combattant vaillamment. Près d'eux, et non moins généreusement, avaient péri Huard, Plausonne, Compère, Marion, Romœuf, Bonami et Lanapère; Grouchy, Nansouty, Latour-Maubourg, Friand, Rapp, Compans et Desaix étaient au nombre des blessés. Du côté des Russes, la perte en généraux ne fut pas moins cruelle : jamais leur armée n'avait montré plus de dévouement et de mépris de la mort. Cette victoire, trop peu décisive, valut à Ney le titre de prince de la Moscowa ; le vice-roi, Davout et le vaillant roi de Naples avaient comme lui contribué au triomphe de nos armes.

Le lendemain, Napoléon parcourut le champ de bataille et donna l'ordre de marcher sur Moscou. Mais les Russes opéraient leur retraite en bon ordre et se trouvaient en mesure de nous disputer le terrain ; nos troupes ne purent entrer à Mojaisk qu'après un combat meurtrier. L'empereur était toujours malade, et son état de souffrance le condamnait à une prudence hors de saison dont l'ennemi profitait; chose étrange, et qui révèle l'action continuelle de Dieu sur les événements, qu'une circonstance si faible en apparence ait eu de si graves résultats ! Et comment l'homme se confiera-t-il en lui-même ?...

On s'avançait lentement sur le chemin de Moscou, mais l'ennemi avait renoncé à défendre cette ville : il nous réservait de plus sérieuses vengeances. Le 15 septembre, enfin, l'armée parut sur les collines qui couronnent la ville sainte des Russes. A l'aspect de cette immense cité, un même sentiment de joie et d'orgueil fit tressaillir les légions de la France. Des hauteurs du mont du Salut, l'armée contemplait cette vieille métropole de la Moscovie, moitié orientale, moitié européenne, avec ses huit cents églises, ses mille clochers, sa multitude d'obélisques et ses coupoles dorées reluisant au soleil. A cette vue, saisis d'admiration, comme autrefois devant Thèbes aux cent portes, nos soldats battirent des mains et s'écrièrent : « Moscou! Moscou! » Ils saluaient leur bûcher funèbre.

On entre dans la ville : elle est vide d'habitants, et l'on voit à peine le long des rues désertes et silencieuses se glisser quelques hommes à faces sinistres. L'armée déjà inquiète se demandait par quel moyen on était parvenu à arrêter le mouvement et la vie dans la capitale de la Moscovie. Déjà la tristesse avait succédé à l'enthousiasme : une sorte de crainte vague et mystérieuse préoccupait les plus fortes âmes. Dès le lendemain l'empereur logeait au Kremlin, l'antique demeure de Rurick et de Romanow; ses soldats s'étaient répandus dans la ville et y avaient occupé divers quartiers; ils bivouaquaient dans les palais somptueux et délaissés, au sein d'une luxe inutile et d'une abondance décevante, comme s'ils avaient enfin conquis le terme de leurs trop longues privations.

Au milieu de la nuit, l'incendie éclate, la flamme se communique avec une inconcevable rapidité de maison en maison, de rue en rue. L'armée française veut en vain en retarder les progrès; le combat qu'elle livre à l'incendie dure plusieurs jours et plusieurs nuits, et Moscou, l'immense bazar de l'Orient, est presque entièrement consumée. Des soldats de la police russe, obéissant aux ordres du gouverneur Rostopchin, attisaient le feu avec des lances goudronnées; des femmes en haillons et hideuses, des hommes ivres portaient partout des brandons enflammés : lorsque les Français les rencontraient, ils leur abattaient les mains ou les bras à coups de sabre, ou les fusillaient sans pitié ; mais la populace sortie des caves s'agenouillait alors et baisait les pieds des suppliciés. Les flammes s'étendaient du nord au midi ; agitées par les vents, elles s'élevaient jusqu'au ciel. Napoléon, assiégé par cet océan de feu, se vit réduit à abandonner le Kremlin, et à attendre, à deux lieues de Moscou, que l'incendie se fût apaisé de lui-même. Quelques jours après il rentra dans cet amas de décombres, et l'armée y établit des cantonnements provisoires : les Russes ne cessèrent de harceler nos avant-postes et de ruiner le pays autour de nous, afin de nous ensevelir dans le désert. Il y eut plusieurs combats livrés, dans lesquels Murat et Poniatowski signalèrent leur brillante valeur.

Fallait-il prendre des quartiers d'hiver sur les débris de Moscou? Devait-on profiter du déclin de l'automne pour suivre la route de Saint-Pétersbourg? Se replierait-on sur Wilna et la Pologne? Napoléon hésita longtemps, et pendant qu'il agitait ces pensées, des hordes de Cosaques débordaient de toutes parts sur nos ailes. L'armée se livrait d'ailleurs à une funeste sécurité ; elle avait sauvé de Moscou des trésors considérables, des étoffes précieuses, des liqueurs fortes ; elle n'avait oublié dans le pillage que ce qui pouvait la garantir plus tard des atteintes du froid. Cependant on avait fait venir de Paris les acteurs de la Comédie-Française, et l'on donnait des représentations théâtrales sur le volcan tiède encore.

L'empereur, trop longtemps abusé par l'espérance de la paix, et voyant qu'Alexandre et Kutusoff, par des promesses trompeuses, ne cherchaient qu'à l'amener à l'hiver, s'arrêta enfin, mais trop tard, à l'idée de battre en retraite. Le 18 octobre, l'armée commença son mouvement rétrograde sur la Pologne. Les Russes se bornèrent à couper aux Français la route de l'Ukraine, qui traversait un pays fertile, et à leur abandonner celle de Smolensk, déjà parcourue, et qui traversait des régions désolées par la guerre et l'incendie.

On était à peine à quelques jours de marche en deçà de Moscou, qu'on entendit un bruit pareil à un tremblement de terre : c'était le Kremlin que le maréchal Mortier venait de faire sauter, en exécution des ordres de l'empereur. Quelques jours après, dix-huit mille hommes, Français et Italiens, commandés par le vice-roi, soutenaient vaillamment à Malo-Jaroslawetz le choc de quatre-vingt mille Russes, et ces derniers s'éloignaient à leur tour après avoir perdu dix mille des leurs. On revit avec stupeur le champ de bataille de la Moscowa, encore couvert de cadavres à demi dévorés par les bêtes fauves. Bientôt on atteignit Gjatz et ensuite Wiasma, que défendaient une armée régulière et des nuées de Cosaques. L'armée française s'ouvrit un chemin après cinq heures d'une action meurtrière, et continua sa pénible route vers Smolensk.

Mais déjà un ennemi plus terrible que les hordes de Tartares se déchaînait sur nos soldats : l'hiver de la Moscovie avait commencé son règne; les vents du nord soufflaient avec violence, et des tourbillons de neige enveloppaient les régiments, les chevaux et l'artillerie. Le thermomètre de Réaumur descendit à vingt degrés : ce fut le signal d'un désastre sans exemple. A l'exception de la vieille garde, qui eut la force de maintenir la discipline, et de l'héroïque arrière-garde placée sous la conduite de

Ney, l'armée entière fut en peu de jours démoralisée par la souffrance, décimée par la faim et par le froid. Ce fut un spectacle pitoyable de voir ces masses de malheureux se traîner péniblement sur la neige, cherchant des abris et des vivres que leur refusait l'inclémence du sol. Les soldats à demi nus, vêtus au hasard de pelleteries de femmes et de lambeaux d'uniformes, souvent privés de chaussure et de pain, marchaient pêle-mêle, sans distinction de grades et sans autre sentiment que celui d'un affreux désespoir. Celui qui s'arrêtait pour se reposer ne tardait pas à succomber à l'engourdissement, et à dormir du sommeil de la mort. Les blessés, les malades étaient abandonnés en chemin, et imploraient en vain la pitié, demeurée sourde à leurs plaintes. Ceux qui s'attardaient ou se trompaient de route étaient impitoyablement égorgés par les Cosaques ou massacrés par les paysans. On ne se nourrissait que de la viande des chevaux, et encore cette triste ressource manquait-elle souvent. A peine un cheval succombait-il en route, que des masses de misérables faméliques se jetaient sur son cadavre et s'en disputaient les lambeaux; les hommes résistaient d'ailleurs mieux que les animaux à ces horribles épreuves; en peu de nuits l'artillerie et la cavalerie se trouvèrent presque démontées; il fallut enclouer les pièces de canon et les jeter dans les lacs. On abandonna ainsi les dépouilles inutiles, les richesses pesantes et la grande croix d'Ivan, dernier trophée que Napoléon avait voulu ravir au Kremlin. Rien de plus affreux que le spectacle des bivouacs, le lendemain des nuits passées sur la neige : sur une vaste étendue, on distinguait à des monceaux de cadavres la place sur laquelle l'armée avait campé. La voix des officiers, des colonels et des généraux n'était plus entendue; le cri d'un immense désespoir troublait seul de temps à autre la morne stupeur de l'agonie; il était venu pour la France et Napoléon ce moment suprême duquel

Dieu avait dit : « Mais voici ce qui arrivera : lorsque
« j'aurai accompli mes desseins, je visiterai le cœur du
« superbe Assur, et la gloire et l'orgueil de ses regards. »
(Isaïe, chap. x.)

Le 7 novembre, on atteignit Smolensk ; mais la nécessité commandait de ne faire qu'une courte halte sous les ruines de cette ville incendiée. A ce point de la retraite, de la grande armée qui avait franchi le Niémen il ne restait plus que huit cents cavaliers et trente-six mille fantassins encore sous les armes, et leurs souffrances commençaient à peine ! La garde royale d'Italie avait été détruite ; son digne chef, le prince Eugène, ne continuait pas moins, un fusil à la main, à donner aux soldats l'exemple de la patience et du courage. L'armée de Murat n'existait plus; les troupes polonaises elles-mêmes avaient succombé à la rigueur du froid. Les Russes, grâce aux fausses manœuvres de Schwartzenberg, venaient de s'emparer de nos magasins de Minsk. Le 16 novembre, Kutusoff, à la tête de soixante-dix mille fantassins et de trente mille cavaliers, entreprit de couper nos colonnes, non loin de Krasnoï et à dix lieues de Smolensk. Cette poignée de Français qui combattait encore fit face à l'ennemi et le contraignit à fuir, après un engagement que l'Anglais Wilson appelle à juste titre la bataille des héros. Le seul nom de Napoléon épouvantait les Barbares, et sauvait les débris de nos troupes. Eugène avait été délivré; mais Davout et Ney se trouvaient encore enveloppés au loin par les Russes. Davout se dégage le premier; Ney, qui n'a plus que six mille hommes sous ses ordres, se retire devant les masses énormes qui ferment sa route, surprend le passage du Borysthène, se fait jour à travers des essaims de Cosaques, et parvient, après deux jours de fatigues héroïques, à rejoindre l'armée. Cependant deux corps ennemis nous attendent sur la Bérésina, pendant que Kutusoff, Wittgenstein et Tschitchakoff nous suivent et nous harcèlent sur les ailes : Napoléon conserve à peine en cette extrémité seize mille hommes en état de combattre ; le reste de l'armée présente le spectacle d'une horde de quatre-vingt mille malheureux fuyant au hasard et luttant sans énergie contre les horreurs de la famine ou des tempêtes.

Il fallait traverser la Bérésina, large rivière qui coule au milieu de vastes marécages. Peut-être alors la rigueur du froid eût-elle sauvé notre armée en lui permettant de franchir ces obstacles sur les glaces, et voilà que la température s'étant pour un moment adoucie, le dégel vient offrir aux Français une nouvelle chance de destruction. Napoléon, par une inspiration soudaine, réussit à dérober trois marches à l'ennemi ; il ordonne au duc de Reggio de jeter deux ponts au gué de Studzianka, et au duc de Bellune de contenir les efforts de Wittgenstein ; lui-même donne le change à Tschitchakoff en l'attirant sur un pont plus éloigné. Le 26 novembre, à une heure de l'après-midi, un des ponts était achevé ; le corps d'Oudinot franchit le premier la Bérésina ; à quatre heures, ce qui restait d'artillerie passe sur le second pont, plus solide et plus large ; le corps de Ney débouche ensuite par la route qu'a suivie Oudinot. Le 27, le quartier général traverse la rivière ; la garde le suit ; le duc de Bellune avec une poignée d'hommes protége cette opération difficile. L'ennemi, cependant, attaque à la fois l'armée sur les deux rives avec des forces considérables ; nos soldats, embarrassés dans la boue des marais, épuisés de lassitude ou de faim, résistent avec un dévouement sans exemple, et parviennent à contenir les hordes moscovites.

L'armée continue à franchir la rivière ; mais l'un des ponts fléchit sous le poids des caissons et des attelages, l'autre est encombré d'hommes et ne peut plus suffire à l'immense cohue des malheureux qui cherchent à atteindre la rive droite. Des masses de fugitifs se rassemblent alors aux abords de ce pont et sur les glaçons fangeux de la rivière; on se dispute le passage; les blessés font entendre de lamentables cris, les femmes élèvent leurs enfants, les soldats poussent d'horribles imprécations et écartent par la violence tous les obstacles vivants qui les retardent. Tout à coup l'armée russe, qui s'est lentement rapprochée du lieu de cette désolante scène, fait tomber ses boulets au milieu de la foule : c'est le signal d'une épouvantable calamité dont nous renoncerons à dérouler le tableau. Les misérables que foudroie le canon de l'ennemi, et qui se voient exposés à une mort certaine, s'élancent en foule en avant. Alors s'engage une effroyable lutte entre le malheur et la force. Les cavaliers se jettent le sabre à la main sur les ponts encombrés par la foule, et se fraient un passage à travers les blessés et les mourants : ceux-ci, avec l'énergie que donne le désespoir, se couchent sous les pieds des chevaux et les étreignent convulsivement; la plupart se précipitent dans le fleuve, et cherchent à le traverser à la nage ou sur les glaces, mais presque tous périssent noyés ou écrasés. Enfin un autre genre de désespoir succède à cet affreux paroxysme : la foule de ceux qui n'osent espérer un passage s'arrête comme frappée d'imbécillité et d'atonie; elle se couche à terre, s'abandonnant au canon et à la mort, sans chercher à s'y soustraire; en vain le passage devient libre, elle ne songe point à en profiter; le troisième jour, cependant, l'arrière-garde, commandée par Victor, pousse en avant cette multitude et la détermine à se remettre en marche; mais alors la confusion et la lutte de la veille recommencent. Enfin les Russes enveloppent les masses de traînards, leur ferment toute issue, et il ne reste plus de cette grande armée, naguère encore l'effroi de l'Europe et le digne objet de l'admiration du monde, que des corps épars et des bandes fugitives que Ney, Oudinot et Eugène parviennent encore à rallier sous les aigles.

Jusque-là Napoléon avait partagé les périls et les angoisses de son armée : un bâton à la main, il marchait dans les rangs, encourageant de la parole et du geste les malheureux que son ambition avait conduits à ce désastre; sa figure était demeurée impassible, et si les soucis les plus cuisants dévoraient son cœur, il n'en conservait pas moins le front serein et la pensée libre; il apparaissait plus grand peut-être au milieu de ces spectres affamés qui se pressaient autour de lui, que dans son cercle de rois des Tuileries et de Dresde. Alors on retrouvait en lui le général de l'armée d'Italie; alors les illuminations de son courage relevaient le moral de l'armée, et réveillaient au fond des âmes le mépris de la crainte et l'orgueil de la victoire. Les Russes, saisis d'effroi à l'aspect de cet homme dont le seul regard changeait nos blessés et nos fuyards en formidables héros, reculaient et n'osaient forcer dans le dernier retranchement de sa fortune le César de l'empire français. Tant que son génie éclaira l'armée comme une étoile, l'espoir ne fut jamais entièrement éteint dans les cœurs; mais qui pourrait rendre la désolation du soldat lorsqu'on apprit à Smorgone, le 5 décembre, que l'empereur, après avoir confié le soin de la retraite au roi de Naples, était parti pour sa capitale? L'armée éclata en longues plaintes et se crut désertée; mais Napoléon n'avait fait qu'obéir aux pressants devoirs de sa situation.

La France et l'Europe étaient devenues pour lui de justes sujets d'inquiétudes; mais l'audacieuse tentative qui porte dans l'histoire le nom de conspiration Malet excita surtout ses plus vives alarmes.

Charles-François de Malet, gentilhomme franc-comtois, né en 1754, avait acquis le grade de général de brigade à la suite de brillants services militaires. Sous l'empire, la franchise de ses opinions républicaines le rendit suspect; il fut rappelé et resta sans emploi. Ayant pris part, en 1807, aux manœuvres de la Société des *Philadelphes*, organisation secrète qui avait ses ramifications dans l'armée, il fut arrêté et mis en prison; mais ce traitement ne fit qu'exalter ses ressentiments révolutionnaires. Deux autres généraux, Guidal et Lahorie, étaient alors enfermés à la Force, sous prévention d'intrigues républicaines. Après plusieurs années de captivité, Malet obtint d'être transféré dans une maison de santé; dans cet établissement il fit connaissance avec l'abbé Lafon, détenu pour affaires de l'Église, et tous deux concertèrent une résolution inouïe, le renversement du gouvernement impérial. Napoléon était alors campé sur les cendres de Moscou; son éloignement favorisait le complot. Malet fit clandestinement imprimer un faux sénatus-consulte qui proclamait la mort de Napoléon, la déchéance de sa famille et l'établissement d'un gouvernement provisoire. Le 22 octobre, à dix heures du soir, l'abbé Lafon et Malet s'évadent de leur maison de santé; le général revêt son grand uniforme, et, suivi de prétendus aides de camp, ses complices, il se rend à la caserne de Popincourt, où était la dixième cohorte de gardes nationales. Malet se fait introduire auprès du colonel qui la commandait, lui donne lecture des ordres dont il se dit porteur, lui annonce la mort de l'empereur, et lui enjoint de mettre sa cohorte à la disposition du général Lamothe : le présent ordre signé Malet, gouverneur de Paris. Le colonel obéit, et Malet, sous le faux nom de Lamothe, lit à la cohorte la proclamation du sénat à l'armée, et emmène cette troupe, qui le suit avec confiance. Par ses ordres, le colonel Soulier va occuper l'Hôtel-de-Ville ; pour lui, il se dirige vers la Force, et fait mettre en liberté Guidal et Lahorie, entièrement étrangers à la conspiration. En peu de mots il leur explique l'état des affaires, leur remet leurs nominations, et leur donne à chacun un détachement, à l'aide duquel ils sont chargés de s'emparer du préfet de police et des ministres de la police et de la guerre. Un Corse nommé Boccheciampo est mis en liberté, et nommé préfet de la Seine.

Malet marcha ensuite à la place Vendôme, et se rendit à l'hôtel du général Hullin, gouverneur de Paris ; il lui annonça les événements et lui fit connaître qu'il était chargé de le remplacer. « Montrez-moi vos ordres, » lui dit Hullin ; pour toute réponse, Malet lui tira un coup de pistolet, et Hullin tomba baigné dans son sang.

Malet se porta ensuite à l'état-major de la première division militaire, situé aussi place Vendôme, fit arrêter le chef de bataillon Laborde, entra chez l'adjudant commandant Doucet, et lui remit ses pièces. Là il fut reconnu par un inspecteur de police, qui lui reprocha de sortir sans autorisation de sa maison de santé. Malet voulut encore répondre en faisant usage de ses armes ; mais on se jeta sur lui, on le terrassa, et la conspiration fut terminée.

Le commandant Laborde descendit sur la place, détrompa la troupe, et les soldats firent retentir l'air du cri de *vive l'empereur !*

Sur ces entrefaites, Guidal s'était emparé de la préfecture de police et avait envoyé le préfet, M. Pasquier, à la Force. Lahorie en avait fait autant du duc de Rovigo, ministre de la police générale, et le préfet de la Seine, M. Frochot, trompé par le faux sénatus-consulte, avait donné des ordres pour qu'on préparât à l'Hôtel-de-Ville le local destiné au gouvernement provisoire. Le commandant Laborde, survenant à la tête des troupes, rétablit tout dans l'ordre, et s'assura de la personne des conspirateurs. A neuf heures du matin, Paris jouissait d'une tranquillité parfaite, et personne ne s'était douté du complot (24 octobre).

Les généraux Malet, Lahorie, Guidal, le colonel Rabbe, Soulier, Rateau, et dix-huit officiers furent traduits devant une commission militaire présidée par le général Dejean. Interrogé sur le nombre de ses complices, Malet répondit avec audace :

« Toute la France, et vous-même, si j'avais réussi. » Il se trompait de peu.

Sur vingt-cinq accusés, la commission en acquitta dix ; quinze autres, parmi lesquels figuraient ceux dont les noms précèdent, furent condamnés à être fusillés, et subirent leur peine, à l'exception de Rabbe et de Rateau, qui plus tard obtinrent leur grâce. Malet, en marchant à la mort, se fit remarquer par son sang-froid et son courage.

« Jeunes gens, dit-il à ceux qui se pressaient sur son passage, souvenez-vous du 23 octobre. »

La conspiration Malet, si habilement concertée, si énergiquement conduite, étonna l'opinion et la disposa à la chute prochaine de l'empereur. Le public éprouva des sympathies pour les conjurés, et l'on se perdit en conjectures sur le but réel de Malet, sur le parti dont il servait les espérances. Les uns ont affirmé, d'après certains témoignages, qu'il agissait en vue de faire triompher la cause des Bourbons; d'autres n'ont voulu voir dans cette tentative qu'une conspiration républicaine. Cette dernière hypothèse s'accorde mieux avec les opinions bien connues de Malet et de ses principaux complices.

Napoléon, à la nouvelle de ce complot, avait compris que sa puissance ne tenait qu'à un fil, et qu'il était facile de le rompre. D'un autre côté, la Prusse et surtout l'Allemagne tressaillaient d'espoir en entrevoyant de loin les calamités de l'expédition de Russie; il fallait se hâter de les traverser et de revenir sur le Rhin avant que la nouvelle certaine de la destruction de nos armées se fût répandue à Berlin et à Vienne; sans cette précaution, il est probable que le nouveau *Cœur de Lion* aurait trouvé dans sa retraite un autre archiduc d'Autriche disposé à le plonger dans les fers. Napoléon pressentait ces malveillantes pensées, et il avait hâte de les prévenir; aussi, après s'être jeté dans un traîneau, suivi seulement des ducs de Frioul, de Vicence et du comte de Lobau, il traversa inconnu, et au milieu de mille dangers, la Pologne, la Prusse et l'Allemagne, pour venir demander à la France de nouvelles ressources de vengeance ou de salut.

Le départ de l'empereur fut le signal d'infortunes plus grandes encore pour les débris de son armée; Murat, si brave sur le champ de bataille, ne montra dans la retraite que du découragement et de la faiblesse. Le roi de Naples commit la faute d'abandonner Wilna et les immenses magasins que renfermait cette ville. Pour surcroît d'épreuves, la température s'abaissa à vingt-huit degrés, et quarante mille hommes périrent en quatre jours. L'armée fuyait dans la direction de Kowno; au défilé de Ponari, elle se trouva en face d'une montagne de verglas et de glace, et il fallut abandonner au pied de la côte l'artillerie, les bagages, tout le matériel. A Kowno, le soldat passa sans transition d'une disette inouïe à une excessive abondance, et se jeta avec fureur sur les provisions et les magasins. Cette imprudence coûta la vie à beaucoup de victimes; là, le roi de Naples abandonna son poste et s'enfuit vers ses États. C'est ici que Ney conquit dignement le titre de brave des braves; à la tête de trente grenadiers, un fusil à la main, et ayant à ses côtés le général Gérard, il osa soutenir à Kowno l'attaque des Russes, et son dévouement assura la retraite. Eugène, de son côté, succédant à Murat, répondit généreusement à l'attente de la France et de l'empereur. Cependant l'armée, trahie par les Prussiens, qui, sous la conduite du général York, passèrent sous le drapeau des Russes, fut contrainte de se replier d'abord en arrière du Niémen, puis derrière la Vistule, puis enfin jusqu'à la Wartha et à l'Oder.

Depuis le 11 novembre, date du dernier bulletin, la France ignorait le sort de l'empereur et de l'armée; on savait seulement que la retraite avait commencé dans les steppes glacés de la Russie, et le champ le plus vaste s'ouvrait aux alarmes. Enfin, le trop célèbre vingt-neuvième bulletin, daté de Smolensk, annonça à l'empire que la grande armée n'était plus, et que quatre cent mille familles devaient prendre le deuil. Cette effroyable nouvelle retentit dans tout l'Occident, et répandit dans la France une désolante consternation. Alors on commença à maudire la guerre et cette fatale manie des conquêtes, qui nous coûtait le plus précieux de notre sang et nous livrait sans défense à la colère de l'étranger. Le bulletin se terminait d'ailleurs par cette consolation ou cette menace: « La santé de l'empereur n'a jamais été meilleure. » L'Europe comprit la portée de cette révélation; car, mieux que la France encore, elle savait que Napoléon valait à lui seul des murailles et des armées.

Dans la nuit du 19 décembre, une modeste voiture s'arrête devant les grilles des Tuileries: on refuse de les ouvrir; mais Napoléon se nomme, et tout obstacle disparaît. Au point du jour le canon annonce à la capitale le retour de l'empereur, mais cette fois la population demeure morne et silencieuse. Vainement les corps constitués, le conseil d'État et le sénat viennent-ils apporter leurs adulations accoutumées ; la douleur publique empreinte sur tous les visages dément ces hommages trompeurs. L'avenir s'est déjà revêtu des teintes les plus sombres.

CHAPITRE IX

MIL HUIT CENT TREIZE

La Russie apparaissait victorieuse sur la Vistule ; nos armées étaient bloquées en Espagne ; l'Angleterre soulevait contre nous les rois et les peuples ; la Suède nous menaçait de la guerre ; la Prusse secouait notre joug ; l'Autriche ne nous offrait d'autres garanties qu'une neutralité douteuse ; le roi de Naples préparait sa prochaine trahison ; les départements situés entre le Rhin en l'Elbe n'attendaient qu'un moment propice pour la révolte. Pour faire face à tant de dangers, nous avions quelques milliers de braves enfermés à Dantzick et quelques vétérans ralliés aux confins de l'Allemagne sous le commandement d'Eugène.

La France, en cette extrémité, ne fit point défaut à sa gloire ; elle ne manqua pas à l'empereur. Si la fatale campagne de Moscou avait détruit sa grande armée, elle aimait à se dire, avec un noble orgueil, qu'elle n'avait été vaincue par aucun ennemi vivant, que des fléaux plus puissants que la nature humaine avaient seuls triomphé de ses enfants et de son chef. Tant qu'il restait du sang à ses veines, elle voulait lutter afin de mourir debout et comme il convenait à la reine des nations. C'était chez elle une résolution froidement arrêtée, et, sans l'inconsolable désespoir des mères que la conscription dépouillait de leurs fils adolescents, aucune voix ne se serait élevée pour contester la nécessité de la guerre et la sainteté des derniers sacrifices réclamés au nom de la patrie.

Napoléon obtint du sénat de nouvelles levées d'hommes : quarante mille marins, inutiles sur l'Océan, vont renforcer les cadres de l'infanterie ; on tire de l'Espagne des officiers aguerris et fidèles ; on réorganise l'artillerie et les services des hôpitaux et des vivres ; la cavalerie laisse beaucoup à désirer ; on manque de chevaux pour les remontes et pour les attelages. Une activité inouïe est imprimée à tous les préparatifs de la guerre.

L'empereur obtient ensuite un sénatus-consulte qui détermine la constitution de la régence. Encore ému des inquiétudes qu'a fait naître en lui le hardi complot de Malet, il ne veut point exposer sa dynastie au berceau au hasard d'un coup de main. Déjà il a destitué le préfet de la Seine, qui s'est laissé surprendre par le conspirateur : il regrette de ne pouvoir désarmer de même, par un décret de destitution, les idées libérales qui renaissent menaçantes. « C'est à l'idéologie, dit-il, c'est à ses téné-
« breuses machinations qu'il faut imputer tous les mal-
« heurs de la France » Ailleurs il s'écrie : « Nos pères
« avaient pour maxime : Le roi est mort, vive le roi ! » et il convie les magistrats à se rallier autour du berceau de son fils, comme au principe de salut qui sert de base à l'ordre et aux monarchies. Il ajoute : « La plus belle
« mort serait celle d'un soldat qui tombe sur le champ
« de bataille, si celle d'un magistrat qui meurt en
« accomplissant ses devoirs n'était pas plus glorieuse

« encore !... » Rassuré, s'il est possible, par les protestations de servile dévouement qui accueillent ses paroles, il songe, à sa manière, à mettre fin aux maux de l'Église de France, et ne parvient qu'à les aggraver encore.

Des conférences avaient été ouvertes, de la part du pape et de l'empereur, entre plusieurs cardinaux et évêques. Dans la soirée du 19 janvier, Napoléon, accompagné de Marie-Louise, se rendit inopinément au palais de Fontainebleau, qui servait de prison au souverain pontife. Pie VII était en proie à une fièvre lente; ce n'était plus qu'un vieillard débile, affaibli par la maladie et les persécutions, et dont l'énergie morale semblait éteinte. L'empereur se présente à lui et l'embrasse. Le pape, qui depuis longtemps languissait loin de tous, fut ému de cette démarche et en éprouva une trompeuse consolation. Napoléon ne perdit pas l'effet de ces dispositions si favorables pour lui. Il s'installa pendant plusieurs jours auprès du saint-père, et il parvint à arracher à son captif une renonciation à la souveraineté temporelle de Rome, et un acquiescement à d'autres prétentions non moins injustes, telles que, sur certains points, l'abandon de la plénitude du pouvoir spirituel. Ce traité fut immédiatement promulgué dans tout l'empire, et reçut le nom de Concordat de Fontainebleau. Il était nul par lui-même et par les causes qui l'avaient amené; il n'eut donc aucun effet : aussi, le pape, rendu à la santé et retrouvant la fermeté dont il avait fait preuve aux plus mauvais jours de l'outrage et de l'exil, ne tarda-t-il pas à protester lui-même contre le prétendu concordat imposé par la force. Il écrivit à l'empereur pour lui signifier que cet acte n'avait aucune valeur, et qu'il entendait l'abolir en vertu des pouvoirs que le divin Maître a transmis à son Église. Ainsi fut généreusement réparée la faute qui avait contristé les

fidèles. « Bien qu'elle coûte à notre cœur la confession
« que nous allons faire à V. M., mandait le pieux vieil-
« lard à Napoléon, la crainte des jugements divins
« dont nous sommes si près attendu notre âge avancé,
« nous doit rendre supérieur à toute autre considéra-
« tion. Contraint par nos devoirs, avec cette sincérité,
« cette franchise qui conviennent à notre dignité et à
« notre caractère, nous déclarons à V. M. que, depuis
« le 25 janvier, jour où nous signâmes les articles.....,
« les plus grands remords et le plus vif repentir ont
« continuellement déchiré notre esprit, qui n'a plus ni
« repos, ni paix. De cet écrit que nous avons signé,
« nous disons à V. M. cela même qu'eut occasion de
« dire notre prédécesseur Pascal II (en 1117), lorsque,
« dans une circonstance semblable, il eut à se repentir
« d'un écrit qui concernait une concession faite à
« Henri V. Comme nous connaissons notre écrit *fait
« mal*, nous le confessons *fait mal*, et, avec l'aide du
« Seigneur, nous désirons qu'il soit cassé tout à fait,
« afin qu'il n'en résulte aucun dommage pour l'Église. »
L'acte se terminait par ces mots, qu'on a considérés
comme ayant levé l'excommunication prononcée contre
l'empereur : « Nous offrons à Dieu les vœux les plus
« ardents, afin qu'il daigne répandre lui-même sur
« V. M. l'abondance de ses bénédictions. »

Le jour même où cette lettre fut adressée à l'empereur, le pape réunit les cardinaux présents à Fontainebleau, et déclara, dans une allocution pontificale, qu'il regardait comme nuls le prétendu concordat et une concession analogue que la violence lui avait arrachée à Savone. Dès ce moment, et après cette réparation éclatante, il reprit son sourire et sa sérénité d'âme, comme un homme sauvé de l'agonie ou délivré d'un fardeau rigoureux.

On dit qu'en recevant la missive pontificale, Napoléon s'écria :

« Si je ne fais sauter la tête de dessus les épaules de
« quelques-uns de ces prêtres de Fontainebleau, on
« n'accommodera jamais ces affaires. » Il n'est point
vrai, d'ailleurs, comme le bruit s'en répandit alors, que
l'empereur ait porté la main sur le pape pour le frapper,
ou qu'il ait osé tirer les cheveux de ce vieillard vénérable. « Non, disait plus tard Pie VII à ceux qui le ques-
« tionnaient à cet égard, il ne s'est pas porté à une telle
« indignité, et Dieu permet qu'à cette occasion nous
« n'ayons pas à proférer un mensonge. »

De nouvelles négociations furent entamées, mais elles demeurèrent sans résultat : le pape persista à déclarer qu'il ne voulait conclure aucun traité tant qu'il serait retenu hors de Rome. Une circonstance digne d'intérêt et qui surprendra beaucoup de personnes, c'est que le pape et l'empereur s'aimaient personnellement et rendaient réciproquement justice à leurs qualités, si différentes d'ailleurs : la persécution même n'effaça point cette affection du cœur du persécuté, et nous avons vu déjà que Napoléon se plaisait à faire l'éloge des hautes vertus et de la douceur angélique du pontife. La captivité du saint-père dura jusqu'au 23 janvier 1814, date de son départ de Fontainebleau : toutefois son voyage jusqu'aux Alpes fut encore pour lui une source de nouvelles tribulations dont le récit n'appartient pas à cette histoire, l'empereur y étant demeuré étranger.

Cependant la conscription avait impitoyablement appelé sous les drapeaux les divers bans de la jeunesse. La guerre d'Espagne et la guerre du Nord devaient être menées de front. Trois cent mille hommes, la plupart encore adolescents et arrachés du sein de leurs mères désolées, devaient être échelonnés sur l'Oder, sur l'Elbe, sur le Rhin et sur le Mein : l'armée d'Espagne devait être portée à un pareil chiffre de combattants. L'empire entier était transformé en un grand arsenal;

mais ces préparatifs démesurés correspondaient à peine à l'ardeur guerrière de l'Europe.

Le 1er mars, un traité d'alliance offensive et défensive avait été signé entre la Prusse et la Russie : deux jours après, la Suède s'unissait à l'Angleterre et venait grossir le nombre des ennemis de la France. L'armée qu'elle envoya combattre sous les drapeaux de la coalition avait pour chef ce même Bernadotte, devenu prince royal de Suède, et qui, des rangs les plus obscurs de notre armée, s'était élevé au grade de maréchal de l'empire. Ennemi personnel de Napoléon, il saisissait avec ardeur une occasion favorable d'abaisser l'orgueil de son ancien maître; Suédois par l'adoption dont sa nouvelle patrie l'avait honoré, il venait mettre un frein à la puissance de sa terre natale. Cependant l'Autriche, avertie par le mouvement de l'Europe, consentait à peine à garder une paix douteuse; les princes de la confédération rhénane, à l'exception du roi de Saxe, hésitaient encore à passer dans les rangs de nos adversaires; mais le cri de leurs peuples les poussait malgré aux à secouer le joug.

Jamais l'Allemagne, depuis le temps où elle lutta contre Varus et Marc-Aurèle, ne s'était soulevée pour une cause plus digne de son courage et de son dévouement. Après avoir servi durant vingt ans de champ de bataille à la France, d'arsenal à Napoléon, elle pressentait enfin la chute de la tyrannie impériale, elle s'armait pour porter le dernier coup au colosse qui pesait sur le monde. C'était au nom de la patrie et de la liberté que ses enfants accouraient en foule dans les camps, et quittaient le palais ou le chaume de la famille, les soins de l'industrie ou les études de l'Université. Pendant plusieurs années l'association secrète *de la vertu* (tugendbund) avait étendu ses racines dans toute la Prusse et dans tous les pays de la ligne du Rhin; les affidés s'étaient engagés par serment à délivrer la Germanie de la présence de nos aigles et à venger sur nous les humiliations d'Iéna et de Wagram. Hélas! en rappelant le souvenir de cette guerre si funeste pour la France et qui nous frappa au cœur, pourquoi faut-il que nous ayons à reconnaître que la cause de nos ennemis était vraiment juste et sainte?... Proclamons-le cependant, ne fût-ce que pour adoucir l'amertume des longues misères que nous avons endurées : il n'était pas, dans toute l'Europe, un coin de terre qui n'eût porté l'empreinte du fer de nos chevaux ou participé aux épreuves imposées par notre amitié. Aussi, aux jours des revers, ne devions-nous rencontrer partout que des ennemis jurés de notre fortune. De la Save et des fleuves de l'Épire jusqu'au cercle polaire, du rocher de Cadix, où siégeaient les cortès espagnoles, jusqu'aux extrémités de l'Asie et aux frontières de la Chine, où s'étendait la souveraineté d'Alexandre, ce n'était qu'un cri poussé par les peuples contre la France et Napoléon.

Le 15 avril, l'empereur, après avoir confié la régence à Marie-Louise, quitta Paris pour aller prendre le commandement de son armée d'Allemagne. Le 29, entre Naumbourg et Mersebourg, il opérait sa jonction avec les débris de l'armée de Russie commandés par le vice-roi. Le même jour, un engagement contre les Prussiens avait lieu à Weissenfeld, en Saxe; l'ennemi, un moment déconcerté, se repliait devant nous; mais promptement rallié et supérieur en nombre, il nous présentait bataille le 2 mai, dans les plaines de Lutzen, déjà illustrées par Gustave-Adolphe.

L'armée française ne se composait guère que de recrues sans expérience de la guerre : aussi, dès les premiers chocs, fut-elle ébranlée et rompue sur plusieurs points. Mais Napoléon se porta au milieu de cette multitude de conscrits, et sa présence en fit des soldats aguerris et intrépides. Le prince Eugène, les maréchaux Ney, Mortier,

Macdonald, Marmont; les généraux Compans, Ricard, Souham, Drouot, Latour-Maubourg, se montrèrent dignes de l'empereur, et donnèrent comme lui, à la jeune armée, l'exemple du courage et du dévouement. Pendant quatre heures d'une lutte acharnée et meurtrière, la victoire demeura douteuse, les Russes parvinrent même à s'emparer du village de Kaya, position formidable d'où dépendait le sort de la journée. L'empereur, en ce moment de crise, mit en avant seize bataillons de la jeune garde et six de la vieille garde, et les fit soutenir par une batterie de quatre-vingts pièces de canon. Les Russes, écrasés par l'artillerie française, commencèrent à battre en retraite, et ce mouvement rétrograde décida le triomphe de nos armes. Il eût été complet si le défaut de cavalerie n'eût empêché Napoléon de poursuivre l'ennemi et d'inquiéter sa retraite. Cependant, grâce à cette journée glorieuse, Leipsick fut pris, Torgau fut débloqué, l'ennemi fut vaincu à Borna, à Gerdof, à Coldits, et l'empereur porta ses troupes sur la rive droite de l'Elbe.

La bataille de Lutzen, au dire de Napoléon, était une *bataille d'Italie*; elle fut l'œuvre de l'artillerie et de l'infanterie. L'ennemi la disputa vigoureusement, et les pertes furent énormes de part et d'autre. « Soldats,
« dit l'empereur à ses troupes, je suis content de vous,
« vous avez rempli mon attente... Vous avez défait et
« mis en déroute l'armée russe et prussienne, comman-
« dée par l'empereur Alexandre et le roi de Prusse.
« Vous avez ajouté un nouveau lustre à la gloire de
« mes aigles; vous avez montré tout ce dont est capable
« le sang français... Nous rejetterons les Tartares dans
« leur affreux climat, qu'ils ne doivent point franchir;
« qu'ils restent dans leurs déserts glacés, séjour d'es-
« clavage, de barbarie et de corruption, où l'homme
« est ravalé à l'égal de la brute. Vous avez bien mérité

« de l'Europe civilisée. Soldats! l'Italie, la France et
« l'Allemagne vous rendent des actions de grâces! »

Mais l'ennemi, supérieur en nombre et en discipline, ne devait pas tarder à reprendre l'offensive. Le 20 mai, Napoléon le rencontra à Bautzen, et, après une bataille longue et meurtrière, le contraignit encore à se retirer. Notre perte avait été plus grande qu'à Lutzen, nos avantages furent moins considérables encore. Cette victoire nous ouvrait les routes de la Silésie, mais il fallait les conquérir par une autre bataille plus sanglante et plus décisive. Elle commença le lendemain, au lever du jour, à Wurschen; les Prussiens et les Russes obtinrent sur les troupes du maréchal Oudinot un premier succès, que répara le général Gérard. Quelques heures après, le corps du maréchal Ney déboucha sur le flanc droit de l'armée prussienne, chassant devant lui les corps des généraux Yorck et Barclay de Tolly. La lutte devint générale : elle tourna à la gloire de nos armées. Vers six heures du soir, l'ennemi nous abandonna un vaste champ de bataille couvert de cadavres. Par la plus habile des combinaisons, Napoléon avait tourné à la ruine de ses adversaires l'avantage des positions formidables que dix mille hommes avaient fortifiées soigneusement pendant trois mois, et qui semblaient promettre la victoire aux alliés. L'empereur, pour perpétuer le souvenir de cette mémorable journée, ordonna, par un décret, qu'il serait élevé sur le mont Cenis un monument destiné à manifester sa reconnaissance envers ses peuples de France et d'Italie.

Bessières, duc d'Istrie, avait été tué au début de la campagne; le lendemain de la bataille de Wurschen, au combat de Reichenbach, le général Bruyères fut emporté par un coup de canon, et un boulet, après avoir frappé mortellement le général Kirgener, atteignit au ventre et blessa mortellement le grand maréchal Duroc, duc de

Frioul, un de ceux que Napoléon chérissait le plus. L'empereur, profondément affligé de ce malheur, passa toute la nuit dans sa tente, sans proférer une parole et sans que personne osât le distraire de son chagrin.

Un parlementaire ennemi vint demander un armistice, qui fut accordé : ce fut une faute de Napoléon, qui, au lieu de poursuivre ses avantages, donnait ainsi aux vaincus le temps de se remettre en ligne et d'organiser leurs réserves. Cette trêve inopportune devait se prolonger jusqu'au 20 juillet.

L'armée d'Espagne avait été affaiblie pour faire face aux besoins de la guerre d'Allemagne. L'ennemi, n'ayant pas su tirer parti de notre désastre des Arapiles, avait perdu un temps précieux devant le fort de Burgos. Le 20 octobre 1812, Wellington avait été contraint de lever le siége de cette ville; le 10 novembre, il s'était retiré sur Ciudad-Rodrigo, abandonnant le fruit de sa victoire. Madrid était de nouveau tombé en notre pouvoir : les savantes manœuvres du maréchal Soult nous avaient rendu une partie de l'Espagne ; mais cet habile général fut appelé en Allemagne, et la fortune changea, en dépit des efforts de Marmont et de Suchet. Le 28 mai 1813, Wellington reprit l'offensive et força une troisième fois le roi Joseph à fuir de Madrid; le 21 juin, ce roi perdait sa couronne à Vittoria, journée fatale à notre puissance et à l'honneur de nos armes; quelques jours après, le roi détrôné par la guerre se réfugiait à Bayonne, et les Anglais, vainqueurs, menaçaient la frontière des Pyrénées. Un avantage obtenu sur eux, le 25 juin, par le général Foy, les arrêta cependant en Biscaye, et donna au maréchal Soult le temps d'arriver à Bayonne pour y réorganiser l'armée.

La compression des événements obligea le maréchal Suchet d'abandonner le royaume de Valence, théâtre de ses succès et où il s'était couvert de gloire. L'Aragon et la Catalogne furent évacués. Le 8 septembre, les Anglais entrèrent à Saint-Sébastien après un siége sans gloire, et s'y livrèrent aux plus épouvantables excès. Les hommes furent tués, les femmes outragées, la ville incendiée : il ne resta debout que trente-six maisons. Pendant que ces revers nous enlevaient l'Espagne, cette terre qui, depuis la trahison de Bayonne, avait été le tombeau de cinq cent mille Français, le prince Eugène organisait une armée en Italie, et se préparait à défendre cette contrée. Il était temps : l'Autriche, après avoir offert sa médiation, qu'il avait fallu accepter, ne devait pas tarder à s'unir à nos ennemis et à tromper les espérances que Napoléon, seul de son empire, avait placées dans son alliance avec Marie-Louise.

Les départements de la trente-deuxième division militaire, situés entre le Weser et l'Elbe, étaient tombés au pouvoir des Russes, et avaient un moment secoué le joug de Napoléon : le général Vandamme, à la tête d'un corps d'armée, les replaça sous notre pouvoir, et exerça de cruelles représailles contre la malheureuse ville de Hambourg.

Le 5 août 1813, Napoléon, après avoir visité les places de l'Elbe et les garnisons de l'Oder, revint à Dresde à la faveur de l'armistice, qui durait encore, grâce au silence de l'Autriche. Dans cet intervalle, le général Moreau avait reparu en Europe. Les souverains armés contre la France lui avaient confié un commandement contre nous, et le vainqueur de Hohenlinden s'était résigné au honteux honneur de conduire une armée contre sa patrie. Bernadotte, au moins, avait cessé d'être Français lorsqu'il vint nous combattre ; mais rien ne saurait justifier la défection de Moreau. Peu de jours après, l'Autriche, mettant fin à ses hésitations calculées, déclarait la guerre à la France.

Ainsi se termina le congrès de Prague : Napoléon, s'il

eût voulu la paix, eût pu l'obtenir en faisant de nombreuses concessions à ses ennemis ; quelles que fussent ces concessions, elles auraient laissé à l'empereur tout le territoire de l'ancienne Gaule, et d'importantes provinces au delà des Alpes. Mais Napoléon se révoltait à l'idée d'abandonner le fruit de ses conquêtes.

L'armistice lui avait permis de faire venir des renforts pour compléter ses cadres ; de son côté, l'ennemi en avait profité pour multiplier ses armements et doubler ses moyens d'attaque. Au 15 août 1813, nous avions deux cent quatre-vingt mille combattants en Allemagne ; ils étaient répartis en plusieurs armées, et la moitié de ceux qui les composaient n'avaient point encore vu le feu. L'ennemi nous opposait plus de cinq cent mille hommes ; mais Napoléon n'avait rien perdu de ses déplorables illusions. Pressé entre les rois et les peuples acharnés à sa ruine, il rêvait encore des conquêtes.

Le plan des alliés était d'attaquer Napoléon sur trois points en se dirigeant à la fois sur Dresde, par un triple mouvement de Berlin, de la Silésie et de Prague. L'empereur avait pensé qu'avant que leur grande armée, débouchant de la Bohême, pût arriver sous le feu des redoutes construites aux abords de Dresde, il aurait le temps de faire une opération combinée sur Berlin, et de lancer sur Breslau son armée de Silésie. Il voulait aussi pousser une reconnaissance en Bohême, et prévenir, s'il le pouvait, la jonction des alliés de Silésie avec les Autrichiens. Mais Blücher l'avait prévenu : quatre jours avant celui qui était marqué pour la reprise des hostilités, Blücher les avait avancées, par une coupable violation des droits de la guerre. Napoléon n'en poursuit pas moins son plan : en trois jours il porte ses drapeaux en avant dans la Silésie. Il se retourne ensuite comme un lion vers la Saxe : déjà la grande armée ennemie était descendue des monts de Bohême et menaçait Dresde. Napoléon laisse soixante-quinze mille hommes en Lusace, et charge Macdonald de contenir à leur tête les cent vingt mille soldats de Blücher. Oudinot, de son côté, reçoit l'ordre de marcher sur Berlin. Pour l'empereur, il accourt vers Dresde, suivi de troupes qui ont fait quarante lieues en quatre jours. Cette ville était déjà cernée de toutes parts, et les ennemis s'en croyaient maîtres. Napoléon pénètre dans ses murs, salue un moment le roi de Saxe, et remonte à cheval pour diriger tous les mouvements de son armée. Son apparition imprévue, à la tête de la garde, répand partout la terreur. L'ennemi, repoussé sur tous les points, recule, et Dresde, dont la perte nous eût coupé la retraite sur le Rhin, est sauvée par l'empereur. Le lendemain, l'armée étrangère entreprend de venger sa défaite; elle reparaît plus ardente et plus résolue que jamais, et couronne les hauteurs qui dominent la capitale de la Saxe. Elle espérait nous attirer dans les plaines et nous écraser d'en haut par son artillerie en même temps que sa cavalerie nous envelopperait dans les basses terres. Napoléon, aux approches du jour, parcourt les abords de la ville et inspecte les positions de l'ennemi. Un éclat de bois qu'un boulet prussien fait voler sur lui le frappe à la tête et le renverse. Il se relève et dit froidement : « Tout serait fini s'il avait touché le « ventre, » et il continue sa tournée. Il reconnaît que l'extrême gauche des alliés, placée entre Priesnitz et la vallée de Plauen, ne communique pas avec le centre, et c'est par ce vide qu'il compte commencer l'attaque. Ses ordres reçoivent une prompte exécution, malgré la pluie qui tombe par torrents. Murat nous garde encore une fidélité équivoque, mais son courage n'a point failli ; il se jette à la tête de la cavalerie sur les masses prussiennes, les entame, les rompt et les met en fuite. Vingt-cinq mille hommes restent sur le champ de bataille, et, comme si la victoire voulait accorder un dernier sourire à Napoléon, le premier coup de canon qu'a tiré la garde a frappé Moreau, et le déserteur armé contre la France meurt avec le regret d'avoir assisté au triomphe de son rival.

Mais un incident imprévu vient encore saisir Napoléon dans sa fortune et confondre ses desseins. Une maladie qu'on attribue à la fatigue, à la pluie dont son corps a été trempé, à un mets grossier qui lui a été servi (tant des circonstances petites en apparence influent sur le sort des nations et nous apprennent que Dieu se joue des conseils de l'homme!), une maladie de quelques heures oblige l'empereur à s'arrêter à Dresde et à laisser l'ennemi réparer, sans être inquiété, les désastres de la bataille. Alors il semble qu'un souffle de mort a paralysé dans toute l'Allemagne le génie de nos capitaines et l'élan de nos soldats. Le duc de Reggio est vaincu par Bernadotte sur la route de Berlin; le duc de Tarente est battu sur les bords de la Katzba, le prince de la Moscowa à Dennewitz. Ces échecs sont graves; mais Napoléon pourrait encore y porter remède, lorsque le général Vandamme, victime d'une témérité impardonnable que ne rachètent point les prodiges de sa valeur, est vaincu et réduit à poser les armes non loin de Culm : cette défaite a privé Napoléon d'un général et d'une armée : pour surcroît d'épreuves, les pluies d'automne ont fait déborder les rivières, et les divers corps de l'armée française sont coupés entre eux par des inondations et des marécages.

Napoléon comprend les dangers de sa situation : il se multiplie pour y faire face. D'abord il fortifie Dresde et réorganise l'armée de Vandamme; puis il force Blücher à repasser la Neiss et la Queiss, et revient à Dresde. Il s'en éloigne de nouveau pour battre Schwartzenberg et le rejeter dans la vallée de Tœplitz, puis il rentre dans la capitale saxonne, et, après quelques heures de repos, la quitte encore pour aller secourir le duc de Tarente et repousser Blücher derrière la Sprée; enfin, après des prodiges d'activité et d'audace, il reparaît à Dresde à la tête de toutes ses forces; mais l'ennemi, de son côté, a rallié ses troupes; les quatre armées d'Autriche, de Prusse, de Russie et de Suède, se sont réunies pour achever d'un seul coup, s'il est possible, la délivrance des peuples d'Allemagne. Pendant que ces événements se passent en Saxe, le vice-roi se replie derrière l'Isonzo, et nos alliés de Bavière et de Wurtemberg abandonnent notre cause; les Westphaliens, après avoir brisé le sceptre du roi Jérôme, s'arment à leur tour contre nous. De tous nos alliés il ne nous reste que les Saxons et les Polonais.

Le 15 octobre 1813, l'armée française arrive devant Leipsick : quatre armées ennemies débouchaient sur cette ville pour nous la disputer et hâter de leurs efforts l'heure suprême de la lutte. La journée entière se passa à prendre position; le lendemain, trois batailles s'engageaient sur trois points différents, à une lieue d'intervalle. Cinq cent mille hommes, de part et d'autre, se renvoyaient la mort: le feu épouvantable de l'artillerie ébranlait le sol d'un continuel tremblement Des cris de guerre, de victoire ou de désespoir, poussés en six langues diverses, retentissaient jusqu'au ciel.

C'était la journée si longtemps désirée pour la vengeance de l'Europe; c'était *la bataille des nations*, comme la nomment encore aujourd'hui les peuples d'Allemagne. Nos ennemis avaient sur nous l'immense supériorité du nombre; le souvenir de la gloire paternelle enflammait nos soldats d'un noble orgueil. Là, par les mains de ces travailleurs robustes, se creusait la tombe où, selon l'issue du combat, on devait coucher la France ou l'Allemagne. Du côté de Wachau, nos troupes repoussèrent Schwartzenberg et le général Klenau; Poniatowski défendit avec intrépidité les bords de la Pleiss, et mérita, sur le champ du carnage, le grade de maréchal de l'empire; nous enlevâmes Gossa après une lutte acharnée.

Il serait trop long de suivre tous les mouvements qui nous donnèrent et nous enlevèrent tour à tour la victoire ; repoussés sur la Partha, nous étions vainqueurs sur la Pleiss et à Lindenau. Nous avions conquis notre retraite et tué ou blessé trente mille de nos ennemis ; cependant la nuit vint suspendre pour quelques heures l'effusion du sang.

Le troisième jour, la bataille recommença du côté de Leipsick : les ennemis, renforcés de plus de cent mille hommes, nous cernèrent sur tous les points et rencontrèrent partout une résistance invincible. La victoire était douteuse, et peut-être allait-elle encore récompenser l'héroïque dévouement de nos soldats, quand l'armée saxonne et la cavalerie wurtembergeoise qui combattaient sous nos aigles, nous abandonnèrent traîtreusement et tournèrent contre nous leurs canons et leurs chevaux. Ah ! sans doute, pour des cœurs allemands, il devait être dur de participer à cette guerre fratricide où les peuples germaniques combattaient sous des drapeaux opposés, alors qu'un seul intérêt, celui de la commune patrie, aurait dû armer tous leurs bras contre Napoléon ; mais l'histoire flétrira justement cette lâche désertion consommée au milieu de la bataille.

Elle fut le signal de notre ruine : jusqu'à ce moment cent soixante-quinze mille Français avaient su contenir et rendre vains les efforts de trois cent trente mille alliés ; ils ne pouvaient plus rien dès lors qu'une de leurs ailes se tournait contre eux et les livrait par tous les points à l'ennemi. Ils ne firent pas moins bonne contenance jusqu'à la nuit.

Le lendemain il fallait battre en retraite : notre artillerie, depuis cinq jours, avait tiré deux cent cinquante mille coups de canon ; elle manquait de munitions, et c'était pour nous un autre contre-temps non moins terrible. L'empereur rentra dans Leipsick, et refusa de livrer aux flammes les faubourgs de cette ville pour arrêter les progrès de l'ennemi. Pendant que l'armée se retirait à la hâte derrière l'Elster, Marmont, Reynier, Ney, Poniatowski et Lauriston la protégeaient encore en combattant dans les faubourgs, et en disputant pied à pied le terrain. Au milieu de la confusion de ce mouvement, un accident terrible vint mettre le comble à nos désastres. Napoléon avait ordonné qu'on fît sauter le pont de l'Elster aussitôt que ses troupes auraient défilé à l'autre bord de la rivière : par un malentendu dont la responsabilité fut rejetée sur un subalterne, on mit le feu à la mine lorsque vingt mille hommes de l'arrière-garde et de nos meilleures troupes combattaient encore aux abords de Leipsick : ces vieux soldats, échappés de trente batailles rangées, ne songèrent plus qu'à vendre chèrement leur vie : ils périrent, pour la plupart, sous les décombres des maisons ou dans les eaux bourbeuses et profondément encaissées de l'Elster. Ainsi mourut le prince Poniatowski, le héros de cette célèbre journée, qui venait d'être blessé en faisant des prodiges de valeur. Le carnage ne cessa que vers deux heures après midi, et l'on n'entendit alors d'autre bruit que la clameur lamentable des blessés et des mourants. Deux cent cinquante pièces de canon, ainsi que neuf cents caissons, restèrent au pouvoir de l'ennemi. L'armée française perdit quatre-vingt mille hommes tués ou blessés : la perte de l'ennemi ne fut pas moins énorme, et ne lui permit pas de poursuivre les débris de nos troupes. La retraite s'opéra pendant quelque temps sans être inquiétée.

La bataille de Leipsick fit voir que l'empereur s'était trompé en développant outre mesure sa ligne d'opérations ; sa confiance dans ses vassaux allemands et dans l'amitié de l'Autriche l'aveugla sur les défections et sur les obstacles qu'il eût dû prévoir et faire entrer en ligne de compte. Au lieu de cantonner dans les places de la

Vistule des garnisons qui valaient des armées et qui ne lui furent d'aucun secours, la prudence lui conseillait de les retirer à lui, et de fortifier ainsi son armée offensive. Le même sentiment devait le retenir sur les bords de la Saale : là, au moins, il était maître du terrain, il s'appuyait sur son vaste empire, il donnait à ses conscrits le temps de se former à la guerre, il attendait ses renforts et fermait à l'ennemi les frontières de la France, sans commettre sa fortune au résultat d'une seule journée; il préféra la ligne de l'Elbe, et se laissa abuser par le prestige de ses anciennes campagnes de Prusse et d'Autriche au point d'oublier que tout était changé, ses soldats et ses ennemis, les temps et les peuples. Il accorda un armistice et une trêve de deux mois, qui ne profita qu'aux étrangers, pendant qu'il eût dû retenir l'Autriche dans son alliance moins par des promesses que par de nouvelles victoires. Enfin le champ de bataille de Leipsick fut très-désavantageusement choisi : Napoléon n'eût jamais dû accepter le combat dans une position où il n'avait sur ses derrières que des canaux multipliés, des plaines marécageuses et des rivières dégarnies de ponts. Au lieu de s'obstiner à vouloir abattre d'un seul coup les quatre armées ennemies, il eût dû manœuvrer en arrière, chercher un terrain propice, et attendre, pour en profiter, les fautes de ses adversaires. Mais Napoléon, séduit par de longs succès, n'avait guère retenu d'autre tactique que celle qui consistait à aller en avant et à vaincre.

Le 23 octobre, l'armée vaincue atteignit Erfurth et y fit une halte de vingt-quatre heures. Après ce repos de si courte durée, elle continua sa marche sur le Rhin. Le 30, l'armée bavaroise, commandée par le général de Wrède, s'étendit dans la forêt de Hanau, et entreprit de lui couper la retraite. Elle espérait donner à Blücher le temps de joindre les Français, à la grande armée de

Bohême d'atteindre le flanc gauche, à l'armée suédoise d'arriver sur leur droite; placés dans la nécessité de percer cette masse de troupes fraîches, les Français fondent sur elles en les écrasant. Les généraux Curia et Nansouty, à la tête de la vieille garde, et le général Drouot avec cinquante pièces d'artillerie, ouvrent un passage à Napoléon et triomphent pour la dernière fois au delà du Rhin. Douze mille Bavarois sont tués, blessés ou faits prisonniers; notre perte est plus grande encore; mais l'ennemi renonce à son entreprise, et les débris de nos armées ont enfin conquis leur salut On avait combattu pendant deux jours.

Le 2 novembre, Napoléon, fugitif et devançant la tête des colonnes, arriva à Mayence : nos troupes le suivaient de près, mais d'autres fléaux leur étaient réservés sur le territoire de l'empire. La contagion et le typhus se mirent dans leurs rangs : en moins de six semaines soixante mille hommes moururent, presque sans secours, dans les hôpitaux de la frontière du Rhin. La grande armée de 1813 était de nouveau détruite, et toutes les portes de la France ouvertes à l'étranger.

Ici commencèrent les dernières convulsions de l'empire : un million d'hommes assiégeaient nos frontières du nord au sud; l'Europe victorieuse campait sur les Pyrénées, sur l'Elbe, sur l'Adige et sur le Rhin. Nous n'avions à lui opposer qu'une poignée de vétérans et des gardes nationales déjà plusieurs fois décimées par la conscription; les familles n'avaient plus d'enfants à donner. Vainement le sénat avait-il décrété une levée de trois cent mille hommes, la France, comme un malade dont le sang est tari, était hors d'état de suffire aux coupes réglées prescrites par la loi.

Le 2 décembre, Napoléon fait déclarer aux alliés, par le duc de Vicence, qu'il est prêt à souscrire aux bases de la paix qu'il avait refusée à Dresde; il était trop tard. Pour garantir son empire du côté des Pyrénées, il a l'idée de rendre au roi Ferdinand le trône des Espagnes : vaine concession, déjà nos armées étaient rejetées sur notre territoire par lord Wellington.

Cependant l'empereur ouvrit la session législative ; les corps de l'État, rassemblés autour de lui, gardaient un morne silence.

« D'éclatantes victoires, dit Napoléon, ont illustré
« les armes françaises dans cette campagne ; des défec-
« tions sans exemple ont rendu ces victoires inutiles.
« Tout a tourné contre nous; la France même serait
« en danger sans l'énergie et l'union des Français. Dans
« ces grandes circonstances, ma première pensée a
« été de vous appeler près de moi. Mon cœur a besoin
« de la présence et de l'affection de mes sujets. *Je n'ai*
« *jamais été séduit par la prospérité* : l'adversité me
« trouvera au-dessus de ses atteintes. J'ai plusieurs fois
« donné la paix aux nations lorsqu'elles avaient tout
« perdu. J'ai élevé des trônes pour des rois qui m'ont
« abandonné. J'avais conçu et exécuté de grands desseins
« pour la prospérité et le bonheur du monde... Séna-
« teurs, conseillers d'État, députés, vous êtes les or-
« ganes naturels de ce trône; c'est à vous de donner
« l'exemple d'une énergie qui recommande cette géné-
« ration aux générations futures. Qu'elles ne disent pas
« de nous : Ils ont reconnu les lois que l'Angleterre a
« cherché en vain pendant quatre siècles à imposer à la
« France. »

Ainsi l'empereur faisait appel à la nationalité du pays et au courage des pouvoirs publics; mais les corps de l'État, les chefs de l'armée, les courtisans et les grands fonctionnaires, à l'exception d'un petit nombre d'hommes dévoués, sentirent défaillir leur persévérance et leur fidélité. Les uns fléchissaient avec la fortune et cherchaient de quel point de l'horizon s'ouvrait pour eux un port où il leur fût donné de se soustraire, eux et leur orgueil, au grand naufrage de la patrie : les autres, et parmi eux plusieurs maréchaux et d'autres vieux compagnons d'armes que l'empereur avait comblés d'honneurs et de richesses, entrevoyaient avec inquiétude leur avenir menacé : ils aspiraient au repos, ils maudissaient en secret l'humeur guerrière de leur maître, et ne retrouvaient plus, pour le servir, cet ancien élan des premières campagnes. Napoléon, au contraire, avait subitement grandi jusqu'au niveau de son malheur ; il était prêt à recommencer les prodiges de Lodi et d'Arcole, à égaler Annibal, à faire revivre César.

Le sénat accourt aux Tuileries lui donner un dernier gage de foi, et prendre cet engagement qui, pour paraître sublime, aurait eu besoin d'être tenu jusqu'au bout :

« Nous combattrons, disait-il, nous mourrons pour
« la patrie, entre les tombeaux de nos pères et les ber-
« ceaux de nos enfants. »

Napoléon répondait avec l'effusion du désespoir :

« Ma vie n'a qu'un but, le bonheur des Français ;
« cependant le Béarn, l'Alsace, la Franche-Comté, le
« Brabant sont entamés. Les cris de cette partie de ma
« famille me déchirent l'âme. J'appelle les Français au
« secours des Français... Les abandonnerons-nous dans
« leur malheur ? Paix et délivrance de notre territoire
« doit être notre cri de ralliement. A l'aspect de tout un
« peuple en armes, l'étranger fuira ou signera la paix :
« il n'est plus question de recouvrer les conquêtes que
« nous avions faites. »

Ainsi, les illusions de sa politique aventureuse venaient de s'évanouir : il faut le dire, d'ailleurs, en ce moment extrême où pour arriver à Napoléon l'étranger passait par la France, la cause de l'empereur devenait celle de la patrie. Qu'importait alors qu'il nous eût lui-même poussés à cet abîme de maux, que son ambition eût fait couler notre sang par fleuves? L'étranger avait franchi nos frontières, et la guerre redevenait sainte.

CHAPITRE X

MIL HUIT CENT QUATORZE.

Après quatorze ans de silence et de servilité, le corps législatif reparaît enfin; il se réveille au bruit de nos désastres, il se lève à la vue de la fumée qui monte des camps ennemis; ce n'est plus cette assemblée muette qui a jeté sans résistance l'élite de la population, les adolescents et les hommes mûrs dans le gouffre toujours ouvert de la guerre. Elle a été sourde aux cris des mères; elle a eu sa complicité de toutes les mesures qui ont pesé sur l'Europe et sur l'empire, et jamais elle n'a trouvé la parole que pour aduler le conquérant. Vient-elle aujourd'hui réclamer sa part des revers et briguer une place dans la défense commune? Un tel rôle lui appartient; c'est son devoir de défendre ce qu'elle a adoré et de s'ensevelir sous les ruines qu'elle a préparées de longue main. Eh bien! non; le corps législatif n'ose signaler son existence que pour ajouter encore aux obstacles de la situation. Il se rappelle tardivement que la constitution a fait de lui un corps politique : il balbutie le nom d'une liberté inopportune ; il parle de paix ; mais ce mot, prononcé comme une menace, ne signifie dans sa bouche que malveillance ou révolte. Fatale aberration de l'esprit de parti ! Les hommes qui manquaient ainsi aux besoins de la France étaient pourtant des hommes honorables, d'une vertu longtemps éprouvée, et qui croyaient n'obéir qu'à l'impérieuse nécessité de la conscience : tant il est vrai qu'au milieu des orages les meilleurs sont aveuglés et font fausse route ; et qui, dans ces jours où les principes et les faits sont si étrangement confondus, jugera les autres sans se condamner !

L'année 1814 s'ouvrit aux Tuileries sous de sombres auspices. L'empereur paraissait irrité, il lançait des regards farouches. Quand ce fut le tour de la députation du corps législatif de lui présenter ses hommages, il interpella vivement les membres présents ; il leur adressa sans ménagement, et avec une familiarité de style qui parut étrange, les reproches que la conduite de l'assemblée lui semblait mériter : « J'ai supprimé votre adresse, leur
« dit-il ; elle était incendiaire... Ce n'est pas dans le
« moment où l'on doit chasser l'ennemi de nos frontières
« que l'on doit exiger de moi un changement dans la
« constitution ; il faut suivre l'exemple de l'Alsace,
« de la Franche-Comté et des Vosges. Les habitants
« s'adressent à moi pour avoir des armes... Vous n'êtes
« point les représentants de la nation... Je vous ai rassemblés pour avoir des consolations ; ce n'est pas que
« je manque de courage, mais j'espérais que le corps
« législatif m'en donnerait. Au lieu de cela, il m'a
« trompé ; au lieu du bien que j'en attendais, il m'a
« fait du mal, peu de mal cependant, parce qu'il n'en
« pouvait pas beaucoup faire... Moi seul je suis le représentant du peuple. Et qui de vous pourrait se charger

« d'un pareil fardeau? Vous avez voulu me couvrir de
« boue; je suis de ces hommes qu'on tue, et qu'on ne
« déshonore pas... Qu'est-ce que le trône? Quatre mor-
« ceaux de bois recouverts de velours ; tout dépend de
« celui qui s'y assied... La France a plus besoin de moi
« que je n'ai besoin d'elle... Vous parlez d'abus, de
« vexations; je sais cela comme vous; cela dépend des
« circonstances et du malheur des temps; pourquoi
« parler à l'Europe de nos débats domestiques ? Il faut
« laver son linge sale en famille. Qu'êtes-vous dans la
« constitution? rien. Vous n'avez aucune autorité; c'est
« le trône qui est dans la constitution. Tout est dans le
« trône et moi... Je suis au-dessus de vos misérables
« déclamations... Mes victoires écraseront vos criaille-
« ries... Dans trois mois l'ennemi sera chassé du terri-
« toire, nous aurons la paix, ou je serai mort, etc. »
Ce langage produisit une mauvaise impression ; il en fut
de même d'un décret impérial qui ajournait le corps législatif. A mesure que l'empereur tombait sous le nombre
des ennemis et sous la puissance de l'Europe, les mécontents, à l'intérieur, reprenaient un peu de courage,
et faisaient entendre les griefs de l'opposition et les
espérances de la liberté. Du jour où Napoléon ne pouvait
plus compter sur l'appui du corps législatif, il avait
raison de ne plus le laisser derrière lui, balbutiant des
phrases équivoques et servant de ralliement à ses ennemis. La dictature était le seul moyen de gouvernement
qui pût encore rallier les débris de l'empire napoléonien
et sauver le sol de la patrie.

Cependant tous les esprits étaient tournés vers la
guerre. L'ennemi avait franchi le Rhin et envahi une
portion du royaume d'Italie.

Les alliés avaient rassemblé sur nos frontières onze
cent mille combattants. Napoléon leur opposait au midi
l'armée des Pyrénées commandée par le maréchal Soult,

et l'armée d'Italie, réorganisée à la hâte par Eugène; sur le Rhône, un corps de vieilles troupes placé sous les ordres d'Augereau; sur la Meuse, l'Escaut et le Rhin, des garnisons et la ceinture des places fortes de Belgique; enfin il mettait en ligne soixante-douze mille soldats réunis dans les départements de l'est et appuyés sur les Vosges. C'est avec ces forces disproportionnées qu'il s'agissait de contenir les armées étrangères. Mais déjà l'empire tombait pièce à pièce. La Hollande venait de proclamer son indépendance et de briser notre joug.

L'ennemi avait conçu un projet hardi, c'était de pénétrer à Paris par une marche rapide, de surprendre Napoléon au centre même de ses opérations militaires; tout semblait favoriser ce plan. La Suisse, notre alliée, fut la première à ouvrir passage aux armées étrangères. Les colonnes de Schwartzenberg pénétrèrent sans résistance au cœur de la Franche-Comté, et se répandirent en Alsace. Trois mille Autrichiens se présentèrent aux portes de Genève : cette ville, bien que sans murailles, avait une garnison et pouvait se défendre. Abandonnée par le baron Capelle, préfet du Léman, elle tomba sans résistance au pouvoir de l'ennemi, et ouvrit aux Autrichiens la route de Lyon. Les armées étrangères ne rencontraient aucun obstacle, et les populations, frappées de terreur, fuyaient au hasard. Ce fut ce moment que choisit Murat pour se déclarer contre son beau-frère et sa patrie. Après avoir conclu avec l'Angleterre et l'Autriche un traité par lequel la possession du trône de Naples lui était garantie, il s'empara de Rome et envahit les départements de la Toscane et le royaume d'Italie.

L'ennemi s'était rendu maître de tout le pays qui s'étend entre Manheim et la Moselle; il bloquait Mayence : en peu de jours il surprit Épinal et Vesoul, et investit Besançon. Les maréchaux Victor et Marmont demandaient à grands cris des renforts qu'on ne pouvait leur envoyer, et sans lesquels il leur était impossible de défendre la chaîne des Vosges : cette barrière de la Lorraine fut forcée par les Bavarois, les Wurtembergeois et les Russes. Ce fut alors que plusieurs princes de la maison de Bourbon reparurent sur le sol français, après vingt ans d'exil. Ils revenaient, et leur présence à Vesoul et à Saint-Jean-de-Luz annonçait à Napoléon que les jours de son règne étaient comptés.

L'ennemi, maître des défilés du Jura et du fort l'Écluse, marche sur Lyon et campe sur la Saône. Au nord, la Belgique est envahie; Anvers seul résiste encore et tient jusqu'au bout. Là commande Carnot, ancien collègue de Robespierre; le vieux régicide veut effacer dans le sang de l'ennemi la tache que le sang de Louis XVI a imprimée à son nom. Après dix ans de disgrâce, il a sollicité de Napoléon malheureux l'honneur de combattre sous ses ordres et de retarder la victoire de l'étranger.

Trois armées d'invasion occupent une ligne qui s'étend de Langres à Namur, sur un développement de soixante-dix lieues. Leurs masses, portées sur la Meuse et sur la Marne, sont en mesure d'agir sur Paris; les maréchaux Marmont, Ney, Victor, se sont repliés sur Châlons, où le maréchal Macdonald accourt à marches forcées pour les soutenir. Le général Maison, contraint d'abandonner la Belgique, couvre encore la France et l'Artois par de savantes manœuvres. Mais déjà les étrangers sont arrivés au cœur de la Champagne, et le théâtre de la guerre vient d'être porté à deux jours de Paris.

Cependant les habitants de l'Alsace et de la Lorraine s'arment sur les derrières de l'ennemi, organisent des corps de partisans et inquiètent les convois. La population, revenue de sa première surprise, retrouve la vieille énergie des premières guerres; mais tout lui manque, les bras, les munitions et les armes.

En cette extrémité, Napoléon ne pouvait tarder davantage à se mettre à la tête de sa faible armée de Champagne, dernière ressource de son empire. Le 25 janvier il réunit autour de lui la garde nationale de Paris, si longtemps objet de ses défiances. Il parcourut les rangs, se mêlant aux officiers et aux soldats, leur représentant les dangers de la patrie et la nécessité d'y faire face; puis, après avoir confié à leur fidélité ce qu'il avait de plus cher au monde, sa capitale, l'impératrice et le roi de Rome, il remit de nouveau la régence à Marie-Louise, et jura de ne rentrer à Paris qu'après avoir vaincu l'ennemi et sauvé la France. Cette scène fut grande et solennelle : elle arracha des larmes à ceux qui en furent les témoins ou les acteurs. On assistait au dénoûment de la merveilleuse épopée militaire inaugurée autrefois à Valmy, dans cette même Champagne, où les légions étrangères déployaient maintenant leurs drapeaux victorieux.

Le 26 janvier, l'empereur porte son quartier général à Châlons-sur-Marne; le lendemain il attaque les Russes et les chasse de Saint-Dizier; le 28, après une marche forcée que n'interrompt ni la neige, ni la pluie, ni la boue, il se rapproche de cette ville de Brienne dans laquelle se sont écoulées plusieurs années de son enfance, et dont les souvenirs lui sont demeurés si chers : elle était occupée par l'armée de Blücher, appuyée sur deux armées russes. Napoléon, qui ne croit point avoir affaire à cette masse d'ennemis, commande l'attaque et engage un combat long et meurtrier; Blücher se retire enfin, mais c'est pour opérer sa jonction avec le prince de Schwartzenberg, et après avoir livré aux flammes le château et la ville de Brienne. Cet engagement peu décisif a coûté aux Français plusieurs milliers de braves. Deux jours après, cent cinquante mille hommes de l'armée ennemie cernaient, dans les plaines de l'Aube, l'armée de Napoléon réduite à quarante-cinq mille hommes. La retraite nous était fermée : il fallait combattre pour chercher une position moins désavantageuse. Après onze heures d'une lutte acharnée, les Français abandonnèrent le champ de bataille ; ils avaient perdu six mille hommes tués, blessés ou faits prisonniers, et cinquante pièces de canon. La bataille de la Rothière découragea l'armée et les généraux ; elle acheva de dissiper ce prestige qu'on attachait à la présence de Napoléon. Cependant l'ennemi n'osa point profiter de ses avantages : l'empereur put se replier sur Troyes et s'établir sur la rive gauche de l'Aube. Pendant cette lutte qui commençait par des revers, des simulacres de négociations avaient lieu à Chatillon-sur-Seine. Un congrès s'était ouvert dans cette ville ; mais le but des puissances alliées semblait être d'endormir Napoléon par l'espoir d'une paix chimérique. La France était représentée à ce conseil par le duc de Vicence.

Le 5 février, l'armée de Silésie occupa Châlons-sur-Marne, conformément aux plans déterminés par les souverains alliés ; depuis la bataille de la Rothière, cette armée devait côtoyer la Marne et marcher sur Paris par les deux routes, tandis que la grande armée étrangère s'avançait par les deux rives de la Seine. Ce plan reçut en partie son exécution ; et le 7 février, Napoléon ayant quitté Troyes pour suivre l'armée de Blücher, cette ville fut enlevée par l'ennemi. Ce même jour, des partisans de la cause royaliste se déclarèrent à Troyes pour le gouvernement des Bourbons ; d'un autre côté, les puissances alliées signifièrent à Napoléon qu'elles étaient prêtes à consentir à la paix, pourvu que la France reprît ses anciennes limites de 1789. Certes, comme l'avait dit le corps législatif, c'eût été là encore un puissant empire ; mais l'honneur défendait à Napoléon de souscrire à ces conditions extrêmes. Lorsqu'il était arrivé au trône, la France était maîtresse de ces limites du Rhin : les abdiquer, c'eût été proclamer lui-même que son règne n'avait eu d'autre résultat que de nous déshériter des conquêtes de la république. Empereur issu de la révolution, Napoléon pouvait bien être détrôné ou tué; mais il ne devait point consentir à une déchéance dont la responsabilité eût remonté à lui seul. Telle était sa position désespérée.

Il essaie de tenir tête aux ennemis qui l'accablent. La victoire de Champaubert, qu'il remporte sur les Russes (10 février), est suivie le lendemain de la victoire de Montmirail; trois jours après, l'armée prussienne est mise en déroute à Vauchamp. Les troupes que commandaient Alsufieff, Sacken et Blücher fuient dans un affreux désordre à travers les plaines de la Marne. En cinq jours, l'armée de Silésie a été vaincue et dispersée; la victoire a souri à nos aigles, et la capitale voit défiler de longues hordes de prisonniers ennemis.

Mais si nous étions vainqueurs sur la Marne, l'armée du prince Schwartzenberg ne poursuivait pas moins sa marche dans les vallées de la Seine. Déjà elle avait dépassé Moret et Provins, elle menaçait Melun. En ce péril pressant l'empereur laisse respirer Blücher et se rejette impétueusement sur Nangis; il y remporte une nouvelle victoire et sauve la capitale; à Dormans, les Autrichiens fuient devant son ascendant victorieux; à Montereau, il écrase les Wurtembergeois; à Méry-sur-Seine, il repousse le corps de Sacken; deux jours après, le 24 février, il reprend Troyes et y exerce d'impolitiques vengeances. Vains efforts! Déjà s'est formé un parti puissant qui rappelle les Bourbons, et s'apprête à relever pour eux la couronne de Napoléon du jour où elle sera tombée sur un champ de bataille.

Les fausses manœuvres du duc de Bellune avaient permis à l'ennemi de passer la Seine; Napoléon s'en montre vivement irrité et ordonne au vieux maréchal de quitter l'armée. Victor s'indigne à la pensée d'un tel outrage, et déclare que, s'il est disgracié comme maréchal, il veut au moins servir comme soldat; il prend ensuite le fusil d'un simple grenadier. L'empereur, ému de cette résignation sublime, lui tend la main et pardonne.

Mais les hommes de la trempe de Victor étaient rares : beaucoup de généraux, les uns rebutés par tant de fatigues, les autres énervés par les jouissances de la fortune, commençaient à servir mollement et se disposaient à de prochaines défections. A Paris, les conspirateurs marchaient tête levée, les amis de l'étranger dissimulaient à peine leurs coupables espérances. Tous les ressorts de l'empire étaient détendus; un vaste réseau de trahison enveloppait l'empereur et sa dynastie; lui seul, opiniâtrement voué à l'espoir de triompher de tant d'obstacles, se flattait de ressaisir son ancienne puissance. A ceux qui lui parlaient de la paix, il répondait : « Je suis plus « près de Vienne qu'ils ne le sont de Paris. » Et personne n'osait accepter la mission de le détromper. Tous ceux qui l'entouraient, comme les maudits du poëme de Dante, avaient *laissé l'espérance* et ne servaient plus qu'à regret. Le découragement avait pénétré les âmes fidèles; l'égoïsme avait desséché les autres. Jusqu'au sein même du gouvernement, parmi les ministres, dans le conseil de régence, il se trouvait des traîtres qui calculaient ce qu'ils avaient à gagner à vendre l'empire.

Deux ministres sincèrement dévoués à Napoléon entreprirent d'ouvrir ses yeux sur la situation qui l'entraînait; mais, pour transmettre de sages conseils à cet homme que l'adversité rendait farouche, et qui, aveuglé sur la trahison, confondait la prudence, il fallait un homme dont le courageux attachement ne pût être suspecté par l'empereur. On jeta les yeux sur le baron de Saint-Aignan, beau-frère du duc de Vicence, qui, après avoir rempli une mission à Paris, allait retourner au quartier impérial. A peine arrivé près de Napoléon, M. de Saint-Aignan accomplit la tâche qu'il avait acceptée, celle de faire connaître à l'empereur les périls certains dont il était environné, la tendance hostile de l'esprit public, les alarmes du peuple de Paris, et les défections qui menaçaient sa couronne. C'était le moment où l'empereur rêvait l'alliance de l'Autriche et se berçait de trompeuses chimères : au lieu de considérer la déchéance de sa fortune et de s'y soumettre (s'il en était temps encore), il entra dans un violent accès de fureur, et se prononça pour la dernière fois contre une paix qu'il croyait humiliante.

Le prince de Schwartzenberg s'était retiré derrière l'Aube, voulant servir de centre aux opérations pendant que ses lieutenants, formant les ailes, se déploieraient au nord et au midi. Blücher, à la droite de la Marne, était sur le point d'opérer sa jonction avec les corps de Bulow et de Wintzingerode; ce mouvement allait lui permettre de reprendre l'offensive et de marcher sur Paris par la vallée de la Marne, en écrasant de ses masses les corps d'armée des maréchaux Marmont et Mortier. L'empereur, pour neutraliser ces projets, a dû morceler ses faibles troupes. Par ses ordres, Macdonald et Oudinot auront à surveiller Schwartzenberg ; Victor et Ney seront détachés sur la gauche de Blücher; lui-même, avec huit mille hommes seulement, se tiendra prêt à marcher vers la Seine ou vers la Marne, selon les circonstances. Soudain Schwartzenberg sort de son inaction : quarante mille Austro-Russes repoussent, à Bar, Oudinot et ses quinze mille hommes ; Macdonald est attaqué à la Ferté, et forcé de battre en retraite; Soissons tombe au pouvoir de Bulow : la faiblesse de l'officier qui commande cette place laisse Paris et la France à découvert du côté du nord. Troyes est de nouveau abandonné à l'ennemi.

Le 1er mars, les puissances alliées signèrent, à Chaumont, un traité, non plus contre Napoléon, mais contre la France; elles se garantirent mutuellement l'abaissement de ce pays et son retour à ses anciennes limites. C'est ce traité, sinistre pour notre avenir, qui a fait depuis lors la base du nouveau droit public de l'Europe, et qui a cimenté, en l'organisant, la confédération de tous les grands États contre la France.

Napoléon répondit à ce traité en proclamant une guerre d'extermination. « Tous les citoyens français, « ordonna-t-il, sont non-seulement autorisés à courir « aux armes, mais requis de le faire, de sonner le toc- « sin lorsqu'ils entendront le canon de nos troupes « s'approcher d'eux; de se rassembler, de fouiller les « bois, de couper les ponts, d'intercepter les routes et « de tomber sur les flancs et les derrières de l'ennemi. « Tout citoyen français pris par l'ennemi et qui serait « mis à mort sera sur-le-champ vengé par la mort, en « représailles, d'un prisonnier ennemi. » Ces ordres absolus, ces mesures, qu'un dévouement sauvage pouvaient seul accomplir jusqu'au bout, devaient demeurer stériles et vaines.

Le 7 mars, trente mille Français soutiennent pendant une journée entière les efforts de cent mille hommes commandés par Blücher; cette action, engagée près de Craonne, à trois lieues de Laon, leur coûte huit mille soldats tués ou blessés; trois jours après, l'empereur échoue devant Laon, défendue par l'armée alliée; Marmont est battu non loin de cette ville, et la défaite qu'il essuie est pour nos armes un désastre qu'il n'est plus au pouvoir de personne de réparer.

Le lendemain, 12 mars, le duc d'Angoulême entre à Bordeaux, le drapeau blanc flotte sur les murs de cette cité, la première qui ose proclamer Louis XVIII.

Le 19 mars, Napoléon comprend que la paix est le seul salut de sa couronne; il cède enfin la Belgique, il ne demande à conserver de nos conquêtes que la Savoie;

le comté de Nice et l'île d'Elbe; il réclame la couronne d'Italie pour le vice-roi. Mais les alliés rejettent ces tardives propositions, et le congrès de Châtillon est dissous.

Une victoire avait rendu Reims à l'empereur; le 20 mars, il quitta cette ville pour se joindre au corps de Macdonald, et se porter sur l'Aube contre la grande armée de Schwartzenberg. Au plus fort du danger, la vieille garde se forme en carré en avant d'Arcis: L'ennemi faisait pleuvoir sur cette poignée de braves une masse énorme de boulets et de mitraille. Un obus venait de tomber à l'angle du carré, et occasionnait un flottement dans les rangs; Napoléon poussa son cheval vers le projectile et lui fit flairer la mèche allumée; puis, se tournant vers ses soldats, il leur demanda froidement comment des hommes formés à la guerre pouvaient faire attention à de pareilles choses; comme il achevait sa réprimande, l'obus éclata, mais ni l'empereur, ni son cheval, ni personne ne fut atteint. Le jour même où Napoléon donnait l'exemple d'une intrépidité aussi rare, la trahison d'Augereau livrait Lyon aux armées autrichiennes.

Pendant que Lyon, Bordeaux, Bruxelles et les points les plus rapprochés de Paris étaient successivement occupés par les armées alliées, une poignée de conscrits et de vieillards défendaient la frontière des Alpes dauphinoises. Mais l'Italie échappait au prince Eugène, et les provinces du midi, mal garanties par les Pyrénées, étaient envahies du côté du Béarn. Le maréchal Suchet tenait encore en Catalogne, et le maréchal Soult disputait pied à pied le territoire du Languedoc.

Lord Wellington, à la tête de soixante-douze mille soldats aguerris, avait passé la Bidassoa le 7 octobre; trois mois après il se trouvait encore au pied des glacis de Bayonne: l'armée du maréchal Soult protégeait les abords de cette place. Le 22 février, l'armée anglaise, deux fois supérieure en nombre à celle du duc de Dalmatie, réussit à nous repousser sur Orthez. Jamais frontières de France ne furent défendues avec plus de science et de fermeté. Le 26, une action générale s'engagea dès le matin et dura jusqu'au soir. Soult, contraint de céder au nombre, se replia en bon ordre jusqu'à Saint-Gaudens, puis vers Toulouse. Là, plus fidèle que la fortune, il sut encore signaler sa résistance par un dernier et sublime effort.

Depuis deux mois Napoléon et sa faible armée avaient contenu la multitude des alliés dans les plaines de la Champagne; l'empereur espérait encore couvrir Paris: il pensait que ses ennemis, effrayés par l'impétuosité de ses attaques, ne risqueraient point le passage de l'Aube et se détermineraient à se réfugier du côté de Langres. Mais son attente devait être trompée : les alliés n'avaient point en vain dégagé les routes de Paris; l'armée de Silésie reçut l'ordre de s'avancer vers la capitale par Montmirail et la Ferté-sous-Jouarre; la grande armée, par Sézanne et Coulommiers. L'armée du nord devait suivre ce mouvement, pendant que Wintzingerode, avec une nombreuse cavalerie et une artillerie formidable, marcherait sur Saint-Dizier et attirerait sur ce point toute l'attention de l'empereur.

Ces événements se succédaient avec une inconcevable rapidité : le 25 mars, les maréchaux Mortier et Marmont, attaqués séparément par des masses ennemies détachées de l'armée de Silésie, sont défaits l'un après l'autre et perdent neuf mille hommes et soixante pièces de canon. Le lendemain, Napoléon disperse la cavalerie de Wintzingerode; mais alors seulement il découvre par le petit nombre de ses adversaires que les armées étrangères sont en marche sur Paris. Après de longues incertitudes, il se détermine à marcher au secours de la capitale, au lieu de rallier à lui les garnisons du Rhin et de la Moselle. Le 27 mars, il s'élance de Bar-sur-Aube à Troyes, pour arriver, s'il est possible, en arrière de la forêt de Fontainebleau ; le 28, les armées alliées se dirigent en trois colonnes contre Paris, par la rive droite de la Marne, qu'elles franchissent sur trois points ; le même jour, les maréchaux Mortier et Marmont sont refoulés à Saint-Mandé, à Charonne, à Vincennes, aux portes mêmes de Paris ; le quartier général de l'empereur de Russie et du roi de Prusse est à Bondi, celui de Napoléon est encore à Troyes.

Joseph, que l'empereur a chargé du soin de défendre la capitale, commence alors à pressentir le danger qui menace la dynastie de son frère ; il se réveille, et fait placarder sur les murs une proclamation. « Citoyens « de Paris, dit-il, *je reste avec vous*... Armons-nous « pour défendre cette ville, ses monuments, ses ri- « chesses, nos femmes, nos enfants, tout ce qui nous « est cher. Que cette vaste cité devienne un camp, et « que l'ennemi trouve sa honte sous ses murs, qu'il « espère franchir en triomphe. L'empereur marche à « notre secours ; secondez-le par une courte et vive « résistance, et conservons l'honneur français. »

Ici commence cette série de lâchetés et d'intrigues qui mit à nu le cœur des traîtres. Les hommes que Napoléon avait placés au premier rang de la défense défaillirent l'un après l'autre ; le conseil de régence fut paralysé par la cupidité ou par la peur. Résolu à ne point tenter une bataille dont il prévoyait l'issue, il songea à pourvoir à sa propre sûreté. La présence de Marie-Louise dans la capitale était pour l'empire une dernière chance de salut ; elle encourageait les habitants, et ralliait encore leur courage autour de cette cause condamnée : le conseil engagea l'impératrice à se retirer à Blois avec son fils. L'épouse de Napoléon consent à obéir. Un instinct plus généreux anima le roi de Rome au moment de ce fatal départ : comme on l'emportait de force hors des Tuileries, qu'il ne devait plus revoir, le noble enfant poussa des cris violents et cramponna ses petites mains aux portes du palais. Marie-Louise ne comprit pas la leçon que lui donnait son fils : elle espérait d'ailleurs fléchir son père et le déterminer à la paix; mais l'arrêt avait été porté contre Napoléon, et les liens du sang avaient été rompus par la vengeance et la politique. Le départ de Marie-Louise fut le signal d'une vaste trahison, un sauve-qui-peut du pouvoir. Chacun, dans ces régions élevées, arracha quelques lambeaux de sa fortune passée; on prépara un pacte d'alliance avec les nouveaux maîtres réservés par la victoire. L'armée, la garde nationale et la population des faubourgs demeuraient étrangères à ces défections; elles se résignaient à combattre, elles demandaient des armes. Mais rien n'avait été organisé pour une défense sérieuse; les fusils et la poudre manquaient. Qu'on se représente, s'il est possible, l'immense consternation de Paris : la veille encore capitale du monde, et aujourd'hui entourée de toutes parts d'un océan de barbares !

Joseph Bonaparte a sous ses ordres les maréchaux Mortier et Marmont, commandant les débris de leurs corps d'armée, la garde nationale obéit au maréchal Moncey, vétéran déjà blanchi par l'âge. Paris est ouvert sur tous les points, et n'a d'autre défense qu'un mur d'octroi à peine suffisant à contenir des maraudeurs de cabaret, et des tambours de bois élevés à la hâte aux abords des barrières. L'artillerie peut à peine disposer de soixante-quinze pièces, lorsqu'il en faudrait seize cents; le ministre Clarke, devenu général sans combattre, n'a répondu à la confiance de Napoléon qu'en exposant Paris au hasard d'un coup de main.

Le plan des alliés consistait à porter les principales

attaques sur les hauteurs de Montmartre et de Belleville, et à couronner les collines qui dominent la capitale dans la direction du nord-est. L'empereur avait prescrit de défendre Paris jusqu'à l'extrémité, de barricader les rues et de créneler les maisons : ordres stériles et méconnus d'avance.

Le 30 mars, au moment où le jour commençait à poindre, le canon ennemi annonça la bataille, et nos tambours battirent dans tous les quartiers, appelant la population aux armes. Le maréchal Marmont déploya quelques régiments de Montreuil aux prés Saint-Gervais ; le maréchal Mortier, qui n'avait sous lui qu'un faible corps d'armée, s'étendit jusqu'à la Chapelle. Quelques détachements furent laissés à Saint-Maur, à Charenton, à Saint-Denis, à Neuilly, à Vincennes. Six mille gardes nationaux, ayant à leur tête le vieux Moncey, se portèrent en dehors de l'enceinte ; l'artillerie était servie par des invalides et par les élèves de l'école Polytechnique. C'était avec ces faibles ressources qu'il fallait contenir deux cent mille hommes.

Cependant le dévouement de la population et de l'armée est égal à la grandeur des circonstances. Les villages de Romainville et de Pantin sont plusieurs fois pris et repris ; l'ennemi gagne lentement du terrain, et il n'avance qu'en perdant l'élite de ses troupes. A onze heures, l'armée prussienne vient soutenir les efforts de l'armée russe ; mais les Français tiennent encore avec énergie. Pendant huit heures les étrangers reçoivent la mort, et ne doivent qu'à la force numérique si supérieure de leur masse de pouvoir sans cesse reformer leurs lignes : toujours repoussés, toujours ils reviennent à la charge. Et pourtant les défenseurs de Paris ne s'élèvent qu'à trente mille hommes : cinquante mille gardes nationaux et trente mille ouvriers demandent en vain des armes ; l'administration, livrée aux conseils de la trahison ou de la peur, laisse leur dévouement stérile ; Joseph Bonaparte a fui, laissant aux maréchaux le pouvoir de capituler. Il est quatre heures : les efforts de Marmont n'ont pu arrêter l'ennemi ; les Russes se rendent maîtres de Ménilmontant, puis de Charonne, et lancent des obus dans les faubourgs ; le prince royal de Wurtemberg menace les barrières de Bercy ; l'armée de Silésie, triomphant de l'héroïque résistance de Mortier, emporte coup sur coup Aubervilliers, la Villette, la Chapelle, Montmartre et la barrière de Neuilly. Quelques heures de plus cependant, et l'empereur, qui accourait de Troyes à marches forcées, allait atteindre l'arrière-garde de l'ennemi ; à la tête de son armée de Champagne, il pouvait encore jeter les alliés entre deux feux, et sauver d'un seul coup de tonnerre sa dynastie et sa capitale. Mais il était trop tard !... Marmont, ignorant les approches de l'empereur, a craint d'exposer Paris aux horreurs d'un grand pillage ; abandonné d'ailleurs de Joseph, et n'espérant aucun secours humain, il a pris sur lui de capituler, il a signé la convention qui livre aux étrangers la métropole de la France.

A dix heures du soir, Napoléon, qui, des bords de l'Aube, et depuis deux jours, se précipitait vers Paris, Napoléon apprit à la Cour-de-France, à une étape de la capitale, que les portes de la ville s'ouvraient aux ennemis victorieux. Il refoule alors au fond de l'âme son grand désespoir, et, se soumettant à ce qu'il nommait l'arrêt des destinées, se replie vers Fontainebleau ; son armée, toujours fidèle, prend position sur les hauteurs de Lonjumeau et d'Essonne. Le duc de Vicence seul se rend à Paris, et vient de nouveau ouvrir des négociations désormais impossibles. Ainsi s'écoule la nuit qui précède le 31 mars.

Bientôt se lève pour l'empire le jour qui devait couronner le triomphe des armées et des rois de l'Europe.

Alexandre et Frédéric-Guillaume, à la tête de leurs soldats, franchirent nos barrières et traversèrent nos rues silencieuses. Le peuple, dans les entrailles duquel fermente le noble sentiment de l'amour de la patrie, voyait avec une morne stupeur la victoire de l'étranger et la défaite de Napoléon. Il contemplait avec une curiosité mêlée de répugnance les Tartares aux figures hideuses, les Calmoucks couverts de cottes de mailles, les Cosaques des diverses tribus, tous les barbares qui arrivaient jusqu'à nous, du pied de la grande muraille, pour tirer vengeance de notre gloire et de nos grandes journées. Bien que retenus par la violence et la crainte, les cœurs généreux maudissaient le triomphe de l'ennemi!...

Ces sentiments étaient ceux de l'armée, de la garde nationale et des faubourgs. Il faut reconnaître que tout le monde ne les partageait point : les mères de famille acceptaient avec empressement le désastre qui terminait la guerre et la conscription ; le commerce, paralysé si longtemps, espérait de cette dernière crise la fin de ses souffrances ; la rente montait à la bourse ; puis les sympathies royalistes, que la sanglante révolution de 1789 avait comprimées, et qui, depuis le 15 vendémiaire, n'avaient pas eu la moindre lueur de triomphe, se réveillaient enfin avec une brillante ivresse. En présence de l'empereur abattu, elles oubliaient trop promptement que la France partageait sa disgrâce ; elles saluaient par des acclamations fiévreuses les souverains étrangers. Des hommes, des femmes appartenant aux plus hautes positions sociales embrassaient, en pleurant de joie, les genoux des vainqueurs ; du haut des riches balcons on jetait aux soldats prussiens et tartares des rubans, des guirlandes et des couronnes. Les barrières de Paris étaient encore inondées de sang français, et déjà on décernait aux ennemis victorieux les témoignages d'un aveugle enthousiasme et d'une étrange allégresse. Cependant des attroupements composés de jeunes gens d'une noble origine parcouraient les rues de Paris, après avoir arboré la cocarde blanche et le drapeau des Bourbons; ils faisaient retentir l'air des cris mille fois répétés de *Vive Louis XVIII! A bas le tyran!* Parvenus sur la place Vendôme, ils entourèrent d'un câble la statue de Napoléon qui dominait la colonne de la grande armée, et ils essayèrent longtemps de la faire tomber à terre. Cette tentative, à jamais honteuse pour ceux qui osèrent y participer, ne réussit point; mais l'autorité ne tarda pas elle-même à la seconder, et fit disparaître l'effigie impériale.

Les actes publics se succédaient. Ce fut d'abord une proclamation de l'empereur Alexandre à la nation française. Le czar de Russie déclarait en son nom et en celui de ses alliés qu'ils ne traiteraient plus désormais avec Napoléon Bonaparte ni avec aucun de sa famille, qu'ils respecteraient l'intégrité de l'ancienne France, et invitaient le sénat à établir un gouvernement provisoire. De son côté, le conseil général et municipal fit afficher une sorte de manifeste adressé au peuple de Paris, et dans lequel la personne et le règne de Napoléon étaient l'objet des récriminations les plus vives; il y était dit : « Vous
« devez tous les maux qui vous accablent à un seul
« homme ; c'est lui qui, chaque année, par la conscrip-
« tion, décime nos familles. Qui de nous n'a perdu un
« frère, un fils, un parent, des amis? Pour qui tous
« ces braves sont-ils morts? Pour lui seul, et non pour
« le pays. Pour quelle cause? Ils ont été immolés uni-
« quement immolés à la démence de laisser après lui
« le souvenir du plus épouvantable oppresseur qui ait
« pesé sur l'espèce humaine... C'est lui qui nous a fermé
« les mers des deux mondes... A lui nous devons la
« haine de tous les peuples sans l'avoir méritée, puis-
« que, comme eux, nous fûmes les malheureuses vic-

« times bien que les tristes instruments de sa rage...
« Qu'importe qu'il n'ait sacrifié qu'un petit nombre
« d'hommes à ses haines ou bien à ses vengeances par-
« ticulières, s'il a sacrifié la France, que disons-nous
« la France? toute l'Europe à son ambition sans me-
« sure?... Voyez ce vaste continent de l'Europe par-
« tout couvert des ossements confondus de Français
« et de peuples qui n'avaient rien à se demander les
« uns aux autres, qui ne se haïssaient pas, que les dis-
« tances affranchissaient des querelles, et qu'il n'a
« précipités dans la guerre que pour remplir la terre
« du bruit de son nom. Que nous parle-t-on de ses vic-
« toires passées? quel bien nous ont-elles fait, ces
« funestes victoires? La haine des peuples, les larmes
« de nos familles, le célibat forcé de nos filles, la ruine
« de toutes les fortunes, le veuvage prématuré de nos
« femmes, le désespoir des pères et des mères, à qui,
« d'une nombreuse postérité, il ne reste plus la main
« d'un enfant pour leur fermer les yeux : voilà ce que
« nous ont produit ses victoires; ce sont elles qui
« amènent aujourd'hui dans nos murs les étrangers...
« C'est au nom de nos devoirs mêmes, et des plus sa-
« crés de tous, que nous abjurons toute obéissance en-
« vers l'usurpateur pour retourner à nos maîtres légi-
« times. » Ceux qui osaient insulter avec tant de colère
à l'empereur malheureux et vaincu, n'oubliaient qu'une
chose, c'est qu'ils avaient été ses instruments les plus
serviles, et qu'ils avaient d'avance perdu le droit de lui
imputer des misères dont ils avaient eu la complicité.
Ainsi vont les révolutions, ainsi l'esprit de parti fait
oublier aux hommes ce qu'ils doivent à la patrie, à la
vérité, à l'histoire.

Le duc de Vicence, demeuré fidèle jusqu'au bout à la
fortune de Napoléon, fut chargé de porter à Alexandre
des ouvertures que l'empereur jugeait susceptibles de le

désarmer. M. de Caulaincourt plaida en vain la cause de Napoléon, celle de Marie-Louise et du roi de Rome; les souverains alliés se refusèrent à toutes négociations. Le même jour, 1er avril, le sénat, réuni au nombre de soixante-quatre membres seulement, dont neuf étrangers à la France, proclama la déchéance de Napoléon et délia les Français du serment de fidélité qu'ils lui avaient prêté. Un gouvernement provisoire, dont M. de Talleyrand fut nommé président, eut pour mission de diriger l'administration publique. Les membres du corps législatif présents à Paris, et la cour de cassation adhérèrent à ces grands changements; de toutes parts les magistrats, la population, les gardes nationales et les corps constitués manifestaient leur assentiment au nouvel ordre de choses. Ce fut sous l'empire de ces défections, et pendant que des mains oublieuses de la gloire traînaient dans le ruisseau les images de Napoléon, que fut imprimée et distribuée à profusion une brochure de M. de Chateaubriand rédigée en haine de l'empereur. Ce cri de colère eut des échos dans le pays et correspondit aux passions des hommes qui ouvraient à l'étranger les barrières de la France. Il fut une tache ineffaçable dans l'histoire de M. de Chateaubriand.

L'empereur pouvait continuer la guerre et se replier sur la Loire, il y aurait rallié des troupes encore dévouées et aurait combiné ses mouvements avec ceux de l'armée d'Augereau et de l'armée du maréchal Soult. Pendant trois jours il hésita, passant d'une incertitude à l'autre et témoin des trahisons nouvelles que chaque heure faisait éclater autour de lui. Jamais le courage et la fermeté ne lui firent défaut à ce point. Il s'abandonna lui-même, au milieu de cette grande défection de la fortune et des hommes. Au dernier moment, une étincelle de génie parut se réveiller. « Eh bien! dit-il, puisqu'il faut
« renoncer à défendre plus longtemps la France, l'Italie

« ne m'offre-t-elle pas encore une retraite digne de « moi? Veut-on m'y suivre encore une fois? Marchons « vers les Alpes! » Un silence morne répond seul à son appel : la fortune de tous est faite, lui seul peut vouloir recommencer la sienne. Alors, voyant les cœurs froids, les yeux éteints, les visages glacés, il se résigne à accorder à ceux qui l'entourent encore cette abdication qu'ils sollicitaient de lui afin d'avoir un prétexte honorable de l'abandonner. Il prend une plume et écrit les quelques lignes suivantes : « Les puissances alliées ayant « proclamé que l'empereur était le seul obstacle au réta« blissement de la paix en Europe, l'empereur, fidèle à « son serment, déclare qu'il renonce pour lui et ses « enfants aux trônes de France et d'Italie, et qu'il n'est « aucun sacrifice, même celui de la vie, qu'il ne soit « prêt à faire aux intérêts de la France.

« NAPOLÉON. »

Napoléon signa le traité qui réglait sa destination future et le sort de sa famille; la souveraineté de l'île d'Elbe lui fut donnée; on lui permit d'emmener dans ses nouveaux États quatre cents hommes de bonne volonté; on le sépara pour toujours de sa femme et de son fils. Le 20 avril fut le jour marqué pour son départ.

La cérémonie de ses adieux à ses compagnons d'armes rappelle, par sa touchante simplicité, les grands drames de l'histoire ancienne. Sa garde impériale, composée de l'élite de l'armée, et qui comptait dans ses rangs des soldats de toutes les batailles de la révolution et de l'empire, avait été rangée dans la cour du palais de Fontainebleau pour cette dernière et funèbre revue. Lorsque Napoléon parut et descendit lentement l'escalier du perron, des acclamations, des cris, des plaintes partirent de toutes les bouches, des larmes coulèrent de tous les yeux; il

n'y eut pour ces vieux grenadiers et pour leur chef qu'un même sentiment d'amour et de consternation : on eût dit une famille étroitement unie recevant les derniers soupirs d'un père, et pour cette foule d'hommes vieillis dans les camps, Napoléon était plus qu'un père idolâtré, il était en quelque sorte un dieu objet de leur culte. « Soldats de ma vieille garde, leur dit-il, je vous
« fais mes adieux. Depuis vingt ans que nous sommes
« ensemble, je suis content de vous ; je vous ai constam-
« ment trouvés sur le chemin de la gloire. Toutes les
« puissances de l'Europe se sont armées contre moi.
« Quelques-uns de mes généraux ont trahi leur devoir
« (il faisait allusion au duc de Raguse), et la France
« elle-même a voulu d'autres destinées. Avec vous et les
« braves qui me sont restés fidèles, j'aurais pu entre-
« tenir la guerre civile ; mais la France eût été malheu-
« reuse. J'ai donc sacrifié tous mes intérêts à ceux de la
« nation ; je pars : vous, mes amis, continuez à servir
« le nouveau prince de la France ; son bonheur était
« mon unique pensée, il sera toujours l'objet de mes
« vœux. Ne plaignez pas mon sort... j'écrirai les grandes
« choses que nous avons faites ensemble. Soldats, je ne
« puis vous embrasser tous, mais j'embrasse votre chef.
« Venez, général Petit, que je vous presse sur mon
« cœur. Qu'on m'apporte l'aigle, que je l'embrasse
« aussi. Ah ! chère aigle, puisse le baiser que je te
« donne retentir dans la postérité!... » Il dit, et, se dérobant aux transports des officiers qui baignent de pleurs ses mains et ses vêtements, il donne le double signal du départ et de l'exil.

Les généraux Bertrand, Drouot et Cambronne suivaient l'empereur ; Napoléon était en outre escorté de commissaires anglais et prussiens. Leur voyage commençait au moment où la glorieuse bataille de Toulouse, livrée par le maréchal Soult à un ennemi trois fois supérieur en nombre, venait de consoler l'orgueil de la France. Jusqu'au delà de Lyon, la route de l'empereur fut presque triomphale ; il reçut partout les hommages de ses partisans et de tous ceux qu'attristait la défaite de l'aigle française. Mais d'autres manifestations commencèrent dans le département de la Drôme ; d'abord ce fut Augereau, grossier soldat, qui, sans respect pour le malheur, osa parler à son ancien maître en le tutoyant et en gardant la tête couverte ; puis des paysans attroupés firent entendre des menaces. Ce fut bien autre chose dans le département des Bouches-du-Rhône ; Napoléon était détesté par le peuple de Provence : les haines commerciales et maritimes que son système continental avaient soulevées s'étaient fortifiées, dans ce pays dont l'esprit est peu militaire, de toutes les misères nées de la guerre et de la conscription. Aussi, plus d'une fois, faillit-il être assassiné lâchement, et les autorités locales ne prirent aucune disposition propre à le garantir du danger. Pour se soustraire à une mort certaine, en traversant Orgon l'empereur fut réduit à revêtir l'habit d'un piqueur de sa suite. Enfin il atteignit le terme de ce voyage pénible, et s'étant embarqué à bord d'une frégate anglaise, sur les mâts de laquelle il avait fait arborer le pavillon elbois, il arriva, le 5 mai, à Porto-Ferrajo, chef-lieu de son étroite domination. Après avoir gouverné le plus puissant empire du monde, il en était venu à régner sur une île de peu d'étendue et peuplée de quelques milliers de pauvres gens uniquement livrés à la pêche ou à l'exploitation du minerai.

Ce fut là qu'il séjourna l'espace de dix mois. Comme Denys de Syracuse, qui, chassé de Sicile, recherchait encore l'ombre de la royauté dans l'exercice des fonctions de maître d'école, Napoléon, dépouillé de la pourpre de France et d'Italie, déshérité du sceptre de Charlemagne, prit au sérieux sa nouvelle destinée et se mit à donner des lois aux villages de l'île d'Elbe. Ce rocher, durant son règne de courte durée, sembla prendre une face nouvelle. Il y fit construire, sur de très-petites proportions, un palais, des édifices publics et des casernes; il occupa sa faible garnison à niveler les canaux et à élever des aqueducs : des arbres furent plantés le long des routes, on ouvrit de nouveaux chemins, on organisa l'instruction, on donna un rapide accroissement à la richesse agricole et commerciale. L'île d'Elbe était d'ailleurs le rendez-vous des curieux et des voyageurs de toutes les nations; les Anglais y affluaient. De tous les points du monde on venait contempler Dioclétien à la charrue. Pour Napoléon, dans les heures de loisir que lui laissait son étrange royauté, il se renfermait dans un pavillon vitré attenant à sa modeste demeure, et du haut duquel ses regards étaient sans cesse attachés vers la France.

Il n'entre point dans les limites de ce récit de raconter les événements qui signalèrent la première Restauration. Le 3 avril 1814, un acte du sénat avait rappelé au trône de ses pères Louis-Stanislas-Xavier, frère de Louis XVI et héritier de l'infortuné Louis XVII. Le 12, le gouvernement provisoire avait été confié à Monsieur, comte d'Artois, frère du nouveau roi; le même jour, ce prince prit en main les rênes de l'administration, sous le titre de lieutenant-général du royaume; le 24, Louis XVIII débarqua à Calais; le 2 mai, il donna à la France, sous le nom de déclaration de Saint-Ouen, la promesse d'une constitution politique calquée sur le régime anglais; le 3, l'auguste vieillard et la fille de Louis XVI, Madame Royale, l'orpheline du Temple, firent leur entrée solennelle à Paris. Le 4 juin, le roi promulgua et octroya sa charte constitutionnelle.

En inaugurant le gouvernement représentatif, le vieux roi semblait demander aux vaincus et aux vainqueurs, aux persécuteurs et aux victimes, aux émigrés et aux régicides, l'oubli complet du passé, et, pour l'avenir, l'union, la concorde et la paix. Ce furent de généreuses mais vaines illusions. Du côté des hommes de la révolution et de l'empire, on vit se réveiller les jalousies et les rancunes; du côté des serviteurs revenus d'un long exil à la suite du roi, et après les revers de nos armes, on vit se produire les prétentions les plus irritantes, les menaces les plus hostiles aux institutions nouvelles et à un passé trop glorieux pour être oublié. Le roi, les princes de sa famille et leurs fidèles amis se faisaient d'ailleurs une idée fausse de la direction des esprits. Ce mot de concorde qui parut si beau : « Rien n'est changé « en France, » était l'expression d'une grande erreur; tout était changé au contraire, et, sous peine de se briser contre les nouveaux intérêts et les idées en possession de l'opinion publique, il fallait tenir compte de la situation nouvelle du pays et comprendre les faits contre lesquels on se révoltait en paraissant les subir. Aussi les ennemis de la Restauration purent-ils à loisir profiter des fautes de leurs adversaires et calomnier leurs intentions. Les bravades des émigrés, leur jactance irréfléchie, leur dédain pour les droits nouveaux n'aidaient que trop à indisposer les esprits contre le pouvoir qu'on rendait solidaire de ces fautes; c'est pourquoi les partisans de la république et de l'empire trouvaient beaucoup de crédit dans le peuple lorsqu'ils allaient semant le bruit du rétablissement prochain des priviléges féodaux, du retour des dimes, et de la confiscation, au profit des émigrés spoliés, de toutes les propriétés qu'on appelait nationales.

L'armée avait été vivement froissée par des réformes imprudentes ou devenues indispensables par la nécessité de diminuer les charges publiques. Elle avait vu avec un vif déplaisir la création d'un corps privilégié de gardes recrutés dans le sein de la noblesse; elle s'était indignée de la profusion avec laquelle on avait distribué aux courtisans l'étoile de la Légion d'honneur; elle s'affligeait de voir la plupart de ses officiers réduits à la demi-solde.

La France enfin, car il faudrait bien se garder de la confondre avec les mécontents dont nous venons d'indiquer les griefs; la France, disons-nous, espérait et commençait à jouir des biens qu'amènent la prospérité et le repos. Toutefois l'honneur du pays, humilié par les derniers désastres, souffrait encore et réclamait des réparations. Après avoir été la reine de l'Occident et la maîtresse des peuples, la France déplorait maintenant la perte de ses frontières du Rhin et celle de ses immenses domaines d'Italie : encore émue du tressaillement de l'invasion, elle se trouvait partagée entre ces deux sentiments, le désir de la paix et l'opprobre de la défaite.

CHAPITRE XI

LES CENT JOURS

Exilé sur le rocher de l'île d'Elbe, roi d'une île obscure et sans étendue, Napoléon épiait avec une vigilante anxiété ce qui se passait en France et au congrès de Vienne : comme un lion prisonnier, qui se retourne perpétuellement dans sa cage en cherchant une issue, il vivait sans repos, sans résignation, et il attendait d'un jour à l'autre qu'une faute de ses geôliers ou de ses ennemis lui fournît, sinon un moyen, du moins un prétexte de ressaisir la liberté. Il savait qu'une fermentation sourde agitait l'Italie ; des amis sûrs l'avaient informé des dispositions du sentiment public en France, et il espérait. Enfin le moment qu'il jugeait favorable s'offrit à lui, et il entreprit une de ces révolutions prétoriennes, dont Tacite nous a transmis le souvenir, et dont la France n'attendait pas le retour.

Le 26 février, une petite flottille composée du brick *l'Inconstant* et de quelques légers navires, cinglait en pleine mer vers les côtes de France. Elle portait Napoléon et neuf cents hommes de sa vieille armée, la veille encore ses compagnons d'exil, aujourd'hui associés à la dernière fortune du proscrit impérial. Ils revenaient sur ces mêmes eaux qui, quinze ans plus tôt, les avaient ramenés d'Égypte pour détrôner le Directoire. Seront-ils également heureux dans leur lutte contre les héritiers de Hugues Capet? Ils l'ignorent : ils se voient réduits à éviter avec le plus grand soin la plus petite croisière anglaise, et pourtant ils vont se mesurer contre un gouvernement qui dispose (il le croit du moins) du sang et des bras de vingt-huit millions d'hommes. Entreprise téméraire ou insensée!

Le soir on découvrit deux frégates; à six heures un bâtiment de guerre français, *le Zéphyr,* vint droit sur la flottille; ayant reconnu le pavillon elbois, un drapeau blanc parsemé d'abeilles, il se borna à demander des nouvelles de l'empereur : Napoléon répondit lui-même qu'il se portait bien. Le 27, on passa en vue d'un vaisseau de ligne, qui ne daigna pas s'occuper de la pauvre flottille; le 1er mars, à trois heures, on entra dans le golfe de Juan; à cinq heures, on jeta l'ancre sur la plage de Cannes, en Provence. Le premier bivouac fut établi dans une plantation d'oliviers :

« Beau présage! s'écria l'empereur, puisse-t-il se
« réaliser! »

Un paysan qui se trouvait là et avait servi sous Napoléon, déclara ne plus vouloir le quitter :

« Eh bien! Bertrand, dit l'empereur au grand ma-
« réchal, voici déjà du renfort. »

Son premier soin fut de détacher un capitaine et vingt-cinq hommes sur Antibes; ils y entrèrent aux cris de : Vive l'empereur! Mais le commandant Corsin, fidèle au serment qu'il avait prêté à Louis XVIII, fit fermer derrière eux les portes de la ville, et les retint prisonniers. Ce contre-temps en faisait prévoir d'autres.

A onze heures du soir, la petite colonne se mit en route du côté des montagnes; elle fit d'abord vingt lieues en vingt-deux heures. Le 2, elle s'arrêta à Cérénon; le 3, au village de Barême; le 4, à Digne, et le 5, à Gap. C'est là que Napoléon fit imprimer les deux proclamations qu'il adressait au peuple et à l'armée; il les avait dictées en mer à ses soldats. La première se terminait ainsi :

« Français! dans mon exil, j'ai entendu vos plaintes
« et vos vœux; vous réclamiez ce gouvernement de votre
« choix, qui seul est légitime. Vous accusiez mon long
« sommeil, vous me reprochiez de sacrifier à mon repos
« les intérêts de la patrie.

« J'ai traversé les mers au milieu des périls de toute
« espèce; j'arrive parmi vous reprendre mes droits, qui
« sont les vôtres. Tout ce que les individus ont fait, écrit
« ou dit depuis la prise de Paris, je l'ignorerai toujours;
« cela n'influera en rien sur le souvenir que je conserve
« des services importants qu'ils ont rendus, car il est des
« événements d'une telle nature, qu'ils sont au-dessus
« de l'organisation humaine.

« Français! il n'est aucune nation, quelque petite
« qu'elle soit, qui n'ait eu le droit et ne se soit sou-
« straite au déshonneur d'obéir à un prince imposé
« par un ennemi momentanément victorieux. Lorsque
« Charles VII rentra à Paris et renversa le trône éphé-
« mère de Henri V, il reconnut tenir son trône de la
« vaillance de ses braves, et non d'un prince régent
« d'Angleterre.

« C'est aussi à vous seuls et aux braves que je fais
« et ferai toujours gloire de tout devoir. »

Voici maintenant quelques traits de sa proclamation à l'armée :

« Soldats ! nous n'avons pas été vaincus : deux hommes
« sortis de nos rangs ont trahi nos lauriers, leur pays,
« leur prince, leur bienfaiteur... Arrachez ces couleurs
« que la nation a proscrites ; arborez cette cocarde tri-
« colore ; vous la portiez dans nos grandes journées...
« Venez vous ranger sous les drapeaux autour de votre
« chef; son existence ne se compose que de la vôtre ;
« ses droits ne sont que ceux du peuple et les vôtres...
« La victoire marchera au pas de charge; l'aigle, avec
« les couleurs nationales, volera de clocher en clocher
« jusqu'aux tours de Notre-Dame.... Dans votre vieil-
« lesse, entourés et considérés de vos concitoyens, ils
« vous entendront avec respect raconter vos hauts faits;
« vous pourrez dire avec orgueil : « Et moi aussi, je fai-
« sais partie de cette grande armée qui est entrée deux
« fois dans les murs de Vienne, dans ceux de Rome, de
« Berlin, de Madrid, de Moscou, qui a délivré Paris
« de la souillure et de la trahison que la présence et les
« armes de l'ennemi y ont empreintes... »

En Provence, Napoléon avait trouvé sur sa route un peuple curieux, mais indifférent ou hostile à sa cause. Aucun individu notable n'avait grossi sa troupe : dès qu'il eut franchi la Durance, la scène changea. Les montagnards du Dauphiné accouraient en foule sur son passage et poussaient de vives acclamations. A Saint-Bonnet, dans les Hautes-Alpes, ils voulaient sonner le tocsin et faire lever les villages; Napoléon les en dissuada. Jusque-là tout le pays avait été trouvé dégarni de soldats; mais le 7 mars au matin, sur le territoire du département de l'Isère, on découvrit un bataillon détaché de la garnison de Grenoble qui était venu barrer le chemin à Napoléon : cette troupe campa près des lacs de Laffrey. Cambronne s'approcha pour parlementer, mais on refusa de l'entendre. Tout semblait perdu : Napoléon, pour dernière ressource, s'approcha de ses adversaires, et leur dit, en découvrant sa poitrine : « S'il en est un de vous qui « veuille tuer son empereur, il le peut; me voici. » A cette vue, un frémissement agita le bataillon tout entier. Les soldats qui, un moment auparavant, se disposaient à le combattre, sentirent leurs yeux se remplir de larmes, et, déposant leurs fusils, s'écrièrent avec transport : *Vive Napoléon! vive l'Empereur!* puis ils foulèrent aux pieds leurs cocardes blanches et reprirent les couleurs de l'empire.

Ce moment était décisif; Napoléon, dont les forces étaient doublées, accéléra sa marche. Comme il sortait de Vizille, commune célèbre dans les fastes révolutionnaires, vint à sa rencontre, au pas de course, le 7e de ligne, commandé par le jeune Labédoyère. Les deux troupes mêlèrent leurs rangs avec enthousiasme et poursuivirent leur route vers Grenoble Le général Marchand avait fait fermer les portes et avait donné l'ordre de défendre la ville. La garnison couvrait les remparts. Elle se composait de quatre vieux régiments, et parmi eux figurait le 4e d'artillerie, dans les rangs duquel, vingt-cinq ans auparavant, Napoléon avait servi comme capitaine. La population était rangée derrière cette troupe. Soldats et peuple se taisaient encore : soudain, à la lueur des flambeaux, car il était nuit, on vit apparaître les compagnons de Napoléon, marchant en avant, l'arme renversée en signe de fraternité, et criant : *Vive Grenoble! vive la France!* la garnison et la foule répondirent par les cris de : *Vive Napoléon! vive la garde!* et les portes tombèrent devant l'empereur. Ce moment fut sans exemple dans l'histoire de ce grand homme. Napoléon se vit en un clin d'œil emporté par mille mains, promené comme en triomphe, et intronisé à la façon des rois de la première race. Alors son règne recommença : les autorités, les magistrats vinrent le saluer du titre d'empereur; il se trouva maître d'une place de guerre, de vastes arsenaux et d'une armée de six mille vétérans. Cependant il sentait le besoin de se concilier les populations : chaque parole qui sortait de sa bouche était une protestation adroite en faveur de la paix et de la liberté : il flattait le sentiment républicain, que pendant tout son règne il n'avait cessé de comprimer. Le 8 mars, il passa ses troupes en revue; le 9, il se mit en marche vers Lyon : Monsieur, comte d'Artois, frère de Louis XVIII, et le duc d'Orléans s'étaient rendus dans cette ville pour lui en disputer l'entrée; mais ils essayèrent en vain de contenir la garnison dans le devoir; trahis par leur escorte et abandonnés de tous, ils s'éloignèrent. Un seul garde national osa demeurer fidèle au comte d'Artois et l'accompagner dans sa retraite. Napoléon, pour témoigner son estime à ce serviteur courageux, lui envoya la croix d'honneur.

La nouvelle du débarquement de l'empereur avait été répandue à Paris dans la journée du 6. Une ordonnance royale déclara Napoléon hors la loi, et prescrivit à chaque habitant de lui *courir sus* et de le combattre. Le 8, le gouvernement royal affectait une sérénité qu'il essayait de communiquer à l'opinion. Tantôt il faisait annoncer que « Bonaparte, cerné de toutes parts, était réduit à « fuir dans les montagnes; » tantôt que « Grenoble tien- « drait jusqu'au bout; » aussi les partisans de la monarchie des Bourbons étaient-ils pleins d'une trompeuse crédulité. La censure ne permettait pas aux journaux de faire connaître la vérité.

Louis XVIII seul ne s'abusait pas sur le danger : il manda le maréchal Ney et lui confia le commandement de l'armée royale destinée à arrêter la marche de Napoléon. Le prince de la Moscowa, ému de cette marque de confiance, promit au roi de lui amener son rival prisonnier dans une cage de fer; mais cet homme, si brave sur le champ de bataille, était faible lorsqu'il s'agissait de garder une résolution. A peine fut-il arrivé à Lons-le-Saulnier, que la seule approche de son ancien maître réveilla chez lui le fanatique dévouement dont l'armée entière était animée pour Napoléon : aussi donna-t-il aux soldats l'exemple de la défection. Quand cette armée eut passé sous ses aigles, Napoléon ne rencontra plus d'obstacles sérieux, et il devint évident pour tout le monde que la cause des Bourbons était perdue. Vainement Louis XVIII convoqua-t-il les deux chambres en séance royale; vainement jura-t-il de nouveau fidélité à la Charte, et plaça-t-il son trône sous la protection des gardes nationales du royaume : les larmes qui coulèrent des yeux de ses serviteurs devaient être impuissantes pour conjurer la chute du trône. Dans la nuit du 19 au 20 mars, l'auguste vieillard dut reprendre la route de l'exil et se dérober, par une prompte retraite, aux approches de l'empereur. Quelques heures après son départ, Napoléon entrait à Fontainebleau; le 20 mars était pour lui un jour heureux, celui de la naissance du roi de Rome. Ce fut donc le 20 mars, à neuf heures du soir, que Napoléon voulut reparaître à Paris. Quand il arriva au Carrousel, la foule était trop grande pour qu'il pût marcher; comme à Grenoble, on l'enleva de son cheval, on le porta de bras en bras, et c'est ainsi qu'à la lueur des torches qui faisait étinceler les casques, les sabres et les baïonnettes, l'empereur, sans avoir brûlé une amorce depuis son départ de l'île d'Elbe, sans avoir versé une goutte de sang, occupa de nouveau le palais des Tuileries.

Il y était à peine, que la déclaration des puissances alliées, assemblées au congrès de Vienne, vint troubler les illusions de son triomphe : les souverains proclamaient dans ce manifeste que *Napoléon s'était mis au ban de l'Europe; qu'il s'était livré à la vindicte publique;*

qu'avec lui, désormais, il ne pouvait y avoir ni paix ni trêve. Ces menaces ne devaient pas tarder à recevoir leur accomplissement.

Mais des résistances s'organisent au midi et sur plusieurs points de la France; elles furent successivement contenues. Le roi s'était retiré à Gand; le duc de Bourbon, nommé gouverneur général des cinq départements militaires de l'ouest, avait fait voile, le 6 avril, pour l'Espagne, après en avoir appelé à la fidélité bretonne. Madame la duchesse d'Angoulême s'était rendue à Bordeaux et y avait déployé les vertus héroïques de Marie-Thérèse, son aïeule. Moins heureuse que l'illustre princesse de Lorraine, elle avait été contrainte de fuir une seconde fois la terre natale. Son époux avait réuni à Toulouse une armée de douze mille volontaires royalistes, à l'aide desquels il venait de reprendre divers points importants de la Provence et du Dauphiné; au moment où il s'apprêtait à marcher sur Lyon et Grenoble, il fut cerné par les troupes du général Gilly, et réduit à signer une capitulation aux termes de laquelle il devait s'embarquer à Cette. Le général en chef Grouchy refusa de reconnaître cette convention; mais Napoléon lui intima de la respecter et de veiller à ce que M. le duc d'Angoulême fût traité avec les égards dus à son rang. Le 18 avril, cent coups de canon annoncèrent l'entière soumission du Midi; le drapeau tricolore flottait à Toulon et à Marseille.

Murat avait conservé, du moins à titre précaire, le trône de Naples, et l'Europe n'avait point encore oublié que la défection de ce prince avait contribué aux désastres subis par les aigles de Napoléon; il ne voyait pas moins sa couronne menacée par les souverains convoqués au congrès de Vienne; dans cette situation pénible, il prit le parti de se déclarer ouvertement pour Napoléon. Ce dernier fut plutôt compromis qu'aidé par cette alliance. En effet, Murat, au lieu d'attendre le mot d'ordre de l'empereur, entra à Florence sans déclaration de guerre, et força les Autrichiens de se replier sur les bords du Pô. Dans les journées des 2 et 3 mai, il fut vaincu à Tolentino et à Macerata; ces deux revers lui coûtèrent d'abord le trône, et plus tard la vie.

L'état des esprits en France n'était point ce que le succès du 20 mars aurait pu le faire croire; on peut dire que Napoléon n'avait triomphé que par surprise, la bourgeoisie et la noblesse s'étant isolées du mouvement et l'ayant laissé faire sans le souhaiter, sans le contredire. La France n'était plus ce que Napoléon l'avait trouvée à son retour d'Égypte. Alors le pays cherchait des yeux un homme vraiment fort, qui pût contenir les partis au dedans, et au dehors repousser l'Europe : au mois de mars 1815, à l'exception de l'armée et des serviteurs dépossédés de la dynastie impériale, la grande majorité voulait la paix, et, tout en s'honorant de la gloire du passé, elle cherchait avant tout les satisfactions de l'industrie, du commerce et du repos. Napoléon ne lui rapportait plus, comme autrefois, la victoire; il venait réveiller par sa présence toutes les colères de l'Europe et convoquer de nouveau l'étranger à nous faire la guerre. Aussi paraissait-on généralement épouvanté de l'avenir. Napoléon lui-même était dévoré d'inquiétudes. Il n'avait en France que deux points d'appui : l'un, son armée, amoindrie, découragée par les revers des dernières campagnes; l'autre, les hommes de la révolution. Ceux-ci relevaient la tête et réclamaient des garanties. En vain l'empereur s'efforçait-il de donner le change à leur impatience, il se trouvait tous les jours en face de désappointements nouveaux : tantôt assiégé par des idées démagogiques, dont au fond de l'âme il connaissait le danger, tantôt menacé d'un immense abandon; l'Europe en face, la république derrière. Les émigrés et les royalistes avaient pénétré le secret de ses embarras ; ils attendaient le moment favorable pour en profiter. Dans la Vendée, les chefs politiques s'agitaient de nouveau, une insurrection allait éclater, les paysans du Marais et du Bocage s'enrégimentaient par paroisses et se groupaient autour des seigneurs.

L'empereur s'arrêta au parti de commencer la monarchie constitutionnelle ; il fit proclamer une nouvelle charte, par lui nommée *acte additionnel aux constitutions de l'empire.* Cette concession ne satisfit personne. De part et d'autre on murmura et on attendit que la fortune des batailles vînt relever la démocratie ou créer la dictature. Napoléon avait d'ailleurs rappelé autour de lui les anciens coryphées de la république et de l'empire. A Carnot il venait de donner le portefeuille de la guerre ; à Fouché, vieilli dans les trahisons, le ministère de la police générale. Cet homme vendait publiquement à l'étranger les secrets de la France. Quand Napoléon ouvrit les yeux, il n'était plus temps. Cependant, en vertu de la nouvelle constitution, on procédait à l'élection d'une chambre de représentants, on créait une chambre des pairs, on organisait l'administration, les finances, l'armée.

Dans les provinces de la Bretagne, de l'Anjou, de la Bourgogne et du Lyonnais, il se forma des associations de *fédérés* : ceux qui en firent partie s'engagèrent, sous la foi du serment, à mourir plutôt que de souffrir le triomphe de l'étranger. Napoléon s'alarma de ces associations.

Dans une circonstance, il vit défiler devant lui les fédérés des faubourgs Saint-Antoine et Saint-Marceau. C'était une scène de 1791 : les piques du 20 juin et du 10 août avaient reparu ; aux cris de *Vive l'empire!* proférés par cette multitude, se mêlaient des cris d'extermination contre les nobles et les prêtres. Napoléon sentit qu'on voulait faire de lui le roi d'une nouvelle jacquerie, et il s'indigna de ce rôle. En résumé, les classes bourgeoises se retiraient de lui, et il en était réduit aux sympathies des paysans et des prolétaires. Profondément ami de la hiérarchie, il eut peur de ses propres auxiliaires, il comprit la faiblesse de sa situation nouvelle.

Toujours désireux d'imiter Charlemagne, il eut la pensée de convoquer en un champ-de-mai l'élite de l'armée et du peuple. Ce fut une étrange scène que celle dont Paris fut témoin le 1ᵉʳ juin 1815 : la vaste plaine du Champ-de-Mars était ce jour-là occupée par les représentants de l'armée, des provinces et des villes fédérées ; les deux chambres, la magistrature, les autorités et les princes de l'empire y avaient pris place ; les bannières des régiments et des départements flottaient dans les airs. Quatre à cinq cent mille spectateurs couvraient les talus et entouraient cette immense assemblée d'une immense ceinture. A l'extrémité du Champ-de-Mars on avait élevé un autel, et l'on célébrait les saints mystères ; l'empereur était en face, sur son trône ; lorsque le bruit du canon annonça le moment de la consécration, cette multitude fléchit le genou et courba la tête ; on remarqua le recueillement de Napoléon. Après la messe, on proclama l'acceptation par le peuple de la nouvelle constitution impériale. Lorsque l'orateur qui parlait au nom du corps électoral eut terminé la lecture de son adresse, il se fit un roulement de tambours, et Napoléon répondit en ces termes :

« Empereur, consul, soldat, je tiens tout du peuple ;
« dans la prospérité, dans l'adversité, sur le champ de
« bataille, au conseil, sur le trône, dans l'exil, la
« France a été l'objet unique de mes pensées et de mes
« actions.

« Comme ce roi d'Athènes, je me suis sacrifié pour
« mon peuple, dans l'espoir de voir se réaliser la pro-
« messe donnée de conserver à la France son intégrité
« naturelle, ses honneurs et ses droits

« L'indignation de voir ces droits sacrés, acquis par
« vingt années de victoires, méconnus et perdus à ja-
« mais, le cri de l'honneur français flétri, les vœux de
« la nation m'ont ramené sur ce trône, qui m'est cher,
« parce qu'il est le palladium de l'indépendance, de
« l'honneur et des droits du peuple...

« Français, vous allez retourner dans les départe-
« ments : dites aux citoyens que les circonstances sont
« grandes, qu'avec de l'union, de l'énergie, de la per-
« sévérance, nous sortirons victorieux de cette lutte
« d'un grand peuple contre ses oppresseurs; que les
« générations à venir scruteront sévèrement notre con-
« duite; qu'une nation a tout perdu quand elle a perdu
« l'indépendance!....

« Ma volonté est celle du peuple, mes droits sont les
« siens; mon honneur, ma gloire, mon bonheur ne
« peuvent être autres que l'honneur, la gloire et le bon-
« heur de la France. »

Beaucoup de personnes avaient pensé qu'au lieu de se borner à prononcer ces paroles et à distribuer des aigles aux légions de la garde nationale et de l'armée, Napoléon aurait imité jusqu'au bout ce roi d'Athènes dont il avait rappelé le dévouement : on eût voulu le voir abdiquer solennellement la couronne impériale en faveur de son fils, et désarmer ainsi les colères de l'Europe amassées contre la France. Il ne le fit pas, et l'on se sépara, l'ima- gination émue par la singularité du spectacle, mais effrayée des calamités de l'avenir. Peu de jours après, Napoléon ouvrit la session des chambres : il leur de- manda à l'aider à sauver la patrie; elles le promirent, et ne surent pas tenir leur engagement. On remarqua cette phrase prophétique qui fut adressée par l'empereur à la chambre des représentants :

« N'imitons pas les Grecs dégénérés du Bas-Empire, « qui se rendirent la risée du monde en discutant des « questions abstraites lorsque le bélier brisait les portes « de Constantinople. »

Les représentants des Cent-Jours devaient se montrer encore plus dignes de pitié que ces Grecs sans énergie. Déjà, d'ailleurs, on voyait poindre parmi eux une opposition sans générosité, sans grandeur, et que la victoire seule pouvait réduire au silence. La liberté de la presse avait été rendue aux journaux, et ils en profitaient pour dévouer le pays à la vindicte de l'Europe, l'empereur aux ressentiments des régicides. Mais le parti républicain n'était pas seul à protester : l'insurrection de la Vendée avait étendu ses progrès dans le Poitou, dans l'Anjou, en Bretagne. Napoléon était prêt de ce côté; il envoya une armée de vingt-cinq mille hommes, sous les ordres du général Lamarque, occuper les départements de l'ouest. Lamarque, à l'exemple de Hoche, préféra la gloire du pacificateur à celle du soldat, et réussit à conclure avec les chefs royalistes une paix honorable pour les deux causes.

Replacé de nouveau sur le terrain des batailles, Napoléon était parvenu à rassembler, en deux mois, cinq cent cinquante mille hommes, distribués en sept armées : il avait rendu aux régiments ces noms glorieux d'*invincible*, de *terrible*, d'*incomparable*, d'*un contre dix*, qui rappelaient tant de hauts faits d'armes; les frontières se hérissaient de canons, la France entière avait été transformée en un vaste atelier livré à la fabrication des fusils et des sabres. Mais, à l'exception des débris de la vieille armée, ces troupes si nombreuses et levées à la hâte étaient encore inhabiles au métier des armes. Et cependant l'Europe tout entière était en marche contre la France, un million de soldats menaçaient nos frontières : ce fut le 12 juin que Napoléon quitta Paris pour aller prendre le commandement de l'armée du nord. Deux jours après il adressa à ses troupes la proclamation suivante :

« Soldats ! c'est aujourd'hui l'anniversaire de Marengo
« et de Friedland, qui décida deux fois du destin de
« l'Europe. Alors, comme après Austerlitz, comme
« après Wagram, nous fûmes trop généreux ! nous
« crûmes aux protestations et aux serments des princes
« que nous laissâmes sur le trône; aujourd'hui, cepen-
« dant, coalisés contre nous, ils en veulent à l'indépen-
« dance et aux droits les plus sacrés de la France. Ils
« ont commencé la plus injuste des agressions : ne
« sommes-nous plus les mêmes hommes ?

« Soldats ! à Iéna, contre ces mêmes Prussiens au-
« jourd'hui si arrogants, vous étiez un contre trois, et
« à Montmirail un contre six. Que ceux d'entre vous qui
« ont été prisonniers des Anglais vous fassent le récit
« de leurs pontons et des maux affreux qu'ils ont souf-
« ferts.

« Les Saxons, les Belges, les Hanovriens, les soldats
« de la Confédération du Rhin, gémissent d'être obligés
« de prêter leurs bras à la cause de princes ennemis de
« la justice et des droits de tous les peuples... Les insen-
« sés ! un moment de prospérité les aveugle. L'oppres-
« sion et l'humiliation du peuple français sont hors de
« leur pouvoir ! s'ils entrent en France, ils y trouveront
« leur tombeau.

« Soldats ! nous avons des marches forcées à faire,
« des batailles à livrer, des périls à courir ; mais avec de
« la constance la victoire sera à nous ; les droits, l'hon-
« neur et le bonheur de la patrie seront conquis. Pour

« tout Français qui a du cœur, le moment est arrivé de
« vaincre ou de périr. »

La grande armée anglaise, commandée par lord Wellington, couvrait une partie considérable du Brabant; on évaluait ses forces à cent dix mille hommes. Le quartier général des Prussiens, placés au nombre de cent vingt mille sous les ordres de Blücher, était à Namur. Napoléon ne disposait que de cent trente mille hommes réunis sous la Sambre, à Beaumont et en avant de Philippeville. Il entreprit de percer la ligne de Wellington et de Blücher, à Charleroi, leur point de jonction. Ce plan était hardi et bien conçu : l'ennemi allait le laisser s'accomplir en toute sécurité; mais il fut, dit-on, averti des projets de l'armée française, et il se hâta de concentrer ses forces.

Le 15, dès la pointe du jour, l'armée française se porta en avant sur trois colonnes, pour passer la Sambre sur trois points; les Prussiens, culbutés près de Thuin par le prince Jérôme Bonaparte et par l'avant-garde du deuxième corps, se replièrent au delà de Charleroi, où Napoléon entra à midi, poussant toujours l'ennemi.

Le 16, l'empereur livra aux abords de Fleurus, nom célèbre dans nos fastes militaires, une bataille que les Prussiens perdirent encore. Mais si les ordres que Napoléon avait donnés au maréchal Ney, qui commandait la gauche, eussent été ponctuellement suivis, Blücher, au lieu de quelques milliers d'hommes, perdait son armée entière. Échappé à ce désastre, il réussit à rallier ses troupes le lendemain même de sa défaite.

Une nouvelle bataille fut livrée à Ligny : la perte de l'armée prussienne s'éleva à vingt-cinq mille hommes tués, blessés ou pris. Celle de notre armée fut de sept mille soldats. Blücher opéra sa retraite par Mont-Saint-Guibert et par Gembloux; il fut rejoint, pendant la nuit, par le corps de trente mille hommes du général Bulow.

Pendant que le centre et la droite de l'armée française obtenaient ces avantages signalés, le maréchal Ney soutenait en avant des Quatre-Bras un combat acharné contre les forces anglaises : Ney n'avait sous lui que vingt mille hommes, et ne pouvait rien contre un ennemi trop supérieur en nombre. Mais Wellington, ayant reçu avis des défaites de Blücher, ordonna la retraite sur Bruxelles, et s'arrêta au village de Waterloo. Napoléon marcha contre lui avec soixante-huit mille hommes et deux cent quarante pièces de canon. Grouchy, de son côté, devait poursuivre Blücher; mais, par un inconcevable malentendu, il lui laissa prendre les devants et compromit par sa lenteur le salut de notre armée. Napoléon ignorait ce contre-temps; il agissait comme si son lieutenant eût exécuté fidèlement ses ordres.

Le 18 juin, au lever du jour, les armées française et anglaise se trouvaient rangées en bataille; la nôtre, sur la chaussée de Charleroi à Bruxelles et en avant de la forêt de Soignes, occupait les hauteurs depuis le plateau qui domine Hougoumont jusqu'au penchant d'un autre plateau qui couronne les fermes de la Haie et de Papelotte; Napoléon, avec la garde impériale, s'était porté sur les hauteurs de Rossamme, près de la ferme de Belle-Alliance. La pluie, qui pendant la nuit précédente n'avait cessé de tomber par torrents, avait fortement détrempé le sol; les fantassins et les chevaux avançaient avec peine sur la terre boueuse et au milieu des moissons à demi couchées.

A midi et demi Napoléon ordonna à son frère Jérôme d'enlever le bois d'Hougoumont; cette position est plusieurs fois prise et reprise, enfin elle reste au pouvoir des Français. Durant cet engagement, qui ne réussit pas d'ailleurs à opérer une diversion sur la gauche de l'armée française, le prince Jérôme, dont l'âge avait mûri le caractère, fit preuve d'un intrépide dévouement et reçut une blessure en combattant les Anglais. Sur la droite, le comte d'Erlon se porta vers le village de Mont-Saint-Jean. Sa formidable artillerie écrasa l'infanterie anglaise et balaya le plateau Déjà des cris de victoire éclataient dans nos rangs; mais le Prussien Bulow marchait à pas précipités avec trente mille hommes au secours de l'armée anglaise; celle-ci reprend l'offensive; elle s'empare de nouveau des hauteurs de Mont-Saint-Jean. Le maréchal Ney, emporté par son ardeur et au mépris des ordres de Napoléon, charge à son tour et chasse encore l'ennemi de cette position; Wellington voit ce mouvement intempestif, fait avancer son infanterie et lance sur les soldats de Ney toute sa cavalerie. L'empereur prescrit aux cuirassiers de Kellermann de dégager ce corps ainsi compromis; mais les grenadiers à cheval et les dragons de la garde, spontanément et sans ordres, suivent ce mouvement et se jettent en aveugles sur les Anglais. Il en résulte un choc long et terrible; cependant l'infanterie anglaise, pour résister à la tempête, se forme en carrés et dirige sans relâche sur nos escadrons un feu meurtrier et une abondante mitraille. La fureur de la cavalerie française augmente avec le danger. Vingt fois les carrés ennemis sont enfoncés, vingt fois ils se reforment. L'infanterie anglaise meurt avec un courage tranquille, avec une froide patience dont les annales de la guerre n'offrent point de modèles. Wellington verse des larmes en considérant ce dévouement magnanime; il croit la journée perdue; il ne lui reste plus d'autre espoir que l'arrivée de la nuit ou celle des Prussiens. A la fin, ses troupes cèdent en frémissant; douze mille Anglais sont tués, les autres commencent à se replier, la route de Bruxelles est encombrée de fuyards et de bagages : tout révèle une complète déroute.

Alors une vive fusillade se fait entendre dans le lointain, sur notre gauche, et notre armée pousse des cris de joie :

« Voilà Grouchy! s'écrie-t-on de toutes parts; encore « un effort! victoire! »

Fatale méprise! au lieu de cette réserve qu'on attendait, et qui devait d'un seul coup terminer la bataille, tombe sur nous l'armée prussienne, commandée par Blücher. Vainement Napoléon ordonne-t-il un changement de front, la cavalerie et l'infanterie perdent du terrain et plient devant les masses qui les refoulent. Pour surcroît d'épreuves, des bruits de trahison courent de rang en rang et pénètrent l'âme de l'officier et du soldat. Des régiments entiers, se croyant livrés à l'ennemi, quittent leur poste; d'autres font entendre le cri sinistre de *sauve qui peut!* en un instant Wellington a ressaisi la victoire. Les Anglais et les Prussiens se précipitent de tous côtés sur nos bataillons épars. La nuit augmente le désordre et l'épouvante; l'armée n'est bientôt plus qu'une masse informe et confuse, abandonnée à la fureur des troupes étrangères.

Napoléon, au milieu de ce désastre inattendu, rallie à peine quelques escadrons; l'épée à la main, il cherche à s'ouvrir un passage. Le prince Jérôme imite son exemple et s'écrie : « Dans cette journée, tout ce qui « porte le nom de Bonaparte doit savoir mourir. » Il disait vrai, mais la masse des fuyards les enveloppe et les emporte malgré eux.

Restaient encore debout quelques débris de la vieille garde, quelques fragments de ces armées de Sambre-et-Meuse, d'Italie et d'Égypte, l'orgueil de la république et de l'empire : ils étaient là, ralliés autour de leurs chefs et du brave Cambronne, résolus à attendre la mort, et n'ayant point cessé de la donner : sommés de mettre bas les armes, *ils moururent, et ne se rendirent pas*; et tant fut grand leur désespoir, que ceux-là mêmes qu'épargnait la pitié ou l'admiration de l'ennemi, renoncèrent volontairement à la vie. Ainsi, sur cette même terre de Belgique, les Gaulois et les Francs encore barbares se tuaient de leurs propres mains pour se soustraire à la honte de reconnaître un vainqueur.

L'armée française avait perdu vingt-cinq mille hommes tués, blessés ou pris; la perte de l'ennemi n'était pas moins considérable. Le lendemain, un grand nombre de fuyards rejoignaient leurs aigles. Le corps de Grouchy était intact. A l'aide de ces ressources et des garnisons du nord, Napoléon pouvait encore organiser la défense des frontières de Belgique, rallier à Laon ou derrière la Sambre les débris de l'armée de Waterloo, et attendre de nouveaux renforts : peut-être même se fût-il promptement trouvé en état de reprendre l'offensive ; mais il céda malgré lui aux conseils de ses généraux, et vint à Paris faire appel au patriotisme des chambres.

Il arriva dans la capitale en même temps que le bruit de sa défaite; il venait demander des secours, une armée; mais la chambre des représentants, comme le corps législatif de 1814, comptait dans ses rangs une majorité d'idéologues soi-disant constitutionnels, hommes qui parlent théories libérales lorsqu'il faut se réfugier sous la dictature. Ces gens-là, depuis Péthion, leur type éternel, n'ont rien appris et rien oublié. Sur un volcan, ils discuteraient encore principes parlementaires et obéissance au règlement. Élus des classes moyennes, ils en ont sans doute les vertus ; mais ils tiennent d'elles un esprit étroit et jaloux, ennemi de toutes les résolutions grandes et généreuses. Ils détestaient Napoléon, parce qu'ils le supposaient peu favorable au régime représentatif. La sinistre nouvelle du désastre de Waterloo ne fut pour eux qu'une occasion de prendre une position hostile à l'égard du pouvoir impérial. Ils s'imaginèrent que le salut de la France dépendait de leurs votes, et que l'ennemi, en marche sur la capitale, s'arrêterait devant des phrases de tribune. Au lieu de se confier à Napoléon, ils se séparèrent de lui, sans savoir à qui aller, et avec la ferme intention de ne point souffrir le retour du roi. Les insensés prirent eux-mêmes, entre leurs mains impuissantes, ce fardeau que Napoléon pouvait seul porter. Pour sauver le gouvernement constitutionnel, ils commencèrent par le violer, et déclarèrent, en dépit des termes exprès de l'acte additionnel, que *quiconque oserait les dissoudre serait traître à la patrie*. C'était mettre Napoléon dans la nécessité d'abdiquer ou de renouveler la révolution du 18 brumaire. Cependant Napoléon, retiré au palais de l'Élysée, prenait tour à tour conseil de quelques amis et de quelques traîtres, et ne savait à quelle extrémité se résoudre.

L'empereur avait compris sa position. Abandonné par la bourgeoisie, dont les intérêts avaient fait sa force principale au 18 brumaire; vaincu lorsque la victoire pouvait seule l'entourer d'un prestige de puissance, il ne lui restait d'autre ressource que de faire appel aux passions démocratiques et de remuer jusqu'à la lie tous les instincts de la révolution. Les faubourgs de Paris ne manquaient pas d'hommes aux bras nus, tout disposés à faire main basse sur les nobles et à promener sur des piques les têtes coupées des représentants constitutionnels; les campagnes de la Lorraine et de l'Alsace, les provinces de l'Est, comptaient encore de nombreux partisans très-dévoués à Napoléon, et qui, plaçant en lui d'odieuses espérances, attendaient qu'il les délivrât des émigrés et des prêtres, et leur donnât le signal de nouvelles proscriptions. Voilà sur quelles portions de la société Napoléon, isolé des chambres et contraint de se passer d'elles, était désormais condamné à régner. Ce n'était point tant les dangers militaires qui le préoccupaient; il pouvait en trois jours réunir autour de Paris quatre-vingt-cinq mille hommes, et il ne lui en avait pas fallu la moitié pour balancer, en 1814, les attaques de six cent mille étrangers. Mais prolonger la guerre, il ne le pouvait sans s'aliéner encore les sympathies de la propriété moyenne, de l'industrie et du commerce, sans aviser aux terribles expédients de la Convention. Le salut du pays était fort douteux, même à ces conditions, et l'eût-il obtenu, sur qui régner ensuite, sinon sur ce qu'il avait lui-même si justement nommé la jacquerie? Homme d'organisation et d'ordre, puissamment hiérarchique, doué d'un génie élevé, et responsable de sa gloire aux yeux de l'avenir, Napoléon recula devant la tâche qui lui restait à accomplir : il prit en dégoût cette couronne que lui offraient la garde prétorienne et les clubs; il comprit cette redoutable vérité, que sa mission était arrivée à son terme; il se résigna.

Ce fut le prince Lucien Bonaparte qui fut chargé de porter à la chambre des représentants la déclaration suivante :

« En commençant la guerre pour l'indépendance
« nationale, je comptais sur la réunion de tous les
« efforts, de toutes les volontés, et sur le concours de
« toutes les autorités constituées. J'étais fondé à en espé-
« rer le succès, et j'avais bravé toutes les déclarations
« des puissances alliées contre moi. Les circonstances
« me paraissent changées; je m'offre en sacrifice à la
« haine des ennemis de la France. Puissent-ils être sin-
« cères dans leurs déclarations et n'en avoir voulu qu'à
« ma personne! Ma vie politique est terminée : je pro-
« clame mon fils, sous le titre de Napoléon II, *empereur*
« *des Français*... Unissez-vous tous pour le salut public
« et pour rester une nation indépendante.

« Au palais de l'Élysée, le 22 juin 1815.

« NAPOLÉON. »

La trahison de Fouché avait fortement contribué au renversement de l'empereur : cet homme rendit illusoire la renonciation faite en faveur du roi de Rome. Il fit partie d'un nouveau gouvernement provisoire. Vainement la chambre des représentants crut-elle devoir proclamer Napoléon II, la commission gouvernementale se borna à rendre des actes *au nom du peuple français.* Tous les partis étaient en présence, ainsi que toutes les prétentions. Les uns voulaient rappeler Louis XVIII, d'autres aspiraient à proclamer le duc d'Orléans, quelques-uns penchaient pour Bernadotte; une très-faible minorité songeait à rétablir le gouvernement républicain. Tel fut, à Paris, le règne bien court de l'empereur Napoléon II. Dans les provinces non encore envahies, et dans les places de guerre où se maintenaient nos troupes, on acclama l'avénement de ce jeune prince, et l'on reconnut son gouvernement officiel.

Cependant les chambres essayaient sans audace et sans fermeté, mais avec quelque zèle, les moyens de contenir les armées étrangères; elles avaient déclaré la guerre nationale. De son côté, la commission provisoire du gouvernement avait confié au prince d'Essling (Masséna) le commandement de la garde nationale de Paris; des dispositions défensives furent prises pour mettre la capitale à l'abri d'un coup de main. On envoya une députation auprès des puissances alliées; mais aucune négociation n'était possible.

Fouché et les représentants craignaient de voir Napoléon reparaître à la tête des troupes : c'était d'ailleurs sa pensée. Il avait fait offrir au gouvernement provisoire de se mettre, comme simple général, au service du pays, promettant de renoncer au gouvernement aussitôt après avoir repoussé les étrangers du territoire : on ne lui répondit que par un refus formel. Il habitait alors la Malmaison. En apprenant le refus de Fouché, il donna les ordres nécessaires pour le départ, puis, avec quelques serviteurs et sous l'escorte du général Becker, il prit la route de Rochefort. Il comptait s'y embarquer pour l'Amérique ; mais les instructions secrètes émanées du gouvernement provisoire, en contradiction avec les ordres officiels, empêchèrent la frégate qui devait le transporter d'appareiller en temps utile. Le duc d'Otrante prétendait que les passe-ports de l'empereur devaient être visés par lord Wellington. Plusieurs jours se passèrent en négociations infructueuses ; lord Wellington refusa son visa, et cette prétendue sollicitude du gouvernement provisoire n'eut d'autre résultat que de donner le temps aux croisières anglaises d'arriver en vue de Rochefort. Dans cet intervalle, les armées alliées occupèrent de nouveau Paris ; les Prussiens campèrent aux abords du palais de la chambre des représentants, le lendemain du jour où cette assemblée sans intelligence et sans force avait perdu un temps précieux à discuter de vaines théories constitutionnelles et des abstractions politiques devenues sans valeur. Napoléon était à l'île d'Aix lorsque le canon lui annonça la seconde restauration de Louis XVIII. Cette nouvelle acheva de lui ôter toute espérance. Quelques personnes lui suggérèrent alors l'idée de demander un asile à l'Angleterre ; il aurait pu se confier avec plus de succès à la générosité de l'empereur Alexandre ou aux sentiments de famille de son beau-père, l'empereur d'Autriche ; mais il espéra davantage du gouvernement et du peuple anglais Il se rendit alors à bord du *Bellérophon*, commandé par le capitaine Maitland, et fit connaître sa résolution au prince régent d'Angleterre, en lui adressant cette lettre, devenue fameuse :

« Altesse Royale,

« En butte aux factions qui divisent mon pays et à
« l'inimitié des plus grandes puissances de l'Europe, j'ai

« terminé ma carrière politique, et je viens, comme Thé-
« mistocle, m'asseoir au foyer du peuple britannique. Je
« me mets sous la protection de ses lois, que je réclame
« de Votre Altesse Royale comme du plus puissant, du
« plus constant et du plus généreux de mes ennemis. »

Ce fut à Plymouth que le prince régent et la nation anglaise répondirent à cette noble confiance comme l'auraient fait, vingt siècles plus tôt, le sénat et le peuple de Carthage : deux commissaires du gouvernement signifièrent à Napoléon qu'il était prisonnier de guerre, et qu'il serait renfermé à Sainte-Hélène. L'empereur dut céder à la force et à la trahison ; mais, avant d'obéir à l'ordre de ses ennemis, l'illustre captif adressa à lord Keith l'éloquente protestation qui signale au mépris de la postérité les auteurs et les complices du guet-apens dont il fut victime :

« Je proteste solennellement ici, à la face du ciel et
« des hommes, contre la violence qui m'est faite, contre
« la violation de mes droits les plus sacrés, en disposant
« par la force de ma personne et de ma liberté. Je suis
« venu librement à bord du *Bellérophon* : je ne suis pas
« prisonnier, je suis l'hôte de l'Angleterre : je suis venu
« à l'instigation même du capitaine, qui a dit avoir des
« ordres du gouvernement de me recevoir et de me con-
« duire en Angleterre avec ma suite, si cela m'était
« agréable. Je me suis présenté de bonne foi, pour venir
« me mettre sous la protection des lois d'Angleterre.
« Aussitôt assis à bord du *Bellérophon*, je fus sur le
« foyer du peuple britannique. Si le gouvernement, en
« donnant des ordres au capitaine du *Bellérophon* de me
« recevoir, ainsi que ma suite, n'a voulu que me tendre
« une embûche, il a forfait à l'honneur et flétri son pa-
« villon. Si cet acte se consommait, ce serait en vain que

« les Anglais voudraient parler désormais de leur loyauté,
« de leurs lois et de leur liberté; la foi britannique se
« trouverait perdue dans l'hospitalité du *Bellérophon*.
« J'en appelle à l'histoire : elle dira qu'un ennemi qui fit
« vingt ans la guerre au peuple anglais vint librement,
« dans son infortune, chercher un asile sous ses lois.
« Quelle plus éclatante preuve pouvait-il lui donner de
« son estime et de sa confiance? Mais comment répon-
« dit-on en Angleterre à une telle magnanimité? On
« feignit de tendre une main hospitalière à cet ennemi,
« et quand il se fut livré de bonne foi, on l'immola.

« NAPOLÉON. »

Le gouvernement anglais avait hâte d'accomplir l'arrêt que sa politique avait prononcé; aussi bien, à la stupide curiosité qu'une multitude immense faisait éclater autour du *Bellérophon*, pouvaient succéder la pitié et l'indignation : on fit donc armer un autre vaisseau de Sa Majesté Britannique, *le Northumberland*, que deux frégates escortèrent. On permit aux généraux Bertrand, Montholon, Gourgaud, au comte de Las-Cases et à douze personnes de la maison de l'empereur de suivre Napoléon à Sainte-Hélène. Le duc de Rovigo et le général Lallemand ne purent obtenir la même faveur.

Lorsque l'escadre, voguant à pleines voiles, fut arrivée en vue du cap la Hogue, Napoléon versa des larmes d'attendrissement en apercevant pour la dernière fois cette terre de France à laquelle il disait adieu, et qu'il ne devait plus revoir vivant.

La traversée dura trois mois, pendant lesquels Napoléon conserva un visage calme et serein : il inspirait une curiosité respectueuse à l'équipage; dans ses intervalles de repos, il dictait à ses compagnons des notes sur l'histoire de ses premières campagnes; il aimait à causer avec les marins et les officiers anglais; ce fut le 14 octobre qu'il aperçut pour la première fois le rocher lointain qui devait lui servir de prison et de tombe : le troisième jour il mit pied à terre.

« Paix à toi, île de l'Océan! Salut à tes brises et à tes
« vagues! Vois la mer respectueuse couronner d'une
« blanche écume tes récifs révérés. L'histoire te prépare
« aussi une riche guirlande dont l'immortelle verdure
« décorera ton front, quand les peuples qui t'ignoraient
« jusqu'à ce jour auront courbé la tête sous le sceptre de
« l'oubli! Éternelle de gloire, tu recevras l'hommage
« sacré des siècles!
« Des brises propices caresseront tes rivages, île de
« la gloire! les pèlerins des nations les plus reculées y
« aborderont; tu verras même parmi eux les messagers
« de ces peuplades libres comme tes vagues. Le naviga-
« teur jettera l'ancre à la vue de ta plage pour visiter
« une île si célèbre; chaque touffe de gazon, chaque
« pierre, chaque rocher, retarderont ses pas, qui foule-
« ront avec respect une terre rendue sacrée par l'exil
« d'un grand homme; tu lui devras un éclat divin; le
« jour qui vit l'auréole de sa gloire s'éclipser vit l'aurore
« de la tienne. »

Le poëte anglais qui adressait en 1816 cette apostrophe à l'île de Sainte-Hélène, commençait à peine l'expiation que l'Angleterre doit encore au monde civilisé.

CHAPITRE XII

SAINTE-HÉLÈNE.

L'île de Sainte-Hélène est située au milieu de l'Atlantique, à neuf cents lieues de la côte d'Afrique, à treize cents de celle du Brésil, vers le 16e degré de latitude au delà de l'équateur. Elle a vingt-huit milles anglais de circuit, à peu près la superficie de Paris. Du sommet du pic de Diane, l'un de ses rochers, l'on signale à soixante milles de distance tout bâtiment qui s'approche de l'île. Dès lors toute surprise est impossible. Des fortifications anciennes, ou récentes, un système de défense habile, des batteries à fleur d'eau et une enceinte naturelle de rocs qui ne s'ouvre que sur trois points, en font une position imprenable.

Le sol de l'île est celui d'un volcan refroidi depuis des siècles; la seule pierre qu'on y trouve est spongieuse, rougeâtre, et si tendre qu'on la travaille à la main. Les sommités sont couronnées de bois, mais les vallées et les plateaux intermédiaires sont dépourvus de toute culture. La terre végétale ne se trouve que là où on a pu l'apporter. L'eau n'y existe qu'en des quantités insuffisantes pour les besoins d'une nombreuse garnison ; il en était ainsi, du moins à l'époque où Napoléon fut relégué dans l'île; depuis lors, de nombreux travaux hydrauliques ont changé cet état de choses. James-Town, capitale de l'île, serait un joli village d'Angleterre. La population de Sainte-Hélène s'élève à environ quinze cents âmes, en y comprenant la garnison. Les colons y sont, pour la plupart, d'anciens employés subalternes de la Compagnie des Indes; la vie y est très-courte : il est rare qu'elle atteigne au terme de soixante ans. Le climat, assez favorable aux planteurs qui reviennent de l'Inde, est dévorant pour les Européens. Les variations de l'atmosphère y sont considérables, fréquentes et subites. La saison des pluies surtout y est morbifique : les maladies qu'elle engendre sont la dyssenterie et l'inflammation du foie. L'Angleterre avait bien choisi pour ses vengeances : si elle avait calculé sur le climat et spéculé sur les misères d'un semblable exil, ses prévisions ne devaient être que trop bien accomplies.

Après avoir passé deux mois à Briars, habitation d'un négociant anglais, Napoléon fut installé dans son nouveau logement de Longwood : c'était une maison de bois que pendant neuf mois de l'année moisissait l'humidité des pluies ou des orages, et que durant trois autres mois calcinait le soleil de plomb des tropiques. Napoléon habitait une pièce tendue de nankin brun, et dont les deux fenêtres s'ouvraient sur le camp du 54ᵉ régiment préposé à sa garde. Elle avait pour ameublement un canapé, quelques chaises, une commode, un guéridon, le lit de fer d'Austerlitz, le réveille-matin du grand Frédéric et les portraits des deux impératrices et du roi de Rome.

Longwood, dans l'origine, n'était qu'une sorte de

grange à l'usage de la Compagnie des Indes; cette maison, restaurée à la hâte, et tant bien que mal appropriée à la résidence de l'empereur et de ses compagnons d'infortune, était située dans la portion la plus malsaine de l'île, assise sur un plateau élevé de deux mille pieds au-dessus du niveau de la mer, sans cesse battu par des vents impétueux ou couvert de nuages humides, dépouillé d'arbres et de végétation.

« Ce pays est mortel, disait Napoléon ; partout où les « fleurs sont étiolées, l'homme ne peut pas vivre. Ce « calcul n'a point échappé aux élèves de Pitt. »

Il ajouta :

« Transformer l'air en instrument de meurtre, cette « idée n'était pas venue au plus farouche de nos procon- « suls; elle ne pouvait germer que sur les bords de la « Tamise. »

Et pourtant ce fut là qu'il languit près de six ans, sous la garde du général anglais sir Hudson Lowe. Cet homme fut fidèle à la mission de haine qui lui avait été confiée : il se montra geôlier plutôt que gouverneur, sbire et non soldat. Chaque jour, dans son humeur inquiète et chagrine, il ajoutait de nouvelles privations à celles que Napoléon devait endurer; tantôt il taxait les rations de vin des prisonniers, tantôt il leur refusait les vivres nécessaires et forçait l'empereur, pour nourrir ses compagnons, de vendre sa vaisselle ou son argenterie. Vainement Napoléon demandait-il des journaux et des livres, on ne lui en accordait que de loin en loin : on lui interdit toute communication avec les habitants de l'île, toute correspondance libre avec les siens, toutes relations avec les militaires de la garnison. Il ne pouvait sortir à cheval sans être surveillé par un officier anglais, et préféra s'abstenir de cet exercice. On ne lui communiquait que les nouvelles affligeantes; on ne laissait arriver jusqu'à lui que les brochures et papiers publics où son nom était accompagné d'invectives. Il ne pouvait écrire à personne sans que ses lettres fussent livrées à l'examen du gouverneur et des subalternes. Un voyageur qui arrivait d'Europe, après avoir vu de près Marie-Louise et son fils, ne put recevoir la permission de donner à ce père infortuné des nouvelles de ces objets demeurés si chers à son cœur. C'était par ces tortures impies qu'on espérait abattre ses forces morales et abréger la durée de son existence.

Il fut sensible à ces peines, mais il ne perdit point le sentiment de son ancienne dignité; le fidèle attachement d'un petit nombre d'amis contribua à adoucir ses chagrins. Cependant sir Hudson Lowe éloigna successivement le docteur O'Méara, dont les soins lui étaient nécessaires, puis MM. Las-Cases et Gourgaud. Ils furent pénibles, les adieux qu'il adressa à ses compagnons à jamais perdus pour lui.

Par bonheur on avait laissé parvenir jusqu'à lui les classiques et les vieux auteurs qu'affectionnait sa jeunesse; il trouvait du charme à les relire, à les commenter. C'était tantôt Polybe qu'il étudiait au point de vue de la guerre, tantôt César dont il suivait les grandes expéditions: puis il récitait les belles pages de Corneille et de Racine. Ayant un jour entrepris la lecture d'*Andromaque*, et en étant venu à ces vers connus :

> Je passais jusqu'aux lieux où l'on garde mon fils,
> Puisqu'une fois le jour vous souffrez que je voie
> Le seul bien qui me reste et d'Hector et de Troie ;
> J'allais, seigneur, pleurer un moment avec lui ;
> Je ne l'ai point encore embrassé d'aujourd'hui...

d'abondantes larmes remplirent ses yeux et il ferma le livre. Il songeait à cet autre Astyanax qu'il avait tant aimé, qu'il ne devait plus revoir, et qui devait à peine lui survivre de quelques années. Puis ses souvenirs se reportaient vers la Corse, théâtre de ses premiers jeux, berceau aimé de son enfance; vers l'école de Brienne, où s'écoula sa jeunesse; vers cette France, qu'il avait remplie de gloire et de deuil.

Il aimait à converser avec ceux qui étaient demeurés fidèles à son malheur : tantôt il rappelait les pompes de sa grandeur passée, tantôt il cherchait à justifier sa vie et son règne d'accusations trop bien méritées. Comme il pressentait qu'aucune de ses paroles ne serait perdue pour la postérité, et que toutes, au contraire, seraient soigneusement recueillies, il employait beaucoup d'art à donner le change sur ses véritables idées politiques : à l'entendre, il ne s'était jamais considéré que comme le représentant et l'instrument de la liberté; il avait voulu d'abord rétablir l'ordre par la dictature, mais c'était dans l'intention arrêtée de rendre à la France beaucoup de prérogatives démocratiques; il avait fait de nombreuses guerres, mais toujours ses ennemis l'avaient attaqué; jamais la justice n'avait manqué à sa cause; que n'avait-il eu le temps nécessaire pour accomplir ses plans? pourquoi le succès avait-il trompé son attente à Moscou? Sans ces obstacles qui déjouèrent son système, la France et l'Europe étaient par lui réservées à un long avenir de gloire, de paix et de liberté. Puis il déclamait contre le despotisme des souverains de son temps, contre l'aristocratie féodale, et il oubliait sur quelles institutions lui-même avait naguère posé sa puissance, de quels principes absolus il s'était étayé durant quatorze ans.

Il aimait à dicter le récit de ses campagnes : les notes que MM. de Montholon, Gourgaud et Las-Cases ont écrites, d'après ses inspirations, seront précieuses à consulter pour quiconque étudiera l'histoire stratégique des guerres d'Italie et d'Allemagne. Souvent il interrompait ses repas pour se livrer à ce travail. Une remarque bien digne d'attention, c'est qu'au milieu des angoisses de toute espèce de sa captivité, il ne se livra plus à ces accès de colère qui, durant son règne, avaient paru si indignes de sa grandeur : il se montra doux, affable, résigné ; ses rapports avec ses serviteurs furent ceux d'un ami et d'un père ; Dieu l'avait humilié, et il s'était courbé sans convulsion sous la main de Dieu. C'est dans ce pénible repos de l'exil qu'il pouvait interroger à loisir la grande énigme de sa mission et de son caractère.

Doué d'une intelligence puissante, d'un coup d'œil sûr et d'une vaste science militaire, Napoléon le Grand, général, consul, empereur, proscrit, sous quelques formes qu'on se le représente, apparaît aux regards de la postérité comme un de ces géants fantastiques qui semblent croître à mesure qu'ils s'éloignent. Son nom est écrit en lettres de feu et de sang dans l'histoire contemporaine de tous les peuples ; les nations qui lui servirent de marchepied ont retenu ce nom magique ; mais, par un mystère impénétrable, elles n'ont qu'une voix pour célébrer sa louange : elles ont abdiqué de justes ressentiments, et remplacé les cris de vengeance par l'hymne du pardon. Ce nom est environné d'une auréole lumineuse et poétique qui fait disparaître, pour les peuples, le souvenir de leurs propres calamités. Entrez dans l'humble cabane des montagnards du Dauphiné et des Vosges, dans les pauvres huttes de la Champagne, dans les fermes de la Vendée, et vous y trouverez toujours l'image de l'empereur ; il est là comme le héros populaire :

> On parlera de sa gloire,
> Sous le chaume, bien longtemps.

On en parle avec orgueil dans les steppes marécageux de la Pologne, sur les Apennins, le long des fleuves allemands qui roulèrent à la mer tant de cadavres : c'est le *lion du désert* de Syrie, le *Bounaberdi* des veillées arabes.

La tâche de l'écrivain et du philosophe, en présence de cette gloire vague, mais immense, est de dépouiller de son prestige l'homme qu'on en a revêtu, et de le juger froidement, selon les faits et non au gré des imaginations populaires. L'examen sérieux des événements de cette vie que nous avons esquissée facilite l'accomplissement de ce devoir. Alors, tout en respectant le souvenir de Napoléon comme celui d'un homme extraordinaire, on le mesure sans prévention, et dépassât-il de quinze coudées la taille de ses contemporains, on apprend à se rendre compte de sa véritable grandeur. Cette appréciation est surtout facile à celui qui, se laissant peu éblouir par l'éclat des renommées humaines, ne reconnaît dans un individu, si haut qu'il soit, qu'un faible instrument de la volonté de Dieu.

Dieu, qui protége la France, cette nation élue entre toutes pour porter et glorifier la croix, avait permis qu'un formidable orage révolutionnaire ravageât notre pays. Le jour vint où sa miséricorde se reposa de nouveau sur nous, et alors *elle suscita de l'Égypte* l'homme qui devait terminer l'anarchie et relever les autels en ruines. Ce fut vraiment alors Cyrus, prédit par les prophètes et réservé pour mettre fin à la servitude du peuple de Dieu. Cette mission était celle de Napoléon : il l'accomplit en rétablissant le culte et en réorganisant la société. Il la compléta par de sages travaux, par de puissantes institutions; mais il est juste de reconnaître qu'au lieu de parfaire son œuvre, il la dépassa, et qu'il exagéra le double système de la compression et de la guerre. Napoléon a été un homme, un géant, si l'on veut, mais un géant de transition. Il a été placé entre le monde ancien et le monde nouveau comme une arche qui sert à les relier. Avant lui et avec lui, l'ère sauvage de la guerre; après lui, un autre droit des gens commence pour l'Occident, le glaive sera rejeté dans le fourreau, les questions se résoudront dans la paix, les peuples qui se sont unis pour sa chute, s'efforceront de rendre impossible le retour des grandes exterminations d'hommes.

Comme législateur, il ne crée point; mais il a le rare mérite de simplifier et de coordonner. L'ensemble des codes qu'il a laissés à la France est ce qu'il y a de plus complet et de plus clair en ce genre chez aucun peuple. Comme militaire, sa renommée l'a égalé aux grands capitaines des temps antiques, à Alexandre, à César; mais l'enthousiasme qu'il a inspiré aux Français trouve des contradicteurs chez les autres peuples, et ceux-ci nous accusent avec raison de ne point assez tenir compte des fautes de 1812 et de 1813. Napoléon tint d'Alexandre l'ardeur de l'attaque et l'impétuosité des conceptions, de César l'inconcevable rapidité des mouvements; cette promptitude mystérieuse avec laquelle il se portait presque en même temps sur tous les points menacés; à l'exemple de tous les deux, il dut inspirer aux troupes un amour et une confiance sans bornes; comme eux, il résuma en lui tout un peuple et tout un siècle, et il laissa dans le monde une trace ineffaçable.

Notre admiration ne doit pas nous empêcher de reconnaître que ses revers en Espagne, en Russie, en Allemagne, à Waterloo, font contre-poids au mérite de ses admirables conceptions et de ses brillantes victoires. Comme organisateur, il trancha trop souvent les difficultés par la force, au lieu de s'attacher à les résoudre par une étude patiente des hommes et des choses, et s'il consolida l'unité par la hiérarchie et la centralisation, il faut reconnaître que l'Assemblée Constituante et même la Convention avaient déjà aux trois quarts accompli cette œuvre; comme chef de la société française, il ne céda peut-être en puissance et en gloire qu'à Charlemagne, l'homme du passé à qui on peut davantage l'assimiler et le comparer.

Ces limites que nous avons indiquées à l'admiration qui gravite autour de sa renommée, ne sont point assez resserrées, qu'on ne doive reconnaître en Napoléon un de ces hommes étonnants qu'il plaît à Dieu de donner de loin en loin à la terre. Si haut qu'ils soient placés, ce n'est que de ce Dieu tout-puissant qu'ils relèvent : ils n'ont aucune force qui leur soit propre et qu'ils ne tiennent de lui. Malheur à eux le jour où ils peuvent se croire quelque chose par eux-mêmes, et reporter à la créature un honneur qui ne doit remonter qu'à l'auteur de leur gloire !

Napoléon approcha enfin de ce redoutable moment où les rois aussi bien que leurs sujets rendent compte à Dieu de tous les actes de leur vie : les années 1819 et 1820 s'écoulèrent dans des alternatives de maladie et de rétablissement qui firent présager une dernière crise. Au commencement de 1821, le captif commença sensiblement à décliner ; une comète ayant paru dans le ciel, il songea à celle de Jules César, et regarda sa fin comme prochaine. Le 17 mars des symptômes fort graves se manifestèrent ; les jours suivants la maladie fit d'effrayants progrès, et tout espoir ne tarda pas à s'éteindre :

> On dit qu'au dernier jour de sa longue agonie
> Devant l'éternité, seul avec son génie,
> Son regard vers le ciel parut se soulever :
> Le signe rédempteur toucha ce front farouche,
> Et même on entendit murmurer sur sa bouche
> Un mot qu'il n'osait achever (1)...

Il l'acheva cependant, et fit venir à son chevet l'abbé

---

(1) M. de Lamartine. — *Méditations*.

Vignali, que lui avait envoyé son oncle, le cardinal Fesch : l'humble prêtre reçut la confession de l'empereur. Napoléon était agité par de continuels vomissements; son état ne permit pas qu'on lui administrât l'Eucharistie, mais il se confessa trois fois et reçut l'extrême-onction. Voici dans quels termes, à cet instant, il fit part à M. de Montholon de ses sentiments intérieurs :

« Je suis heureux d'avoir rempli mes devoirs ! je vous
« souhaite, général, à votre mort, le même bonheur.
« J'en avais besoin, voyez-vous, car je suis Italien,
« enfant de classe de la Corse. Je n'ai pas pratiqué sur le
« trône, parce que la puissance étourdit les hommes ;
« mais j'ai toujours eu la foi. Le son des cloches me
« faisait plaisir, et la vue d'un prêtre m'émeut. Je vou-
« lais faire un mystère de ceci, mais c'est de la faiblesse.
« Je veux rendre gloire à Dieu ; général, donnez des
« ordres pour qu'on dresse un autel dans la chambre
« voisine; on y exposera le Saint-Sacrement. Je doute
« qu'il plaise à Dieu de me rendre la santé, mais je veux
« l'implorer. Vous ferez dire les prières des quarante
« heures... »

Puis se ravisant, l'empereur dit :

« Non, pourquoi vous charger de cette responsabilité ?
« on dirait que c'est vous, noble et gentilhomme, qui
« avez tout commandé de votre chef. Je veux donner les
« ordres moi-même. »

Il les donna en effet, et comme ces instructions pieuses paraissaient faire naître un sourire sur les lèvres de son médecin, le docteur Antomarchi, il lui dit avec une dignité sévère :

« Vous autres, médecins, vous êtes habitués à brasser
« la matière, et vous ne voyez rien au delà; pour moi,
« je crois à l'immortalité de l'âme. Je ne suis ni philo-
« sophe ni médecin ; n'est point athée qui veut. »

On était au 20 avril : cinq jours avant il avait écrit la première partie de son testament, qui commence en ces termes :

« Je meurs dans le sein de la religion catholique,
« apostolique, et romaine, dans le sein de laquelle je
« suis né il y a plus de cinquante ans.

« Je désire que mes cendres reposent sur les bords de
« la Seine, au milieu de ce peuple français que j'ai tant
« aimé. »

Un moment on crut reconnaître une amélioration dans son état :

« Vous vous réjouissez, dit-il, et vous ne vous
« trompez pas ; je suis mieux, mais je n'en sens pas
« moins ma mort prochaine ; lorsque je ne serai plus,
« chacun de vous aura le bonheur de revoir l'Europe
« et sa famille. Moi, je reverrai mes braves dans les
« champs Élysées. Oui, ajouta-t-il solennellement,
« Kléber, Desaix, Bessières, Duroc, Ney, Murat,
« Masséna, Berthier, tous viendront à ma rencontre...
« En me voyant ils deviendront tous fous d'enthou-
« siasme et de gloire. Nous causerons de nos guerres
« avec les Scipion, les Annibal, les César, les Frédéric ;
« à moins, ajouta-t-il en riant, que là-bas on n'ait peur
« de voir tant de guerriers ensemble. »

Alors entra chez lui le docteur Arnold, chirurgien d'un régiment anglais.

« C'en est fait, lui dit Napoléon, le coup est porté.
« Je touche à ma fin : je vais rendre mon corps à la terre.
« Approchez, Bertrand, traduisez à monsieur ce que
« vous allez entendre. — J'étais venu m'asseoir au foyer
« du peuple britannique. Je demandais une loyale hos-
« pitalité. Contre tout ce qu'il y a de droit au monde,
« on me répondit par des fers. J'eusse reçu un autre
« accueil d'Alexandre, de l'empereur François, du roi
« de Prusse. Mais il appartenait à l'Angleterre de sur-

« prendre, d'entraîner les rois, et de donner au monde
« le spectacle inouï de quatre puissances s'acharnant
« sur un seul homme. C'est votre ministère qui a choisi
« cet affreux rocher, où se consume en moins de trois
« ans la vie des Européens, pour y achever la mienne
« par un assassinat. Et comment m'avez-vous vu traiter
« depuis que je suis sur cet écueil? Il n'est pas une
« indignité dont vous ne vous soyez fait une joie de
« m'abreuver. Les plus simples communications de
« famille, celles mêmes qu'on n'a jamais interdites à
« personne, vous me les avez refusées; ma femme,
« mon fils, n'ont pas vécu pour moi; vous m'avez tenu
« six ans dans la torture du secret. Dans cette île inhos-
« pitalière, vous m'avez donné pour demeure l'endroit
« le moins fait pour être habité, celui où le climat
« meurtrier du tropique se fait le plus sentir; il a fallu
« me renfermer entre quatre cloisons, moi qui par-
« courais à cheval toute l'Europe! Vous m'avez assas-
« siné longuement, avec préméditation... Vous finirez
« comme la superbe république de Venise; et moi,
« *mourant sur cet affreux rocher, privé des miens et*
« *manquant de tout, je lègue l'opprobre de ma mort à*
« *la maison d'Angleterre.* »

Le 1er mai, Napoléon s'était levé, mais une faiblesse
l'avait forcé de se mettre au lit; ce jour, il dit à l'un de
ses plus fidèles serviteurs :

« Dans quatre jours, je ne serai plus. »

Ayant repris quelque force, il fit placer devant lui le
buste de son fils, et tint longtemps les yeux fixés sur
cette image chérie. Le 3 et le 4, le mal augmenta dans
une progression effrayante. Le 5, une affreuse tempête
déracina tous les arbres plantés autour de sa demeure :
elle ne troubla pas le calme de son agonie; sa figure
demeura sereine et gracieuse, *il fut doux envers la*

mort (1). Cependant, vers cinq heures et demie du soir, il interrompit le silence léthargique qu'il avait gardé, pour faire entendre quelques paroles entrecoupées : *Mon fils! France!... France!...* Enfin, un peu avant six heures, il croisa avec effort les bras sur la poitrine, laissa échapper ces mots : *Tête!... armée!...* et rendit l'âme.

A peine eut-il expiré, que ses compagnons le placèrent sur un lit de camp recouvert du manteau de guerre de Marengo. De tous les points de l'île, les troupes de la garnison accoururent pour défiler en grande tenue et sans armes devant ce glorieux cadavre. Chaque homme s'approcha religieusement du lit, et mit genou à terre; beaucoup apposèrent leurs lèvres sur un coin du manteau. Sir Hudson Lowe voulut en vain s'opposer à ces démonstrations, sa volonté échoua devant la légalité anglaise; le colonel lui répondit :

« Napoléon est mort, la loi d'exception n'existe plus ;
« j'ai le droit de faire promener mon régiment comme
« il me plaît, et je le fais. »

Napoléon resta exposé les 6 et 7 mai. Le 8, le corps fut ouvert et embaumé. On le revêtit de l'uniforme des chasseurs à cheval de la garde impériale, et on le renferma dans un quadruple cercueil. Le 9 eut lieu l'imposante cérémonie des funérailles; toute la population de l'île y assistait, chacun selon son rang ou les convenances de son sexe. La famille française marchait en tête; suivaient les Anglais, et à leur tête le gouverneur et lady Lowe en grand deuil. Lorsque les dépouilles mortelles de l'empereur eurent reçu la dernière bénédiction du prêtre, on descendit le cercueil dans le caveau préparé pour le recevoir, et douze salves d'artillerie annoncèrent à l'Océan que Napoléon n'était plus.

La tombe où Napoléon dormit près de vingt ans, sous

---

(1) Paroles de Bossuet.

la garde des soldats anglais, est située dans un site romantique appelé la Vallée du Geranium. L'empereur était venu souvent, dans les premiers temps de son exil, demander à la fraîcheur de ce lieu un peu d'ombre et de repos; il avait désiré, si sa dépouille devait être gardée captive à Sainte-Hélène, qu'elle fût au moins placée en cet asile, loin du passage des conquérants et sous la protection de sa renommée.

DIEU SEUL EST GRAND!

CONCLUSION

NAPOLÉON II. — RETOUR DES CENDRES.

Le 22 juillet 1832, Napoléon-Charles-François-Joseph, duc de Reichstadt, né roi de Rome, proclamé empereur sous le titre de Napoléon II, et fils du captif de Sainte-Hélène, décédait au palais de Schœnbrunn, en Autriche.

Dans cette courte existence, l'illustre exilé fit remarquer plus d'une fois la haute intelligence de son esprit et la bonté de son cœur. Il se promenait souvent seul sur les bords du Danube, il aimait l'isolement et l'étude, et ceux qui l'observaient de près sentaient bien qu'il était dévoré par le sentiment intime de ce qu'il était et de ce qu'il aurait pu être!... Ses oncles, les archiducs, et son aïeul, l'empereur d'Autriche, lui avaient voué une affection touchante qui ne le consolait pas. Un jour, au cercle de la cour de Vienne, on l'avait prié de lire des vers, et il ouvrit un volume de Lamartine. Quand il eut fait entendre ces quatre vers :

> Courage, enfant déchu d'une race divine,
> Tu portes sur ton front ta céleste origine;
> Tout homme, en te voyant, reconnaît dans tes yeux
> Un rayon éclipsé de la grandeur des cieux!

il fut interrompu par des applaudissements sympathiques qui éclatèrent de toutes parts.

Le duc de Raguse, exilé par la révolution de 1830, s'étant rendu à Vienne, eut avec le fils de Napoléon de longues entrevues, et l'initia de plus en plus au souvenir de son père. Napoléon II envoya un jour son portrait au maréchal Marmont, après y avoir inscrit ces vers de Racine :

> Amené près de moi par un destin sévère,
> Tu me contais alors l'histoire de mon père ;
> Tu sais combien mon âme, attentive à ta voix,
> S'échauffait aux récits de ses nobles exploits.

En 1832 il tomba malade d'une fluxion de poitrine, et sa complexion délicate ne put résister à ce mal. L'impératrice Marie-Louise, duchesse de Parme, vint en toute hâte auprès de son fils mourant, mais elle ne pouvait que recevoir ses derniers soupirs.

Le fils de Napoléon, élevé dans le respect de la religion catholique, reçut avec une piété vive les secours de l'Église, et s'éteignit plein de confiance en Dieu. « Ma mère ! ma mère ! » furent les dernières paroles qu'il prononça en tournant les yeux vers Marie-Louise, agenouillée au pied de son lit.

Napoléon II, archiduc et captif, mourut à Schœnbrunn, dans la même chambre où son père avait dicté les conditions de la paix de Wagram. Aujourd'hui le jeune prince repose dans le sépulcre des empereurs d'Allemagne : une courte inscription annonce au monde que Dieu manifesta une fois de plus en lui le néant des espérances humaines.

Le 29 juillet 1833, la statue de Napoléon le Grand fut replacée sur la colonne de la place Vendôme, aux acclamations de tous les partis. Cette réparation en appelait une autre.

Le 21 mai 1840, M. de Remusat, ministre de l'intérieur, parut à la tribune de la chambre des députés.

« Messieurs, dit-il, le roi a ordonné à S. A. R. Mgr le
« prince de Joinville de se rendre avec sa frégate à
« l'île de Sainte-Hélène (mouvement général), pour y
« recueillir les restes mortels de l'empereur Napoléon
« (applaudissements).

« Nous venons vous demander les moyens de les faire
« recevoir dignement sur la terre de France, et d'élever
« à Napoléon son dernier tombeau...

« ..... Ces restes seront déposés aux Invalides..... Il
« importe, en effet, Messieurs, à la majesté d'un tel
« souvenir, que cette sépulture auguste ne demeure pas
« exposée sur une place publique, au milieu d'une foule
« bruyante et distraite. Il convient qu'elle soit placée
« dans un lieu silencieux et sacré, où puissent la visiter
« avec recueillement tous ceux qui respectent la gloire
« et le génie, la grandeur et l'infortune.

« Il fut empereur et roi; il fut *souverain légitime de*
« *notre pays*. A ce titre, il pourrait être inhumé à Saint-
« Denis; mais il ne faut pas à Napoléon la sépulture
« ordinaire des rois. Il faut qu'il règne et commande
« encore dans l'enceinte où vont se reposer les soldats
« de la patrie, et où iront toujours s'inspirer ceux qui
« seront appelés à la défendre. Son épée sera déposée
« sur sa tombe.

« L'art élèvera sous le dôme, au milieu du temple
« consacré par la religion au Dieu des armées, un tom-
« beau digne, s'il se peut, du nom qui doit y être gravé.
« Ce monument doit avoir une beauté simple, des formes
« grandes, et cet aspect de solidité inébranlable qui
« semble braver l'action du temps... »

Les deux chambres s'associèrent à ce vœu, et le prince de Joinville ne tarda pas à mettre à la voile, ayant sous ses ordres deux bâtiments de guerre, *la*

Belle-Poule, frégate de soixante canons, et la corvette *la Favorite*.

S. A. R. avait voulu choisir, pour la seconder dans cette funèbre et noble mission, les personnes qui avaient partagé l'exil de Napoléon à Sainte-Hélène. Leur nombre s'élevait à peine à dix. Les autres étaient infirmes ou mortes. Un prêtre fut adjoint à l'expédition pour qu'aucun caractère de piété religieuse ne manquât à l'œuvre expiatoire.

Dans les premiers jours d'octobre, le prince de Joinville et ses compagnons abordèrent au rivage de Sainte-Hélène.

Le tombeau de Napoléon, encore placé sous la garde d'un sergent anglais, était ombragé d'un grand saule pleureur et entouré d'une modeste grille de fer. L'habitation de Longwood, le dernier palais et la dernière prison de l'empereur, commençait à tomber en ruine. Les murs étaient lézardés, les fenêtres dégarnies de vitres; près de la place où Napoléon avait rendu le dernier soupir, on avait élevé un moulin; la chambre à coucher et le cabinet de travail de l'empereur avaient été changés en écurie.

Le 15 octobre et le vingt-cinquième anniversaire du jour où Napoléon avait pour la première fois posé le pied sur le rivage de l'île, fut marqué pour la cérémonie de son exhumation.

Une proclamation du gouverneur anglais annonça aux habitants de Sainte-Hélène cette imposante solennité. Les travaux commencèrent à minuit : à dix heures du matin ils étaient terminés. Le cercueil d'acajou, encore intact et parsemé de clous d'argent, fut hissé du caveau et porté par douze soldats, marchant tête nue, malgré la pluie, et précédés de la croix et du prêtre.

On ouvrit le cercueil avec précaution, et alors eut lieu parmi les assistants un mouvement universel de surprise et d'attendrissement : plusieurs fondirent en larmes.

L'empereur lui-même était là; la mort l'avait respecté. Les traits de la figure, bien qu'altérés, étaient parfaitement reconnaissables, les mains merveilleusement belles; le costume si connu, si souvent reproduit, avait peu souffert, les couleurs en étaient facilement distinguées; les épaulettes, les décorations, le chapeau, semblaient entièrement conservés; la pose elle-même était pleine d'abandon, et sauf les débris de la garniture de satin qui recouvrait comme d'une gaze très-fine plusieurs parties de l'uniforme, on aurait pu croire Napoléon étendu encore sur son lit de parade. On remarqua même que la main gauche, que le général Bertrand avait prise pour la baiser une dernière fois, au moment où l'on fermait le cercueil, était restée légèrement soulevée. Entre les jambes, auprès du chapeau, on apercevait les deux vases qui renfermaient le cœur et l'estomac. Les ongles avaient poussé après la mort; ils étaient longs et blancs. L'une des bottes était décousue, et laissait passer quatre doigts des pieds d'un blanc mat.

Il était une heure et un quart. Au bout de quelques instants, l'identité du corps ayant été reconnue, le cercueil fut refermé et soudé avec soin, ainsi que les trois autres cercueils qui lui servaient d'enveloppes. A trois heures, au signal du canon, le char funèbre, attelé de chevaux caparaçonnés de deuil et couverts d'insignes impériaux, se remit en marche vers le port. Le canon des forts et celui de la frégate retentissaient de minute en minute. Tous les bâtiments de guerre et de commerce, quelle que fût la nation, étaient pavoisés de deuil. A six heures et demie, le prince de Joinville avait reçu le funèbre dépôt, et les restes mortels de l'empereur reposaient enfin sur une frégate française, à l'ombre du drapeau français.

On fit l'absoute; le corps resta toute la nuit en chapelle ardente; le lendemain, à dix heures, une messe solennelle fut célébrée sur le pont, et tout l'équipage, S. A. R. en tête, vint jeter l'eau bénite sur le cercueil. A onze heures, pendant que le prêtre achevait le psaume 109°, une bordée de cinquante coups de canon annonça la fin des solennités pieuses. L'exil de Napoléon Bonaparte était terminé!...

Le 30 novembre, après une traversée de quarante-trois jours, *la Belle-Poule* laissa tomber l'ancre devant Cherbourg.

Pendant les huit jours que les restes de l'empereur séjournèrent dans ce port, la foule encombra le pont de la frégate. Près de cent mille personnes, accourues de tous les points, vinrent successivement s'agenouiller devant le cercueil. Le 8 décembre, *la Normandie*, escortée de deux autres bâtiments à vapeur, et ayant à son mât le pavillon impérial, quitta la rade et emporta le cercueil jusqu'à l'embouchure de la Seine.

Le lendemain, à six heures du matin, la flottille entra dans les bassins du Havre : le temps était fort rigoureux, mais les rives de la Seine n'étaient pas moins couvertes d'une population innombrable. Arrivée au Val de la Haye, *la Normandie*, ne pouvant plus remonter la Seine, confia son précieux dépôt à *la Dorade* n° 3. Le prince avait ainsi fixé la décoration de ce bateau :

« Il sera peint en noir, à la tête du mât flottera
« le pavillon impérial; sur le pont, à l'avant, reposera
« le cercueil couvert du poêle funèbre rapporté de
« Sainte-Hélène, MM. de la mission aux cornières;
« l'encens fumera; à la tête s'élèvera la croix, le prêtre
« se tiendra devant l'autel, mon état-major et moi
« derrière; les matelots seront en armes, et le canon
« tiré à l'arrière, annoncera le bateau portant les dé-
« pouilles mortelles de l'empereur. »

A Rouen, la ville déploya un grand apparat pour recevoir le cercueil : S. E. le cardinal archevêque, suivi de son clergé, et en présence des corps constitués, des magistrats, de la garnison et du peuple, bénit le sarcophage et donna l'absoute. A Elbeuf, aux Andelys, à Vernon, à Mantes, partout même empressement, même enthousiasme.

Le 12, la flottille doubla le pont de Poissy pour y passer la nuit; les deux rives du fleuve se couvrirent alors de bivouacs, de feux et de tentes : la garde nationale et la troupe de ligne voulurent faire la veillée des armes. Le 13 était un dimanche; M. l'abbé Coquereau, aumônier de l'expédition, célébra la messe; le duc d'Aumale était venu se joindre au cortége; les princes, les marins et les habitants de Poissy et des communes voisines, assistaient debout et découverts au saint sacrifice.

Après la messe, suivie de l'absoute, on fit route pour Maisons; le lendemain, à dix heures, la flottille longeait Saint-Germain, puis Saint-Denis. Plus l'on approchait de Paris, plus l'affluence était grande. Près de Neuilly, le prince de Joinville aperçut de loin la reine, sa mère, qui le saluait en agitant son mouchoir. Un moment se passa encore, et *la Dorade* vint mouiller au pont de Courbevoie.

Le mardi, 15 décembre, le convoi funèbre fit son entrée à Paris. A onze heures le canon retentit : c'était le moment où la dépouille mortelle de l'empereur s'arrêtait sous la grande voûte de l'arc de triomphe élevé à nos gloires militaires. A deux heures le corps était introduit aux Invalides, après avoir, porté sur un char funèbre d'une éblouissante richesse, traversé, depuis Neuilly jusqu'à la cour du Dôme, une haie immense formée de plus de douze cent mille personnes de tout âge, de tout sexe, de toute condition, de tout pays, qui avaient voulu assister à cette imposante solennité, malgré la rigueur du froid.

« Ceux qui ont assisté à cette cérémonie, dit le *Moni-*
« *teur,* n'oublieront jamais l'impression profonde que
« faisait soudainement autour de lui, en passant sous
« tous les regards, ce cercueil impérial drapé de velours
« violet, ce cercueil dans lequel la pensée pouvait voir
« Napoléon le Grand, calme et endormi, dans son cos-
« tume de guerre.

« Le prince de Joinville a présenté le corps au roi, en
« disant : *Sire, je vous présente le corps de l'empereur*
« *Napoléon.* Le roi a répondu, en élevant la voix : *Je le*
« *reçois au nom de la France.* Le général Athalin portait
« sur un coussin l'épée de l'empereur. Il l'a donnée au
« maréchal Soult, qui l'a remise au roi. S. M. s'est alors
« adressée au général Bertrand et lui a dit : *Général, je*
« *vous charge de placer la glorieuse épée de l'empereur sur*
« *son cercueil.*

« L'émotion a été solennelle, et les regards se por-
« taient tour à tour vers le corps et vers les soldats
« mutilés qui ont été une part de cette gloire. Les vieux
« officiers essuyaient des larmes le long de leurs joues,
« et l'attendrissement se mêlait à l'admiration.

« Les hommes de l'empire se sont trouvés rajeunis de
« vingt ans, parmi les pompes, parmi les fastes, parmi
« l'ombre éclatante d'une époque de prodiges.

« La génération nouvelle a pensé un moment qu'elle
« assistait à la seconde épopée qui lui a été dite tant de
« fois, et qu'elle pouvait dater à son tour de la gloire de
« ses pères !... »

L'empereur repose maintenant sous le marbre des
Invalides, non loin de la Seine, *au milieu de ce peuple*
français qu'il avait tant aimé; mais si ce dernier vœu
de Napoléon a été exaucé, nous osons dire que l'art,
la statuaire et la prodigalité nationale de la France ne
parviendront jamais à lui élever un tombeau si poétique et si grand que celui que lui avait infligé l'exil.

L'île de Sainte-Hélène, élevée au milieu de l'Océan, loin du passage des révolutions et loin des monuments vulgaires, était un immense sarcophage sorti de la main de Dieu. Du haut de ce rocher, le fantôme de Napoléon le Grand semblait apparaître au monde, et les marins le saluaient de loin avec un respect mystique que le temps, les années, les siècles allaient redoubler. Ce rocher avait gardé intacte la dépouille de l'empereur, et la mort semblait n'avoir point osé altérer ces traits héroïques. Ce corps était là, loin des cendres vulgaires, loin des admirations d'une foule curieuse, et si grand, que l'imagination ne pouvait le mesurer. En le plaçant aux Invalides, le roi Louis-Philippe obéit à une secret calcul; il voulut confondre Napoléon avec Vauban et Turenne, et l'honorer comme un général : une étroite jalousie ne lui permit pas de marquer sa tombe parmi les monuments de Saint-Denis. La France regretta que Napoléon le Grand n'eût point été couché dans le cercueil impérial que par le décret de 1806 il avait voulu se réserver.

La famille de l'empereur n'était point entièrement éteinte.

Une tempête populaire ayant rejeté en exil la dynastie des Bourbons-Orléans, Louis-Philippe alla mourir en Angleterre, et le gouvernement républicain fut rétabli en France par la révolution de février.

Le 10 décembre 1848, le peuple français, agissant avec intelligence et liberté, malgré la pression que cherchait à exercer sur lui le pouvoir, éleva à la présidence de la république française le prince Louis-Napoléon Bonaparte, neveu de l'empereur, et fils du feu roi de Hollande, Louis Bonaparte.

Pendant trois ans d'un gouvernement vigoureux et réparateur, ce prince établit l'ordre en France, et comprima l'anarchie qui menaçait notre patrie et l'Europe d'une destruction complète! Une république impie et démagogique s'étant installée à Rome et ayant chassé le pape, Louis-Napoléon envoya une armée française qui délivra les États pontificaux et rétablit le vénérable Pie IX dans la plénitude de ses droits.

Cependant une catastrophe sociale menaçait la France; les factions, dans le sein du parlement et dans le pays, ne savaient que s'entre-déchirer, et aucun parti n'avait la générosité ni le courage de se dévouer à la seule cause de la patrie. En face de cet immense danger, Louis-Napoléon prit en main, le 2 décembre 1851, la dictature souveraine, et cette tentative hardie et préservatrice fut approuvée par la France. Le 20 décembre 1851 sept millions cinq cent mille suffrages, émanant des comices populaires, ratifièrent l'acte de Louis-Napoléon et sanctionnèrent ses pouvoirs.

L'année suivante, au mois de novembre, la nation française, consultée par le Sénat, émit près de huit millions de suffrages en faveur du rétablissement de l'Empire, et le 2 décembre 1852 commença le règne de Napoléon III.

FIN

TABLE

Préface.	1
Chapitre I. — Premières années. — Brienne. — Toulon. — Journée du 13 vendémiaire.	5
— II — Campagnes d'Italie et d'Égypte. — Guerre de Syrie.	30
— III. — Consulat.	69
— IV. — Avénement à l'empire. — Sacre. — Campagnes d'Autriche, de Prusse et de Pologne. — Paix de Tilsitt.	117
— V. — Affaires religieuses. — Guerres d'Espagne et d'Autriche.	149
— VI. — Napoléon législateur. — Grandeurs de la paix. .	187
— VII. — Napoléon et sa cour. — Mouvement intellectuel et littéraire.	213
— VIII. — Mil huit cent douze.	240
— IX. — Mil huit cent treize.	271
— X. — Mil huit cent quatorze.	293
— XI. — Les cent jours	320
— XII. — Sainte-Hélène.	346
Conclusion. — Napoléon II. — Retour des cendres. . . .	360

Tours. — Imp. Mame.

www.ingramcontent.com/pod-product-compliance
Lightning Source LLC
Chambersburg PA
CBHW050419170426
43201CB00008B/469